Narratori

GABRIELLA COLLA

DANIELE MANCA

Bucce di banana

SOLFERINO

Questa è un'opera di finzione in parte ispirata a fatti realmente accaduti. Personaggi, luoghi e avvenimenti, se reali, sono rielaborati ai fini della narrazione.

SOLFERINO

www.solferinolibri.it

ISBN 978-88-282-1300-0
Prima edizione: ottobre 2023

Bucce di banana

Prologo

martedì 19 febbraio 1963
Roma, Ufficio del Ministro delle Finanze

«Fate come volete. Alzate pure i prezzi. Non me ne frega niente dei vostri amichetti africani. Questa volta lo Stato non ci deve perdere, anzi ci deve guadagnare un sacco di soldi.»

La voce cantilenante del ministro Antonio Tabacchi si era fatta dura. Il PCI stava avanzando. I «terroni», così li chiamava, salivano al Nord, trovavano lavoro e votavano comunista.

«*Me gan roto le bale 'sti italiani gnucchi.*» L'accento veneto si fece più marcato. Nella stanza le parole rimbalzavano da una parete all'altra. Da un quadro, stile Ottocento con le madamine che passeggiavano, all'altro, un finto Cinquecento con una Madonna impolverata e dalla carnagione scurita dal tempo.

Quella Madonna che il presidente dell'Azienda Monopolio Banane, Alberto Belloli Avvisati, stretto nella poltroncina in pelle, consumava con gli occhi per non entrare nel raggio visivo del ministro. Accanto a lui, il suo segretario (e parente) Francesco Lanza tentava di superare la pancetta, assurta al ruolo di vera e propria panza, figlia delle troppe fettuccine divorate in trattoria, per rimirare i lacci delle sue scarpette di finta pelle.

Entrambi sapevano che il ministro era uomo pacato, ma se c'era da decidere non si faceva problemi. Aveva un santo, non in Paradiso ma di là del Tevere, che in attesa del Giudizio universale serviva molto di più. Lo si era capito quando, con l'unico consenso del dipartimento di Stato di Washington, aveva sostituito negli uffici doganali delle basi americane i doganieri italiani con quelli statunitensi. Era servito a far arrivare armi senza tanti sofismi.

«E non guardatemi con quegli occhi da pesci lessi! Pensate che sia un fesso? E che mi beva la panzana che le banane della Somalia siano prodotte da diligenti imprenditori africani? E non dagli amici vostri?» Tabacchi si era alzato dalla sedia dietro l'imponente scrivania che dicevano fosse la stessa di Quintino Sella.

Il braccio del ministro indicava l'uscita.

Avvisati e Lanza si alzarono con qualche difficoltà dalle troppo basse – maledetto chi le aveva scelte – poltroncine. I tacchi si scontrarono con il parquet, rimandando uno sgradevole rumore. Camminando sulle punte uscirono silenziosi dalla stanza. Si chiusero alle spalle la pesante porta in legno e si avviarono lungo il corridoio deserto che si affacciava su via XX Settembre.

La lampada verde nella penombra illuminava l'elenco delle centotrentadue concessioni che scorreva sotto gli occhi del ministro. Le stava comparando con le ottanta precedenti per trovare un indizio, un nome, una sigla per individuare qualche furbone arrogante che aveva fatto un passo falso. Perché di furbi ce ne erano tanti.

Quelle concessioni. Quel regime di monopolio. Perché? Chi erano i proprietari? E perché giravano tanti soldi intorno a un mercato minore?

«Qualcosa non torna» disse tra sé, alzando la testa dall'elenco e sbirciando la pioggia che cadeva a mazzi e colpiva pesantemente i vetri.

Il *drin drin* del telefono in bachelite nera lo scosse. Sollevò la cornetta e se la portò all'orecchio.

«Caro Tabacchi, come sta?»

«Generale, è un piacere sentirla. Sono alle prese con la storia delle banane. Mi capirà, da finanziere... Qui qualcuno vuole arricchirsi alle spalle dello Stato...»

«Non me lo dica, ministro. Nessuno pensa ai nostri figli...» La voce del generale si era fatta melliflua.

Eccolo, il generale, pensò il ministro, un altro a cui non bastano le stelline, l'autista, le vacanze con l'attendente e le caserme sempre aperte nei posti più belli d'Italia, vorrà pure piazzare l'amica o uno dei suoi amichetti.

«Non lo dica a me. Io capisco che le imprese siano dedite al profitto, ché così assumono. Ma sa, questi non stanno nemmeno qui in Italia, anzi. Perché non mi dà una mano lei, caro generale?» La migliore tattica è attaccare, pensò il Tabacchi, meglio essere i primi a chiedere, tanto tutti pensano che i ministri esistano per trovare posti agli amici degli amici, non per lavorare.

«Non vorrei essere io a scivolare su una buccia di banana... Non avrò nove figli come lei, ma è un attimo... Piuttosto, volevo chiederle una cosa per un amico. Ci possiamo vedere?»

«Anche subito, se crede» meglio toglierseli al più presto, i seccatori davanti alla porta, era il suo motto.

«Ma no, ma no, avrà da fare nelle prossime ore... Faccio chiamare la sua segretaria dal mio attendente. La saluto, signor ministro.»

«Quando vuole, generale, la porta è aperta.»

Era andata meglio del previsto, si disse. Sorridendo ascoltò il *clic* e appoggiò la cornetta sulla forcella del telefono.

Di nuovo uno squillo.

«Pronto!» urlò.

«Antò», la voce di sua moglie non aveva il solito piglio maresciallesco con il quale faceva e disfaceva la vita dei Tabacchi. «Antò, Luigino è scivolato. Si è rotto un braccio.»

Il ministro si abbandonò sullo schienale della sedia. Altro che amichetta. Com'è che aveva detto il generale? «Non avrò nove figli come lei, ma è un attimo...»

1

Banane

mercoledì 18 settembre 1963, mattino
Milano, redazione del «Giorno»

«Dov'è?» urlò Carlo Passi spingendo la porta della segreteria del direttore del giornale. Il suo metro e novanta per cento chili di peso a malapena contenuti dal vestitino Facis *«tieni a posto la testa che alla piega ci penso io»* occupò quasi mezza stanza.

No, questa volta avrebbe alzato la voce. E chissenefrega se invece gli sarebbe uscito il vocino fesso e stridulo che faceva tanto strano con quel corpaccione.

Carlo Passi, il ciula degli scoop per caso, il bellone senza testa, il mago della Lettera 32 che batteva a macchina ancora con due dita, quello che scriveva e non diceva mai niente di importante, questa volta sembrava persino incazzato. E pure sudato. La macchiazza ascellare si allargava pericolosamente e l'essenza di Vétiver si stava trasformando in quel misto di coriandolo e aglio che negli uffici lindi tutti formica, vetro e laminati del direttore del «Giorno» era proprio fuori luogo.

La segretaria ebbe un sobbalzo che fece oscillare la pettinatura a melone. Arretrando il viso a punta da faina, ignorò, come faceva sempre, il sommesso *zzzzzz* che proveniva dal telefonone-centralino che aveva davanti: ognuno di quei tastini trasparenti con numeretto scritto a penna la collegava a un caporedattore.

A Carlo non sfuggì il rapido movimento delle mani che corsero a coprire il fotoromanzo aperto davanti a lei sulla scrivania. Nel pudico tentativo di nascondere le vergogne, le mani incontrarono nel tragitto la tazza di caffè che si rovesciò sul giornale, scurendo i biondi capelli della protagonista della storia a fumetti e oscurando le parole nella nuvoletta sopra la sua testa.

Passi sapeva di starle sul gozzo, gozzo che non aveva ma che avrebbe potuto avere, essendo scesa dalle valli bergamasche dove si faceva ancora la fame e si andava avanti a piatti di polenta e (immaginari) «osei».

Lo sguardo della donna, la potentissima «signorina Clara» che faceva abbassare gli occhi a capiredattori e capi dei tipografi, si fece desolato e furente. Carlo per un momento pensò di averla fatta grossa. Si incurvò e tornò a essere quello del «che ci faccio qui?», dell'orfano di padre fascista mai pentito e madre comunista che lo aveva abbandonato a nove anni per andarsene sui monti a sparare a nazisti e repubblichini.

Ma fu, appunto, un attimo. Strinse più forte la copia del «Giorno». La puzza di inchiostro aumentò l'adrenalina, era pronto a spalmare sulla faccia rubizza di Baldori il nero che gli sporcava i polpastrelli e gli insozzava sempre le uniche due camicie bianche che aveva. E chissenefrega se era il direttore. Gliel'aveva fatta grossa questa volta. Sventolando i fogli urlò ancora con tono minaccioso: «Dov'è?».

«C... chi?» La stronza, la potentissima, la faina e probabilmente spia melliflua del direttore balbettava. Ah, allora poteva far paura anche lui, pensò Carlo ringalluzzito, mentre la *codardona* arretrava il più possibile con il busto per evitare che qualche lembo dei fogli le sporcasse la camicettina inamidata.

«Lui. Il direttore» sibilò ancora Carlo «Il Direttore. Il dottor Ennio Baldori» scandì l'omone.

«Di là, nel suo studio. Dove vuole che sia, dottor Passi?» domandò la donna con voce che si spense nel finale.

«E allora cosa aspetta a dirgli che il dottor Carlo Passi, il cronista Carlo Passi, il Carlo Passi che si consuma le suole sui marciapiede lo vuole vedere subito!»

«Veramente il direttore aveva detto di non disturbare e...»

«Non lo voglio disturbare, lo voglio strozzare!» esclamò Carlo, sgranando gli occhi.

«Oh, ma dottor Passi, che dice?» la voce chioccia della segretaria si fece ancora più chioccia. La signorina Clara sembrava volersi nascondere dietro l'imponente macchina per scrivere nera, l'Insuperata Macchina Italiana Olivetti.

In quel momento la porta dell'ufficio del direttore si aprì e si materializzò la sagoma tondeggiante del mitico Baldori. Che teneva i ministri per le palle. Che era guardato dalla politica romana con sospetto. Che aveva avuto alle spalle Mattei e che aveva resistito alla guida del giornale usato come una clava dal capo dell'Eni morto (o ucciso?) in un incidente aereo.

Era in maniche di camicia, con la cravatta allentata e mostrava due larghe bretelle nere. Un mozzicone di sigaro pendeva all'angolo della bocca. Aveva visto troppi film americani negli ultimi tempi, pensò Carlo. Assomigliava a Perry White, il direttore del giornale dove lavorava Clark Kent.

«Cos'è questo casino?» domandò con la sua voce profonda che chissà da dove gli usciva, visto il metro e mezzo o poco più di statura.

A Baldori sfuggì uno sguardo che a Carlo parve amorevole, forse si era illanguidito vedendolo nel vestito troppo stretto e col cravattino allentato.

«Vieni in ufficio. Qui non si urla» scandì. L'espressione era tornata dura.

«A dire il vero volevo chiamarti io...» aggiunse e si girò, rientrando nello studio.

«Ah sì? Che coincidenza!» Carlo gli marciò dietro.

La stanza d'angolo dava su piazza Cavour, il piazzone dove sferragliavano i tram. Da lì, il pomposo Palazzo dell'Informazione sembrava controllare la vita di quella Milano che si era risvegliata piena di socialisti e comunisti alle ultime elezioni. Un milione di voti avevano perso i *democristi*, in quella domenica dello scorso aprile 1963.

In tanti temevano che fosse l'inizio della fine. Pietro Secchia, l'uomo forte del PCI si era insediato alla vicepresidenza del Senato, e i nostalgici l'avevano visto come una delle svariate mosse dei bolscevichi per spostare l'Italia al di là della Cortina di ferro.

In lontananza si intuivano i Giardini pubblici dalle cime degli alberi che spuntavano dietro le finestre.

Mentre si avviava dietro la sua enorme scrivania in legno, la mano grassottella di Baldori indicò senza una parola la sediola moderna Pigreco di Tobia Scarpa. Si appoggiò al piano protetto da uno strato di sottile gomma verde, incrociò le braccia sul torace e lo guardò in viso.

Carlo, seduto con gli occhi all'altezza di quelli del direttore, rispondeva con sguardo torvo. Tra di loro solo l'Olivetti 32 nuova di pacca appena arrivata da Ivrea. Carlo si chiese come facesse Baldori ad avere una scrivania così sgombra.

«Qual è il problema?» chiese infine Baldori, abbassando ancora di più la voce.

«Il problema è questo» rispose Carlo con voce tremante. *Cazzo*, si disse, *possibile che non riesca a comportarmi da adulto*? Con malagrazia gettò una copia del giornale sulla Olivetti.

«Sai cos'è?»

«Una copia del "Giorno" del 18 settembre... oggi. Non mi sembra una grande scoperta, visto che siamo nella redazione del "Giorno"» constatò Baldori, prendendo il giornale e stringendo gli occhi.

«Ah, bella battuta, direttore! Guarda a pagina 10. Cosa c'è?»

«Il tuo articolo, Carlo, e pure richiamato in prima, anche se faceva cagare.»

Carlo si alzò dalla Pigreco che gli faceva il culo piatto nonostante la similpelle e indicando l'articolo: «Cambiato!».

«Capirai se mi metto a cambiare l'articolo del celebre giornalista d'inchiesta Carlo Passi...» disse, canzonando il tono di Carlo e muovendo la mano di taglio quasi a troncare qualsiasi polemica. «Non c'è stata nessuna correzione, come concordato» concluse.

«L'ultima parolina in fondo, dopo l'articolo. Leggila, per favore» disse Carlo.

«Vediamo... "e in questo modo riuscivano a ingannare le forze dell'ordine inviate per intercettare il traffico criminale. Fine".»

«Hai visto? *Fine*! Se non ti ricordi, direttore, nel mio, al termine dell'articolo, non c'era scritto "Fine", c'era scritto "Continua", come negli altri a partire da maggio» precisò Carlo con voce alterata.

«Ah, questo» Baldori rispose con voce pacata.

«Avevamo un accordo, direttore! Tu mi lasciavi carta bianca e io scrivevo tutte le puntate della criminosa vicenda di Raminghi e soci, del traffico di nafta spacciata come carburante agricolo, dei soldi che servivano per finanziare organizzazioni clandestine, dei morti che sono costati...»

«E non è finita?»

«No, che non è finita! Ci sono ancora dettagli da svelare, e nomi da fare e tracce da seguire e...»

Baldori sospirò. Poi porse nuovamente il giornale a Carlo.

«Carlo, fammi un piacere, apri alla pagina 10.»

Carlo eseguì.

«Ora annusa la pagina, ti prego.»

Carlo, sbalordito, accostò il naso alla pagina. Sentì l'odore di inchiostro e di carta, della carta porosa che sembrava sempre leggermente umida. Poi guardò Baldori con aria interrogativa.

«Sentito?» disse il direttore.

«Ma cosa?» chiese Carlo.

«L'odore di stantio del tuo articolo!» tuonò Baldori, alzando improvvisamente la voce e facendolo sobbalzare. «L'odore di vecchio, di chiuso, di passato. Basta! Chi se ne frega più di Raminghi e di Vescovo, del tentativo di colpo di Stato e dell'evasione fiscale?»

«La storia non è finita...»

«È finito il tempo per raccontarla, Carlo. Questa cosa è gravida di promesse ora, di primo mattino, ma sarà un guscio vuoto, da buttare, stasera. Nessuno terrà da parte i tuoi articoli per leggerli in sequenza. Ogni giorno devi ripartire da zero, caro il mio bel giornalista. E abbiamo trascinato sin troppo quella storia.»

«Ma avevamo un accordo» ripeté Carlo cocciuto.

Si sedette sulla Pigreco anche se continuava a fargli il culo piatto. Come accadeva sempre... be', sempre... troppo spesso, iniziava a dubitare di sé stesso. Un cazzone, era. Il solito cazzone.

«Un accordo, dici. Ebbene, ne faremo un altro. Non resterai senza lavoro. Non temere» lo rassicurò pacificato Baldori.

«E quindi, direttore? Me ne torno nello stanzone della cronaca a seguire gli sfigati di Palazzo Marino?» il tono adesso era rassegnato.

«Bravo, Carlo, così mi piaci. Non sono qui per fregarti e nemmeno per farti il culo.»

Baldori si mosse e gli andò incontro sorridendo. Gli diede una gran pacca sulla spalla. «Bene, tira fuori le palle, Carlo, ce ne sarà bisogno» disse e poi aprì una grande cartella di pelle marrone posata sopra il piano della scrivania dalla quale estrasse un foglio di carta che porse al giornalista.

«Cosa sai delle banane?» chiese.

«Be', più o meno quello che sanno tutti. Uno scandalo nazionale. Lo scandalo delle banane, appunto. Gare truccate, soldi che giravano per i ministeri tra sottosegretari e funzionari e forse anche ministri. Non mi sono occupato io della vicenda qui al giornale, lo sai.»

«E dimmelo lo stesso, che mi interessa: cosa sanno tutti?»

«Che all'asta di marzo per la concessione dell'importazione delle banane dalla Somalia ci sono stati parecchi "indovini" che in modo quasi miracoloso hanno azzeccato l'offerta giusta al millesimo. E guarda caso gli indovini coincidono con i concessionari storici. Un cartello compatto per mantenere la torta... di banane» recitò Carlo velocemente, come a memoria.

«Giusto, giusto» Baldori muoveva la testa avanti e indietro, approvando, quasi volesse lodare il bravo studente che aveva ben imparato la lezione. Baldori riusciva a essere irritante anche quando assentiva, pensò Carlo.

«Qualcuno ha protestato e si è aperta un'inchiesta: l'asta era truccata. Ci sono anche stati degli arresti. Adesso aspettiamo il processo. Qui da noi l'ha seguito Candiani, mi sembra» continuò Carlo.

«Sì, Candiani...» Baldori rimase ancora fermo, come in attesa, ma Carlo aveva finito.

«Be', questo è tutto, no? O c'è dell'altro?»

Baldori sospirò. Si appoggiò con i gomiti sulla scrivania, sporgendosi verso di lui.

«Io non voglio sapere quello che sanno tutti» riprese, «voglio sapere quello che non sa nessuno!» Vibrò una manata sul tavolo. Carlo sobbalzò. Che cazzo di modi!

«Ma io che c'entro?» chiese.

«C'entrerai. Candiani è un bravo scolaretto. Fa i compitini. Hai detto bene, ha scritto quello che sanno tutti. Sì, certo, ci sono gli arresti. Quell'avvocato in carcere e quell'altro, quel Lanza, un bel tipo da capro espiatorio. Mento aguzzo, sguardo sfuggente. Ha tatuato "colpevole" in faccia. E quel segretario, Russi, che è riuscito a indovinare le cifre, forte della sua grande esperienza. Dove sono finiti i soldi pagati dai bananieri per avere l'esclusiva? Quei cinquanta milioni sull'unghia che pare abbiano pagato. A chi? Chi c'è sotto? Non solo l'avvocato Avvisati, te lo dico io.»

Carlo aspettava silenzioso...

«Carlo, voglio che ti occupi tu del caso. Voglio una serie di articoli di inchiesta e non solo di cronaca, che scavino a fondo, soprattutto su chi finora è rimasto nell'ombra. Tu sei la persona adatta. Prendi la giusta distanza, ti interessa la verità e sai ragionare. E sai scrivere.»

«Una volta mi hai dato della "bella addormentata", ti ricordo, direttore.»

«Come sei permaloso! Era una frase detta in un momento di rabbia! Tu sai quanto ti stimo.»

Troppi complimenti… c'era sotto qualcosa.

«E poi c'è un altro motivo» disse Baldori con uno sguardo sornione.

Ah, ecco.

«Sai chi se ne sta occupando per la tv?»

«No» Carlo avvertì una preoccupante premonizione.

«La tua bella Enrica Sala. La rossa infuocata. La star della tv di inchiesta.»

Ecco perché voleva che se ne occupasse lui: c'era di mezzo Enrica! La rossa di nome e di fatto dai capelli ricci che la rendevano riconoscibilissima ovunque. E quella pelle chiara che faceva impazzire giornalisti e uomini politici.

Quella stronza della sua ex. Quella che gli aveva dato un calcio nel culo quando non aveva più avuto bisogno di lui e delle sue fonti… e del sesso. Che però sembrava non le dispiacesse affatto, nei mesi in cui erano stati insieme… Una stronza ambiziosa. Comunista dentro. Pensò a Sara, la sua Sara. Il solo fatto che Baldori gli avesse ricordato Enrica lo faceva incazzare.

«La Sala sta scavando su questa vicenda… Io credo che sappia di più di quanto vuole dire, ma penso una cosa: in tv non può spingersi più di tanto, non può coinvolgere in modo diretto i politici implicati. E allora che male c'è a raccogliere il surplus? Magari gli facciamo pure un favore: pubblichiamo quello che loro non possono dire. Proseguiranno così, protetti dal fatto che la notizia è stata data da altri.»

Carlo lo osservava. Vecchia volpe, pensò tra sé. Non era del tutto assurdo il ragionamento. La visibilità delle trasmissioni televisive le rendeva più soggette a controllo. La RAI restava la RAI, la carta stampata, invece, finché lo spirito di Mattei aleggiava ancora nel palazzone dell'informazione, riusciva a essere più libera (fatti salvi gli amici del direttore, la società mamma e tutti i suoi).

Probabile che il sodalizio fosse gradito a *Tv7*. Parte delle notizie pubblicate dal «Giorno» potevano dare il via libera ad approfondimenti in tv.

C'era solo un piccolo problema.

«Io non ho più contatti con Enrica. E non voglio averne» disse Carlo, sporgendosi un pochino e gustandosi le parole una a una per dare un dispiacere al potente Baldori.

«Baruffe tra innamorati. Si sa, basta poco a iniziarle, poco a finirle» ghignò il direttore.

Carlo sapeva che Baldori non poteva ignorare i suoi rapporti con Enrica.

«Ennio, sto con un'altra donna, ora, e non ci siamo lasciati bene con l'Enrica, lo sai.»

«Già, stai con la vedova del poliziotto.» Il direttore sembrò ricordarsene solo in quel momento. «Va bene, non ti ho chiesto di andarci a letto, con la Sala, ma solo di proporre un patto.»

«Io ho chiuso con Enrica» ribadì Carlo, quasi sibilando.

Baldori si tolse il sigaro spento dalla bocca e si guardò in giro. L'accendisigari era sul tavolino basso. Si alzò, lo prese, si accese con calma il mozzicone e poi si sedette nuovamente davanti a lui. Sbuffò una densa nuvola di fumo puzzolente prima di riprendere a parlare.

«Carlo, hai un concetto troppo romantico di questa redazione. Non è una democrazia. Qui c'è qualcuno che decide e quel qualcuno sono io...» Pausa. «E poi ci sono quelli che fanno quanto deciso.» Pausa e ancora pausa. «E uno di quelli sei tu. Se no, c'è un vasto mondo là fuori, pieno di possibilità lavorative diverse. È chiaro?» La voce si era fatta dura, ma ancora più chiaro era il gesto della mano che indicava la porta.

«Mi stai minacciando?» disse Carlo, che non credeva alle sue orecchie.

«No, consigliando» rispose soavemente Baldori, continuando a indicare la porta.

Carlo lo guardò furioso. Quello stronzo era capace di licenziarlo se si fosse rifiutato, e lui non poteva permetterselo, non in quel momento, almeno.

Baldori si alzò, come per dichiarare chiuso il discorso.

«Carlo, non farmi dire ciò che non voglio dire. Vai da Candiani, fatti dare tutto il materiale e studia la vicenda per benino. Poi vai a trovare la gallina dalle uova d'oro e cerca di carpire quanto più possibile. Vedrai che non te ne pentirai. È una storia tutta da scoprire, sai che io ho fiuto, te lo ricordi con Raminghi, no? E adesso esci, per favore e di' alla Clara di venire qui.»

Carlo incassò. Tentò un'ultima occhiata malevola. Si alzò, girò i tacchi e uscì.

La signorina Clara era concentrata sul fotoromanzo infilato a mezzo tra la macchina per scrivere e il telefono. Carlo le si avvicinò piano e non poté fare a meno di sbirciare.

La protagonista aveva nuovamente i capelli biondi e alzava lo sguardo verso un giovanotto bruno e tenebroso che si sporgeva verso di lei. Nel fumetto del tenebroso c'era scritto: «Oh, Isabella, sarai mia, per sempre».

«Non ci creda, signorina Clara. Dicono tutti così» sussurrò Carlo.

La signorina spinse via il giornale. Lo guardò, arrossendo.

«Oh, signor Passi, mi scusi, non l'avevo vista.»

Carlo indicò col pollice la porta del direttore.

«Non importa. Vada, la iena la attende. Buona fortuna, signorina Clara» le augurò Carlo infilando le scale.

Doveva chiamare la gallina dalle uova d'oro. E lui, cos'era? Il cappone da brodo?

2

Sara

mercoledì 18 settembre 1963, ore 17.30
Milano, Borg de Scigulatt, casa di Carlo e Sara

«Arrivo, arrivooo!»

Maledetto telefono, maledetti squilli, maledetta Democrazia cristiana (che non fa mai male!). Il malefico apparecchio aveva la capacità di suonare nei momenti meno indicati, pensò ancora Sara, che, in cima a una corta scaletta a pioli, infilava alcune coperte in uno scatolone sopra l'armadio in camera da letto.

Si precipitò verso il telefono appeso al muro in anticamera. Nero come un fascista, sempre lì immobile, lo stronzo continuava a suonare, imperioso e impassibile.

Nella corsa urtò con il piede nudo lo spigolo del divano. *Ma va' a dà via i ciapp*, l'urlo rimbalzò tra tinello, camera da letto e specchio. La leggiadra fanciulla avrebbe fatto impallidire l'intera categoria dei compagni facchini del Borg de Scigulatt. Zoppicando e imprecando raggiunse il telefono.

«Sarina, sei tu?» domandò una voce sommessa ed esitante.

«Ciao, mamma. Potresti evitare di chiamarmi Sarina, per favore? Ho trentun anni.»

«Trenta, fino a luglio. Sei l'unica donna che si aumenta gli anni invece di toglierseli, e per me sarai sempre la mia bambina» la voce da esitante virò sul lamentoso stretto.

«Va bene, mamma. Ti serviva qualcosa?»

«Nulla, nulla» il miele iniziò a colare dalla cornetta. «Volevo sentirti, sapere come stai. Sono in pensiero per te, Sara. Non è passato tanto tempo da maggio e saperti sola, dopo quello che è accaduto a Gianni, un così bravo ragazzo, mi si spezza il cuore.»

Sara sospirò. Doveva fare la vedova, affranta dalla perdita del caro compagno di vita Gianni Cerri, il poliziotto, il fascista, quando: in primis non era affranta, ma soprattutto non era vedova! Gianni era vivo, scappato in Sudamerica, da qualche camerata di merda quanto lui.

Sua madre non sapeva. Nessuno sapeva, o meglio, quasi nessuno tranne lei, il commissario Pennisi e Carlo, il suo amore nuovo. Da lui aveva saputo che il poliziotto si era rivelato una spia, aveva finto di essere ucciso ed era infine fuggito. Carlo, a voce bassa, le aveva raccontato di una morte finta e di un amore vero, mentre l'accarezzava con le sue manone ruvide e leggere.

Carlo. Un'altra storia iniziata per dovere. Questa volta, però, qualcosa di sorprendente era successo. Era da tempo, ormai, che di Sara ce n'erano almeno due.

«Sara...»

«Mamma, non sono sola: Carlo vive con me.»

«Nel peccato!» sibilò la donna.

«In teoria sono ancora in lutto.»

«Appunto! E poi... un giornalista!» Categoria non in cima alle preferenze di sua madre, si intuiva.

«... i giornalisti stanno sempre tra delinquenti e soprattutto donne di malaffare.»

«Che ne sai tu?»

«E pensare che potevi sposare il Dino Malagutti e ora saresti una signora! Sai che i Malagutti hanno appena aperto uno stabilimento nuovo a Biella? Di confezioni maschili. Me l'ha detto la signora Corsini. E il Dino era perso per te, perso!»

Sara si stropicciò la tempia. Ti pareva che non si finisse su quello sfruttatore del Malagutti! Fascista pure lui. Ma i *democristi* erano stati abili a ripulirli quasi tutti...

Nel repertorio della mamma, conoscendola, ora sarebbe toccato al questurino.

«E poi il Gianni Cerri. Un poliziotto stimato, sarebbe diventato questore, lo so. Potevi essere la moglie del questore.»

«Be', mamma, non è colpa mia se l'hanno ucciso...»

«Ucciso! Che brutta parola.»

«Ammazzato, sì, mamma. Succede, se fai il poliziotto... e comunque, ribadisco, non è colpa mia.»

«No, no, certo. Però... un giornalista! Uno scribacchino conosciuto solo per una serie di articoli che hanno infangato tanta brava gente, come il cavalier Raminghi...»

«Il cavalier Raminghi, mamma, aveva fatto fortuna evadendo il fisco! Era in combutta con gentaglia pronta a una nuova marcia. Fascisti!»

«E le prove? Lo hanno assolto. Anche lui era stato raggirato dai suoi collaboratori!»

Sara si sentiva soffocare. Sentì un prurito alla base del collo e iniziò a grattarsi.

«Mammina cara... Sai che passerei tutta la giornata ad ascoltarti, ma purtroppo ho un impegno e...»

«Sì, sì, prendimi in giro. Io mi preoccupo per te e tu...

Ma questo è il destino delle mamme... Proverai anche tu che cosa significa!»

C'era solo un modo per troncare l'argomento.

«Come sta papà?»

«Bene. Va al lavoro, è la sua vita. Sai che è diventato capo del reparto terzo della divisione dodicesima del servizio sesto? Protocollo e archiviazione atti. Non so come faremo l'anno prossimo, quando andrà in pensione. Non voglio pensarci.»

Sara ebbe una visione dei lunghi e bui corridoi del grande palazzo dove lavorava suo padre. L'aveva portata una volta, quando era piccola. Le aveva mostrato orgoglioso il salone con le scrivanie allineate, il librone del registro di protocollo dove si annotavano in bella calligrafia i numeri degli atti in ingresso e in uscita. Con aria riverente le aveva mostrato come le pagine fossero unite in modo tale che non si potessero strappare senza lasciare traccia e come, alla fine di ogni giorno, una lunga linea impedisse di aggiungere altri numeri alla pagina vuota. «Il protocollo è il cuore dell'attività dell'ufficio. Dà la certezza della data» le aveva detto con gli occhi luccicanti.

«Data certa! Data certa!» aveva continuato a declamare, aprendo i registri, firmando le contronote, apponendo sigilli. «Certezza della ricezione, capisci!»

Un forte odore di carta, polvere e inchiostro le era rimasto nelle narici. Ora, ogni volta che pensava all'Ufficio (così, con la maiuscola), risentiva quell'odore. E anche quando pensava a suo padre. Unito all'odore di menta del pino silvestre Vidal.

Si riprese dai ricordi: una trappola molle, avvolgente, soffocante, in cui sentiva avvilupparsi la mente e il cuore.

«E tu, Sarina, potresti anche venire a trovarci qualche volta, non ti pare?» continuò sua madre.

No!

«Ma sì, mamma, verrò. Sono impegnata e... Oh, mi chiamano alla porta. Devo andare, mamma, ci sentiamo.»

Sara appoggiò la cornetta sulla forcella, troncando le ultime parole della madre. Rimase per qualche minuto a godersi il *tu-tu* della linea staccata.

Sua madre riusciva a esasperarla. Ogni volta si stupiva di quanto poco avessero in comune. Le venne in mente suo fratello Fausto, che la faceva arrabbiare, da piccola, dicendo che lui non era di quella famiglia, era un extraterrestre portato dallo spazio, dagli alieni. E lei, piangendo e battendo i piedi, «Anche a me mi hanno portato i *leni*» diceva. Lui la lasciava piangere finché la abbracciava e le sussurrava all'orecchio che sì, anche lei era aliena, strana. Come lui.

Sara fece per tornare verso la camera da letto, decisa ad avere la meglio sulle coperte ribelli, quando di nuovo suonò il telefono. Oh no, sua madre sicuramente si era scordata qualcosa... ma dopo due squilli il trillo si spense. Sara si bloccò e attese finché il suono riprese per soli altri due squilli. Non c'era dubbio. Tornò velocemente vicino al telefono e attese. Suonò ancora. Al terzo squillo Sara rispose.

«Casa Dolci? C'è Antonio?» chiese una voce maschile.

«Ha sbagliato. Non è casa Dolci» rispose Sara con voce ferma e chiara.

«Scusi» rispose laconico l'uomo e interruppe la conversazione.

Sara attese qualche minuto. Lo specchio della consolle rifletteva il suo volto concentrato, i capelli biondi e sottili, raccolti in una lenta coda di cavallo, le labbra strette. Poi si chinò e prese l'elenco telefonico dal ripiano nel mobiletto sotto il telefono. Sfogliò le sottili pagine gialline e cercò il nome di Dolci Antonio. Ne trovò solo uno che abitava in via Ripamonti 25. Accidenti, dall'altra parte della città! Sara guardò l'orologino al polso. Le sei. Carlo di solito tornava alle sette e mezzo. Forse poteva farcela ad andare e tornare prima di lui. Andò in bagno e si diede una veloce ravviata ai capelli che poi coprì con un foulard azzurrino. Prese l'impermeabile e gli occhiali da sole e uscì decisa e in fretta.

3

La vendetta si gusta semifredda

mercoledì 18 settembre 1963, ore 19
Milano, casa di Raminghi

L'uomo era seduto in poltrona e la guardava con occhi sbarrati, stupiti e increduli. Era nudo. La pancia prominente gli copriva quasi interamente il basso ventre e il petto, coperto da una folta peluria grigia, era immobile.

Germana abbassò il braccio. La pistola fumava ancora. Il netto forellino in mezzo alla fronte dell'uomo sembrava un grosso neo da cui usciva un sottile rigagnolo rosso.

«Eccoti servito, Angeluccio. Che modo poco dignitoso di lasciare questo mondo! Sei sempre stato un porco e te ne sei andato da porco» disse con la sua voce roca e calma.

Provava un senso di soddisfazione e di appagamento osservando il cadavere di Angelo Raminghi, nudo e inerme in quella stanza da letto, squallida come poteva renderla solo un arricchito. I comodini in radica lucida, gli abatjour a fiore, le lenzuola di raso, i tanti, troppi cuscini.

Ricordò le sue parole intercettate al telefono, alla fine dei fatti di maggio, quando il signor Raminghi, evasore fiscale, finto fascista e immenso ladro, aveva detto al generale Vescovo: «Germana Castelli va messa in condizioni di non nuocere. Ha sbagliato troppo».

Ed eccolo fuori combattimento. Era riuscito a cavarsela, nonostante Carlo Passi e la sua degna compagna Enrica Sala, tra «Il Giorno» e *Tv7*, avessero sollevato un bel polverone. Giornalisti. O comunisti? Tutti lì a raccontare le coree di Milano, le periferie, le catene di montaggio, lo sfruttamento. Forse preferivano i tuguri del Sud dove animali e persone vivevano tra le stesse quattro mura? Con le mura affumicate e le ciotole unte e bisunte?

Ipocriti, pronti a commuoversi mentre con le loro 1100 Fiat e Giulia Alfa Romeo, se non addirittura con le Lancia, erano costretti a passare tra le periferie di Cinisello e Sesto per andarsene a passare il weekend al lago. Con le loro cazzo di inchieste finte stavano consegnando il Paese ai comunisti.

Guardando il cadavere di Raminghi pensò che per la prima volta le accadeva di ammazzare uno della sua parte. Un capo, tra l'altro. Eppure, si sentiva nel giusto. Era calma e compassata, come sempre quando ammazzava.

«Cazzo, Germana, l'hai seccato!» Un uomo magro e biondo dai tratti scavati e dallo sguardo spiritato era entrato nella stanza con una pistola stretta in pugno.

Svitando il silenziatore con gesti esperti, Germana si voltò verso di lui.

«Ti mancherà molto?» chiese con tono da sfottò e quel sorriso ingenuo che tanti avevano ammirato alla scuola «coperta» della guardia di finanza. Era stata una delle poche donne ammesse. I suoi commilitoni avevano tentato di farla fuori, ma i suoi capi la proteggevano. Una donna capace di uccidere, di fingere, di travestirsi era troppo utile in tempi di guerra e non. Aveva di fatto carta bianca, ma questa volta la protezione dei capi non era così scontata.

L'inchiesta di Carlo Passi ed Enrica Sala su Raminghi aveva acceso un faro sull'industriale e sui suoi amici. Stava diventando un problema.

«I capi approveranno?» La domanda del biondino scosse la donna, mentre lo sguardo della predatrice spaziava tra comodino, finestra e armadio in radica. Di tracce non sembrava averne lasciate. Doveva fidarsi del biondino?

Germana alzò le spalle.

«Era un infame, ha sputtanato tutti. Ha accusato i suoi collaboratori di averlo raggirato e negato il suo coinvolgimento nel traffico di nafta agricola e nei progetti di colpo di Stato, nonché nell'uccisione del padre del giornalista e degli attentati.»

«Forse avresti fatto meglio a sentire Vescovo, prima.»

«E chi ti dice che non l'abbia fatto?» insinuò Germana.

Si avvicinò con calma alla finestra, scostò le tende di tulle. Il giardino e via Mozart parevano tranquilli come sempre. Avrebbero dovuto uscire senza essere notati. La villa era isolata e grazie alle rivelazioni dell'ingegner Capuano, che Germana era riuscita ad avvicinare e a far parlare, erano riusciti a disattivare i sistemi di allarme entrando indisturbati. Anche lo studio della tempistica era opera sua: Raminghi risultava ufficialmente in Inghilterra.

Si voltò verso l'uomo che, dopo aver riposto la pistola, con metodo ripuliva le possibili tracce rimaste dopo il delitto.

«Anche quel bastardo del generale era d'accordo per farmi fuori. E, poi, chi scoprirà che siamo stati noi?»

«Che sei stata tu, Germana, non allargarti.»

«Sì, io. Quando si accorgeranno della triste fine del cavaliere, industriale e testa di cazzo non riusciranno a risalire a me.»

Il biondo rimase in silenzio, poco convinto.

«Piuttosto. La ragazza dov'è?» chiese Germana.

«La puttanella che ci ha avvisato che stasera avrebbe avuto un appuntamento con il cavaliere? Non si è vista, ha chiamato come da accordi e non si è mossa da casa. Le faremo avere la ricompensa pattuita» disse il biondo.

«Accompagnata da una caramella di piombo caldo» rincarò Germana, mordendosi il labbro inferiore.

«Sei pazza? Vuoi far fuori anche lei?» Il biondo la guardò allarmato.

«Non possiamo evitarlo. Quando si saprà della morte di Raminghi la puttanella se la farà sotto e canterà. Dobbiamo eliminare l'unica strada che colleghi questo cadavere a noi.»

Germana alzò la mano, per fermare ulteriori discussioni. Poi riprese con voce ferma: «Tu devi obbedirmi, Oscar. Sono ancora il tuo superiore. Parlerò io con Vescovo. Adesso andiamo, Bastiano ci aspetta fuori. Non vorrei che il custode di qualche *sciur* dei dintorni lo notasse. Domani porterai i soldi alla ragazza e finirai il lavoro».

La voce di Germana era dura, non il suo viso. La morte di un'ingenua prostituta non l'avrebbe di certo turbata.

Il biondo strinse le labbra e chinò la testa. Si spostò verso la finestra che dava sulla strada e vide la macchina parcheggiata di fronte. Oscar azionò l'interruttore un paio di volte, accendendo e spegnendo la luce. Pochi secondi dopo la macchina parcheggiata accese a sua volta i fari.

«Andiamo. Bastiano è avvisato» disse Oscar avviandosi verso la porta e Germana lo seguì velocemente. Prima di uscire lanciò un ultimo sguardo verso la sagoma accasciata sulla poltrona. Un lento sorriso le comparve sul volto, poi si portò la mano alla bocca e lanciò un bacio verso Raminghi.

Al volante il grosso Bastiano, detto Carnera, guidava in silenzio fissando la strada. L'atmosfera era tesa e pesante. Seduta di traverso sui sedili posteriori dell'auto Germana guardava fuori dal finestrino ripensando a quanto era successo.

«E pensare che a maggio eravamo così vicini...» mormorò.

La Giulia Ti con targa falsa, ma ben fatta, svoltò in via Mascheroni. Le strade odoravano di platano. L'umidità di Milano era imbarazzante. Costruita sull'acqua manco fosse Venezia. Il biondo sembrò scuotersi e fece un cenno con la testa.

«Dura abituarsi al fallimento» disse.

«Ma quale fallimento? Se i caramba ci avessero dato una mano adesso la storia sarebbe finita» commentò Germana.

«Usi a obbedir tacendo, dipende solo da chi comanda» recitò Oscar con voce forzata e distratta. Nessuno parlava di ciò che era appena successo. Quando le azioni erano completate non si commentava, questa era la regola. Si scambiavano solo informazioni.

Germana guardava il vialone alberato che le ricordava quelli dietro alle caserme alle spalle della stazione Termini a Roma. In quei casermoni aveva conosciuto Gianni Cerri. Ripensò a quell'uomo silenzioso, dalle spalle larghe e dalla stretta quasi crudele.

Colse la sua immagine riflessa nello specchietto retrovisore. I capelli scuri e lucidi pettinati nel compatto caschetto. Gli occhi neri, allungati, quasi orientali. La bocca dalle labbra piene e morbide. Era bella.

Inutilmente bella.

Un dolore fisico le strinse la gola e lo stomaco. Maledetti!

Non era stato solo sesso, con Gianni Cerri. L'aveva amato, involontariamente, disperatamente, incoscientemente. E lui l'aveva disprezzata, confessandole che amava un'altra, Sara, la santarellina, la sciapa milanesina che voleva studiare, che odorava di brodo, che, ci avrebbe scommesso, a letto era saporita come un pesce lesso senza nemmeno olio e prezzemolo. In quel momento avrebbe voluto fargli del male. Tanto male. Ma quello stronzo si era fatto ammazzare come uno scemo qualsiasi. Le aveva tolto anche la vendetta.

Si era rifatta con Angelo Raminghi, il suo ex capo, che l'aveva manovrata e scaricata. Ripensò con gioia malvagia all'espressione di stupore dell'uomo quando se l'era vista davanti, al posto della puttanella che stava aspettando. Certo, aveva corso un rischio e Oscar aveva ragione: i grandi capi non avrebbero approvato.

Dal parabrezza si vedeva il padiglione dell'Eni nella Fiera campionaria. Stavano allestendo anche una darsena per i motoscafi. Almeno tutta quell'acqua che scorreva sotto la città sarebbe servita a qualcosa, oltre che a infradiciare le ossa.

La macchina si fermò davanti al Vigorelli e Germana scese senza dire nulla. Avrebbe fatto l'ultimo tratto da sola. Meno sapevano di lei e meglio era.

Senza voltarsi indietro si avviò di buon passo, infilandosi nella via stretta e tranquilla che costeggiava il velodromo e finiva in un crocevia. Zona residenziale, la chiamavano pomposamente. I soldi iniziavano a girare in città.

Svoltò a destra, poi tornò sui propri passi. Un palazzone anonimo ospitava il suo rifugio. Nuovo di zecca con portineria annessa, ma senza portinaia. Gli impiegatucci non potevano permetterselo. Meglio, l'aveva scelto apposta.

Chissà chi innaffiava le due *Monstera adansonii* ai lati del portone. Le grandi foglie bucate non c'entravano un cavolo con Milano, dovevano starsene nella giungla a far passare la luce, non in quel gelo del marmo finto. E quel colore marroncino della pietra lucida era di una tristezza che stringeva il cuore.

Salì i tre gradini che portavano all'ascensore nascosto dalla rientranza della scala. Ruotò la manopola e aprì le due porticine della cabina in metallo. Quando uscì dallo scomodo abitacolo si infilò nel corridoio. In fondo ecco l'ingresso del monolocale che era da sempre il suo rifugio milanese.

Infilò la chiave nella toppa dell'anonima porta. Sulla targhetta nessun nome.

Si richiuse l'uscio alle spalle, facendo meno rumore possibile.

«Ciao, Germana.» La voce dal cucinino la colpì come uno schiaffo in pieno volto. Il suo caschetto di capelli neri ebbe un sussulto. Davanti a lei c'era il generale Vescovo.

«Sei sorpresa? Pensavi davvero che non conoscessi il tuo rifugio a Milano?»

Un bell'uomo, il generale. Niente da dire. Nel suo abito di buon taglio con la camicia bianca inamidata faceva la sua porca figura. Il volto quadrato, capelli rasati quasi a zero. Poco grasso e quel poco al punto giusto.

Nella mano affusolata, dalla leggera peluria sul dorso, che rivelava la sua natura terronica, si era materializzato un oggettino nero che assomigliava tanto a una Beretta.

Il generale la puntava dritta verso di lei. Germana lo guardò, impassibile.

«Pensavi che non sapessi che avevi messo sotto controllo il telefono di Raminghi? Mi facevi proprio fesso? Generale, militare, ma non fesso.»

«Quella merda.» La voce roca non tradiva la minima emozione, due parole. Non si sarebbe fermata. Senza una pistola nella stanza, probabilmente le due parole sarebbero diventate tre: *Siete delle merde.*

Gli occhi del generale perlustravano l'appartamento, ma la ragazza sapeva il fatto suo: la finestra dava sulla strada e grandi alberi oscuravano la vista a chiunque. Nessuno poteva vederli.

Vescovo si girò verso di lei.

«Non farti prendere dall'istinto, Germana. Rifletti.»

Lei lo guardò furente. Cosa voleva da lei, ora?

L'uomo abbassò il braccio armato e si avvicinò alla piccola libreria.

«Posso servirmi?»

«Certo, generale, vuole dare un dispiacere a Gino Cervi? Il "Vecchia Romagna etichetta nera che crea un'atmosfera" è a sua disposizione.»

Il liquore scese nel bicchiere.

«Raminghi è perso» scandì il generale.

«Lo so. E lei?» rispose con aria strafottente Germana.

Il generale si girò di scatto e la fulminò con lo sguardo.

«Non hai mai imparato a stare al tuo posto, eh, ragazzina? Il tuo compito è uno solo: obbedire.»

Germana si sedette sul divano e stirò la corta gonna sulle ginocchia pudicamente unite. Meglio tacere e assecondare gli eventi, soprattutto quando gli eventi includono pistole a portata di mano.

«Sono in ascolto, generale.»

Il generale tracannò in un solo sorso la generosa dose di Vecchia Romagna, prese una sedia, la portò verso il divano e si sedette.

«Germana, i giochi sono ripresi» le disse fissandola serio. «Abbiamo avuto un duro colpo a maggio a causa degli articoli dei due giornalisti e dei documenti svelati. Io sono stato costretto a defilarmi e l'onorevole Rucco... Be', lo sai. Il progetto è stato accantonato e si è dovuto fermare tutto.»

Il generale si era interrotto, come un maestro che voglia assicurarsi che gli allievi assimilino bene i concetti.

«Ora, però, il progetto riacquista forza. Ci sono nuove situazioni. I triestini degli Affari riservati hanno messo in campo azioni di sabotaggio. E noi dobbiamo assecondarli.»

«Noi?»

«Noi. Io. Tu, Germana. E i tuoi. Il tuo piccolo nucleo.»

«Io? Generale, mi lusinghi. Mi credi più influente di quello che sono. Sto defilata e mi faccio i casi miei. Che dovrei fare per assecondarli?»

«Germana, con me non attacca. Tu non te ne stai defilata: stai lavorando per vendicarti di Raminghi. E forse anche per altri scopi.»

Germana non rispose e chinò il volto per nascondere un sorriso. Tecnicamente il generale stava commettendo un errore nell'uso dei tempi. Lei non *stava* lavorando per vendicarsi di Raminghi. *Aveva già* lavorato per quello scopo.

Il generale continuò: «Non conosco di preciso le tue intenzioni, ma lo so cosa stai facendo. E devi interrompere ogni azione. Le tue minchiate sono controproducenti per il progetto. Potrebbero attirare attenzioni strane, deviare flussi in un momento in cui il flusso deve essere uno solo e guidato da chi è in grado di guidarlo. Tu devi restare in attesa di ordini. E basta. È chiaro?».

«Chiarissimo» rispose Germana, «ma non c'è nulla da fermare. Non sto facendo niente.» La voce roca, un po' strascicata, un po' ironica.

Il generale non sembrava convinto.

«Germana, tieniti pronta, presto ci saranno novità e tu sarai tra i protagonisti. Ma non fare di testa tua.»

«Signorsì» rispose, con un lento sorriso.

«Allora nessuna azione, anzi... Una cosa devi farla.»

«E sarebbe?»

«La moglie del Cerri.»

Germana sentì un tuffo al cuore ma rimase imperturbabile.

«Sara Ferrari. Una bionda, una bella donna. La conosci?» domandò Vescovo.

«L'ho vista qualche volta.»

«Ora sta con Carlo Passi, il giornalista. Ma qualcosa in lei non ci convince. Magari è un'idea, però... È comparsa troppo all'improvviso nella vita del Cerri a suo tempo. E subito dopo il suo arrivo si sono verificate alcune situazioni anomale. Il Cerri è cambiato, e abbiamo avuto fughe di notizie e altri strani sviluppi.»

Vescovo restò in silenzio, guardando Germana, come a riflettere. Poi riprese: «Abbiamo controllato. La Ferrari ha una storia anonima, senza particolarità. Il padre lavora all'intendenza di finanza, la madre è casalinga. Lei era impiegata come segretaria in una ditta di tessuti che poi ha lasciato quando ha incontrato il Cerri».

Germana fremeva, cercando di celare la sua impazienza.

Vescovo riprese: «C'è solo una particolarità nel suo passato: un fratello partigiano poi emigrato all'estero, in seguito a qualche fatto di sangue. Una testa calda. C'è qualche voce su di lui... Sembra si sia immischiato con un'organizzazione anarchica di Oltralpe, ma non è sicuro. E in ogni caso nessuna traccia qui in Italia. Nessun contatto con la sorella, che è una brava ragazza. Tranquilla. Troppo tranquilla. Che ci faceva una così col Cerri?».

Lo sguardo di Vescovo era penetrante e Germana faticava a mantenersi impassibile. Lei e Gianni avevano nascosto con tenacia la loro relazione, ma Vescovo sembrava leggesse nelle menti. Alzò le spalle.

«E che ne so, io? Mica mi raccontava la sua vita coniugale, il Cerri» buttò lì con indifferenza.

«Immagino» disse Vescovo e nuovamente il commento suonò allusivo. «In ogni caso, Germana, visto che sei, come dire, in pausa e in attesa di sviluppi, ti chiedo di impiegare questo tempo per tenerla sotto un discreto controllo. Tu e i tuoi la seguite, guardate i suoi spostamenti, controllate le frequentazioni. E poi mi riferite. Va bene?»

«Va bene, capo» scandì Germana.

«E anche in questo caso non fate niente di operativo. Se ci sono informazioni mi riferite. Per il resto, basso profilo. Anzi *low profile*, come dice l'Angelo. A proposito, è proprio a Londra in questo periodo. Se la starà spassando, non credi?»

«Credo proprio di sì. È sempre stato un amante della perfida Albione, l'Angelo Raminghi» ironizzò Germana.

Vescovo la guardò sospettoso. Aveva colto una punta di dileggio, ma si era sicuramente sbagliato. In fondo Germana abbaiava, ma mordeva poco.

4

Donne

mercoledì 18 settembre 1963, ore 18
Milano, via Dezza, casa di Giovanna

Piazza Cavour era bella trafficata. I tram si infilavano in via Manzoni tra il viavai di macchine, biciclette e pedoni. Dal parco di Porta Venezia uscivano le balie con i bambini nelle alte carrozzine. Dopo il giretto pomeridiano correvano a casa per preparare la cena ai piccoli. La temperatura era tiepida e piacevole, ma le giornate cominciavano già ad accorciarsi. Carlo si strinse nel *tirasàss* ed ebbe un brivido pensando che tra poco sarebbero tornati il freddo, la nebbia e l'umidità. Ebbe la visione di una spiaggia bianca col mare azzurrino. Sospirò. Magari! Intanto era legato lì e con un problema in più.

Aveva trascorso il pomeriggio rivedendo gli articoli sullo scandalo delle banane e a parlare con Candiani per farsi un'idea della situazione. Piccole novità: l'avvocato in carcere aveva avuto un malore. I bananieri negavano di aver versato soldi, ma ammettevano di aver ricevuto dal segretario Russi, che si comportava come un despota, la cifra da presentare in busta chiusa. Il ministro delle Finanze aveva aperto l'inchiesta, quasi a rintuzzare subito le voci di connivenza.

La truffa c'era sicuramente stata, ma chi l'avesse ideata, orchestrata e gestita non si sapeva: tutti rimandavano ad altri, e i soli colpevoli sembravano i pesci piccoli, quelli che non avrebbero potuto decidere niente.

A Carlo sembrava ora di avere la testa gonfia e intasata di notizie, nomi, ipotesi. Troppa roba. E troppo poca, allo stesso tempo. Pensò che si era meritato un cicchettino. Tornò indietro nel tetro palazzone, infilò lo stretto corridoio nell'ammezzato e sbucò nel bar della Nina.

Parola grossa, bar.

Il locale era poco illuminato e poco areato. L'atmosfera sospesa, sempre uguale. A far la differenza erano i tipografi con le loro tute blu e le chiazze e la puzza di inchiostro. Sì, non era un posto da fighetti giornalisti. Era il regno degli operai. Dell'aristocrazia degli operai. Di quelli che sapevano leggere e far di conto, che capivano al volo se c'era da sgobbare e tenere le macchine pronte per l'edizione straordinaria. Si rifugiavano dalla Nina quando sapevano che l'emergenza non si sarebbe potuta verificare. Che rapina o non rapina, morte o non morte, persino del papa, c'era poco da fare.

Fossero le otto del mattino o le due di notte, i neon illuminavano l'ambiente nell'identico modo. Solo le piccole finestre poste in alto sembravano quadri che variavano colore con la luce del giorno, senza però incidere di molto sull'illuminazione interna. Carlo trovava confortante quell'ambiente sempre uguale, con il suo odore di varechina e il luccicore del banco di acciaio che la Nina stava pulendo con uno straccio di dubbio colore, chinandosi e offrendo allo sguardo dei tipografi e a quello di qualche raro impiegato che non aveva paura di mischiarsi col popolo l'ampia scollatura sotto il grembiule biancastro. Li portava bene i suoi cinquant'anni, la Nina, morbida e larga nelle forme, tagliente e acuta nelle risposte.

Alzò gli occhi e lo vide, e un largo sorriso le comparve sul volto.

«*Ehi, tel chi el me bagai*» lo salutò festosa. *El Passi l'era vun giust, diseven gli uperari.* Giacchino e cravattina, ma arie zero. Anzi, sempre pronto a chiedere al proto, al capo dei tipografi, se la chiusa funzionava *o se l'era mei tajà prima.*

Carlo fece finta di credere che un'accoglienza così briosa fosse solo per lui. Sorridendo a sua volta appoggiò i gomiti sul bancone e si sporse verso la donna.

«Nina, ma quand'è che scappiamo insieme, io e te?» domandò.

«Basta che *te mel diset*, quando...» rispose pronta la donna.

«Solo quando? Dove non ti interessa?»

«Con te ovunque. Anche a Lignano.» La donna si voltò verso il grande specchio appeso dietro al bancone dove erano attaccate una decina di cartoline, omaggi degli avventori. Nel posto d'onore, al centro, c'era «Saluti da Lignano». La foto mostrava una bella signorina in primo piano con un costume a righe e un largo cappello di paglia. Sullo sfondo file compatte di ombrelloni colorati e un'illusione di mare, un lampo di azzurro.

La Nina la guardava spesso, sospirando. Lignano era il suo sogno. Immaginava la casa in affitto col cucinino stretto e la verandina con il dondolo, e poi l'ombrellone noleggiato, con la sdraio, al bagno Margherita. Sarebbe andata in spiaggia presto e si sarebbe cambiata nella cabina di legno dipinta a strisce colorate. Si sarebbe poi spalmata l'olio di cocco sulle spalle e sull'abbondante scollatura e poi avrebbe preso il sole leggendo l'ultimo numero di «Grand Hotel». La sera sarebbe andata a mangiare il fritto nel ristorantino sul mare e poi a ballare alla rotonda.

Sospirò, senza spegnere il largo sorriso.

«Su, *bel fioeu, cosa te voret?*»

«Un Cynar, Nina, col ghiaccio.»

La Nina glielo versò velocemente. Il ghiaccio tintinnò nel lungo bicchiere e Carlo lo fece roteare. Tutto sapore poco profumo. Bevve in due o tre sorsi il liquido marroncino dolce amaro, sgranocchiando un cubetto di ghiaccio finito in bocca.

La Nina aveva ripreso a lucidare il bancone. Tra poco sarebbero arrivati i tipografi per il cicchetto serale.

«Ma... e il Giovanni? Non te l'ha fatta la dichiarazione?» le chiese Carlo.

«Ma va' là. Quello là, *l'è mei perderl che truvarl.*»

Giovanni Galimberti, il proto, un marellotto di una cinquantina d'anni, era innamorato della Nina ma non aveva un soldo, *tutti i dané andaven alla so mama*, una vecchiarda striminzita e arcigna che lo comandava a bacchetta. Giovanni aveva provato a dirle che voleva sposare la Nina e la vecchia aveva dato fuori di matto. Era andata di persona a vedere la *tusa* che voleva rubarle il *so Giuanin.* La Nina le aveva riso in faccia. Le aveva detto: *Ma se lo tenga, il so fioeu, cara sciura Galimberti, che mi sunt bona de truvà cent omen cumpagn de lù!* La frase era diventata famosa tra gli avventori e al giornale.

«Ma una novità c'è» disse, tutta giuliva.

«E sarebbe?»

«Il Negri. Mi porta, sai, mi porta lui a Lignano. Un fine settimana romantico...» Il sorriso sembrava arrivare alle orecchie.

Carlo rimase in silenzio. Il Negri lo sentiva vantarsi delle sue conquiste. Mah, la Nina meritava di più, ma non ebbe cuore di disilluderla. Chissà poi, magari stavolta il Negri si era davvero innamorato, chi era lui per dare consigli?

«Ehi, che bella notizia. E allora poi mi racconti tutto, eh, Ninetta del mio cuor.»

«Ma certo, *bel bagai*» rise la donna.

Carlo uscì in strada riscaldato e confortato dal cynarino e dalle chiacchiere. Guardò l'orologio. Le sei.

Gli venne in mente che prima di andare a casa avrebbe fatto una tappa. Andò a prendere la Vespa, che era nel parcheggio del giornale.

«Ehi, Costanzo, come va?» salutò a gran voce il custode.

Costanzo fece un piccolo cenno con la mano. Da quando Carlo gli aveva fatto lo scherzo di prendere la 600 del giornale senza autorizzazione, tenendosela per giorni interi e i capi se l'erano presa con lui, il custode restava sulle sue. Ma ora Carlo se lo lisciava per bene e sapeva che prima o poi l'avrebbe perdonato.

«Salutami la tua signora!» gli disse e s'incamminò nel corridoio semilluminato. L'odore forte di ammoniaca gli colpì le narici. Veniva dai bagni perennemente aperti che chissà chi usava. Le signore delle pulizie facevano il possibile per combattere il tanfo di latrina, ma si arrendevano di fronte al puzzo di olio, benzina, pneumatici che esalava da quegli antri oscuri e che sembrava invincibile. E affascinante. Non sapeva se solo a lui facesse quell'effetto, ma quella puzza era l'odore delle auto. L'odore di quella che era stata la sua Spider rossa che gli avevano bruciato. Le merde. Era stato il primo dei tanti avvisi «amichevoli».

E poi avevano sparato a suo padre.

O forse erano stati altri, non si era mai capito. Maledetti. Sentì ancora il dolore e la rabbia, intatti. Strinse i pugni.

No, non era un gioco quello dove si era infilato, e non bastava dire «Io racconto solo quello che vedo e trovo» per salvarsi l'anima e il culo. Erano tempi nei quali anche solo raccontare poteva essere pericoloso.

Non qui dentro, si disse per rincuorarsi. Non lì, in quel garage dei giornalisti dove Costanzo, l'ex carabiniere, controllava chi usciva e chi entrava, pronto a far materializzare quel rigonfiamento nella tasca dei pantaloni e a trasformarlo nella sua forse unica amica: la Beretta.

La sua Vespa che aveva sostituito «la rossa» era appoggiata sul cavalletto, seminascosta dalla colonna. Odorava anche lei di benzina e olio. Non faceva lo stesso effetto del profumo dei sedili in similpelle della Spider. Il sedere ciccione e bombato, con il motore da una parte e la ruota di scorta dall'altra, la faceva assomigliare a un grosso cane da pastore. Sembrava scodinzolasse. Prima o poi, però, avrebbe dovuto decidersi. Aveva visto un'Innocenti Spider. Certo, la Innocenti era la concorrente della Vespa con la Lambretta. E la meccanica era quella inglese della Austin-Healey. Niente a che vedere con la sua rossa Alfa Romeo, cambio Porsche. Ma era appena uscita la versione 1100 invece che 950, e c'era anche la versione Rossa. E il milione e mezzo di lirette chi glielo dava? Adesso poi, che era sempre sull'orlo del licenziamento, manco a rate poteva permettersela.

Diede una rapida e affettuosa pacchettina sul sellino prima di montare sulla Vespa. Altro che Rossa.

Colpo di pedivella e via.

L'aria settembrina e serale lo colpì sul petto e sulla pancia. Accidenti, non faceva caldissimo, in Vespa, l'impermeabilino era leggero e svolazzante. Si fermò e prese il giornale dalla borsa di pelle. Lo infilò tra la giacchetta e la camicia, sperando che l'inchiostro non rovinasse il cravattino.

Riprese la corsa. Ah, molto, molto meglio così. Cosa aveva detto Baldori? Che alla sera il quotidiano era un guscio vuoto, inutile, da buttare? Mica vero! Una sua utilità l'aveva ancora, no? Ridacchiò tra sé. Ma che *vadano a dà via i ciapp*, «Il Giorno», Baldori, le banane e compagnia cantante.

Via Manzoni era piena di gente elegante ferma davanti ai bei negozi dalle grandi vetrine illuminate, la percorse con il motore in terza che borbottava pigramente svoltando in piazza Cordusio e poi entrò in via Dante. In fondo c'era il Castello. Mancava *la turta di spus,* la grande fontana a più piani che era stata smontata tre anni prima per i lavori della metropolitana. Anche quello aveva raccontato da Palazzo Marino. Un pizzico di nostalgia per quelle sedute, quei dibattiti senza fine, per quelle «cagate», come dicevano i suoi colleghi del politico che si occupavano di Fanfani e di Moro, di quel cazzo di centrosinistra che non arrivava. E che adesso, dopo quel milione di voti andati ai comunisti, sarebbe diventato necessario per spaccare la sinistra.

In piazzale Cadorna si lasciò a destra il grande e nuovo edificio delle Ferrovie Nord. Passando davanti a San Vittore, il *dò* come lo chiamava il Luigino, Carlo pensò alla notte in carcere che aveva passato non molto tempo prima: stava inseguendo tipi loschi e aveva preso in prestito una macchina della polizia. I poliziotti non l'avevano presa bene. A ben pensarci, non gli dispiaceva aver trascorso una notte nella *buiosa*. Lo faceva sembrare più vissuto. Aveva acquistato un sacco di punti tra *i malnat del Borg de Scigulatt.*

Finalmente era arrivato in piazzale Aquileia. Rallentò ancora un pochino ed ecco via Dezza. Si fermò un attimo davanti al numero 24 prima di scendere. Ogni volta che tornava lì sentiva un tonfo al cuore. Doveva ricordarsi che non vi avrebbe trovato Vittorio, suo padre, lì, nella portineria linda e pulita ad aspettarlo. Non avrebbe visto il suo volto chiuso da cagnone arcigno dischiudersi nel rapido sorriso che dedicava solo a lui. L'ultima volta, da vivo, l'aveva visto in ospedale. Ricordava ancora il suono acuto della macchina che lo teneva in vita... *bip bip biiip*. Lui aveva visto suo padre, ma Vittorio non aveva visto lui. Gli aveva stretto la mano. Se n'era accorto? Le parole non erano state molte tra di loro. E se ne era pentito non poco.

Parcheggiò la Vespa e scese. Da lontano, attraverso le tendine bianche accuratamente tirate, vide la luce nella portineria dove ora abitava sua madre. Gli faceva effetto. A maggio, dopo la morte di suo padre, lei si era subito proposta: avrebbe abitato lì occupandosi della portineria. Tutti avevano approvato, i condomini del palazzone e anche lui. In effetti l'aveva tolto dall'imbarazzo: dove alloggiare altrimenti quella madre sconosciuta, ricomparsa all'improvviso, in ospedale, un minuto dopo che suo padre era morto?

Un piccolo residuo rancore gli si mosse in gola. Li aveva abbandonati tanti anni prima, nel 1938, quando erano state emanate le leggi razziali, per unirsi ai partigiani nelle montagne del suo Friuli. L'eterno conflitto con suo padre, convinto fascista, era esploso e non era stato possibile ricomporlo come tante altre volte.

Ne avevano poi parlato e razionalmente la capiva. Ma nell'animo restava un dolore inconsapevole, mosso dall'apparato simpatico, ineliminabile, lo stesso dolore che aveva provato quel bambino di nove anni che era tornato a casa da scuola e non l'aveva trovata più.

Scosse la testa, sospirò. Erano passati tanti anni. Erano successe tante cose. E lui voleva pensare a domani, a dopodomani, a raccontare, a scrivere. Alla sua vita. Se riusciva a salvarsi il culo.

Si mosse verso la portineria. Dietro alla tendina vedeva il lampeggiare azzurrognolo del televisore. Glielo aveva regalato lui, pensando che le avrebbe fatto compagnia. In fondo era talmente sola, e quasi straniera, appena arrivata dal Friuli in quella Milano che poteva essere così poco accogliente...

E forse gliel'aveva regalato mosso da un po' di senso di colpa. Era un sollievo che si fosse sistemata lì, lontano da casa sua. E poi si sa, il lavoro, gli impegni... tante scuse per riprendere a piccole dosi quella conoscenza bruscamente interrotta. Ora, però, vedendo il baluginare azzurro sentì rimorso. Le sembrò di vederla, seduta un po' di sbieco sulla sedia della sala, con gli occhi fissi allo schermo, un pentolino piccolo a bollire sulla cucina a gas nel microscopico cucinino attiguo, a spandere all'intorno una vaporosa solitudine. Scosse la testa. Inutile, ci si palleggia la colpa come un testimone che non si può mollare, prima a te poi a me, chi ha fatto più male, chi continua a farlo, chi non potrà mai riparare del tutto.

Si avvicinò alla porta e abbassò la maniglia.

«È permesso?» domandò ad alta voce, entrando.

«*Sttt, sta' bon che xe il momento dela letura*» lo zittì una donna sconosciuta seduta su uno sgabello vicino alla porta. Altre facce si girarono verso di lui. Intorno al tavolo stavano almeno cinque donne, di diversa età, e altre tre erano sedute su seggiolini di fortuna. Tutte, con un piccolo quaderno e una matita in mano, fissavano il teleschermo dove un distinto signore in giacca e cravatta tracciava parole con un carboncino su fogli di carta. Riconobbe il maestro Manzi. La sua trasmissione *Non è mai troppo tardi* insegnava a leggere agli adulti analfabeti ed era un grande successo.

«Carlo! Che bravo! Sei venuto a trovarmi!» una di quelle teste si mosse verso di lui e riconobbe sua madre che gli sorrideva felice.

«Se disturbo...»

«No, no, aspetta qualche minuto, è quasi finito. Sediti qui, dai, vicino a me» gli fece posto la madre, scostandosi sulla sedia.

Carlo si sedette sul bordo, vicino a lei. La signora di fianco gli sorrise.

«*Xè il to fiolo, Giovanna? Che bel toso!*» disse.

«Ssss, *statti muta, Marié, che il maestro ha da finiri*» una bruna vivace, seduta un po' discosta, si girò a zittirli.

Rimasero in silenzio, guardando lo schermo. Il maestro finiva di illustrare le parole che aveva scritto, con disegni tracciati in fretta sulla carta porosa del grosso blocco montato su un cavalletto. Poi leggeva ad alta voce. Le donne ripetevano le parole annotate sui taccuini.

Carlo le osservò meglio. Erano sette in tutto, di diversa età, alcune decisamente giovani, altre più anziane. Qualcuna era vestita con la divisa da cameriera, con la crestina sulla testa e il grembiule intorno. Era proprio curioso di capire come si fosse formata quella compagnia.

Dopo qualche minuto, la trasmissione finì. Mentre scorreva la sigla le donne si alzarono in fretta per uscire.

«Vi presento mio figlio Carlo» disse ad alta voce sua madre, posandogli una mano sul braccio. Le donne lo salutarono cordiali, abbassando la testa e mormorando tra loro nei vari dialetti che doveva essere un importante giornalista.

Poi si alzarono tutte come una vera classe di scuola e in brevissimo scomparvero come uno stormo di passeri disturbato.

Carlo si sentì un goffo merlo.

«Be', non le mangiavo mica, potevano rimanere quanto volevano» disse alla madre quando furono soli.

La donna si mise a ridere.

«Oh, non hanno paura di te, ma è tardi. Rubano questo poco tempo al lavoro e alla famiglia e poi devono correre. Le due ragazze sono a servizio, una dalla contessa Arconati del primo piano e una dall'avvocato Pisis, sempre qui al quinto. Anche Adele col marito è a servizio, dagli Ottieri. Poi Concetta, la siciliana, abita qualche via più in là, il marito fa l'operaio e quando torna deve trovare pronto, altrimenti si innervosisce. Allora Concetta prepara tutto prima di uscire e poi quando torna ha giusto il tempo di buttare la pasta. Le altre tre le conosco poco, sono amiche venute oggi per la prima volta.»

«E come mai vengono qui?»

«Non ce l'hanno, loro, il televisore. Cioè: nelle case dove servono c'è, ma non glielo lasciano certo vedere. E non sanno leggere. Ha iniziato Adele e poi c'è stato un passaparola. Ti faccio un caffè, lo vuoi?»

«Ma sì, grazie» Carlo si sedette e la guardò mentre entrava nel cucinino e svitava la moka. Non dimostrava i suoi sessantacinque anni, almeno nella figura, ancora vigorosa e snella.

Il viso, invece, era invecchiato e le rughe solcavano il suo volto. Aveva i capelli ancora neri, solo con qualche striatura bianca, tirati in una crocchia alla nuca. Per lui una figura così estranea, eppure così familiare. L'aveva riconosciuta subito, dall'odore di infanzia che percepiva intorno a lei quando si avvicinava. Un odore che lo inteneriva e sgomentava al tempo stesso.

Giovanna tornò al tavolo portando un piccolo vassoio con le due tazzine, il bricco del latte e lo zucchero, due biscotti.

«Sai, Carlo, è così importante! Tutti dovrebbero saper leggere e scrivere e dovrebbero essere in grado di dire quello che sentono» Giovanna riprese il discorso interrotto. Si era sempre preoccupata degli altri... degli altri, di lui meno, pensò senza rancore, ormai.

«Forse non sarebbe successo, se fossimo stati più consapevoli e meno ignoranti.»

Parlava del fascismo.

Carlo fece spallucce «Oh, non so. C'erano fior di intellettuali schierati, quel bel tomo di D'Annunzio, Pirandello... Non è stata solo ignoranza. Anzi.»

Giovanna scosse la testa. «Ma il popolo deve capire e sapere! Quelle ragazze che erano qui hanno vent'anni e sono venute a servizio. Non hanno nessuno, hanno lasciato la loro casa. Lavorano per niente, poco di più del solo vitto e alloggio. Se sapessero leggere e scrivere potrebbero migliorare.»

Si accalorava, parlando. Carlo sorrise. La compagna Giovanna non si smentiva.

«E allora prosegui con la tua opera meritoria» le disse bonariamente, alzandosi. «Vado ora. Volevo solo sapere come stavi. Sara si starà chiedendo che fine ho fatto.»

«Sta bene, Sara?» domandò la madre.

«Sì, ha ripreso a studiare.»

«Bene. Ah, aspetta, volevo darti una cosa» disse all'improvviso la donna. Sparì in camera da letto e tornò poi con un pacchetto in mano. «Le ho trovate sistemando le cose di tuo padre e ho pensato che ti avrebbe fatto piacere tenerle» disse, porgendogli un pacchetto.

Erano foto. Un mucchietto di foto che non aveva mai visto. Loro tre in posa. La madre giovane, con lui in braccio. Alle spalle Vittorio con lo sguardo truce. Nessuno sorrideva, come si usava allora. Poi foto meno in posa, sempre lui, Carlo, bambino su un cavalluccio a dondolo, faceva una smorfia al fotografo mostrando un dentino solitario. Una foto di sua madre, da sola, appoggiata a un parapetto, un paesaggio montano. La donna, giovane, sorrideva finalmente, buttando un po' indietro la testa, forse scopiazzando la posa di qualche diva del cinema. Era bella, notò con un certo stupore Carlo. E lui le assomigliava.

Si sentì imbarazzato, come se stesse spiando una vita non sua. Cosa dire? *Guarda come eravamo felici prima che tu ci mollassi*? Reclinò il capo, spostando lo sguardo fuori dalla finestra, su via Dezza, cercando di rimuovere ciò che ancora non era riuscito a cancellare.

Lei forse intuì e scelse di non approfondire.

«Vado a vedere di là, che ho la pentola sul fuoco e mi si brucia tutto.» Lo salutò così, senza un gesto d'affetto né una carezza. Carlo si mise le foto in tasca. Chissà se sarebbero mai riusciti a riprendersi quel tempo mai trascorso insieme... Una madre e un figlio, eppure due estranei.

Avrebbe voluto non essere passato. Fece un cenno con la testa e uscì. Fuori respirò a pieni polmoni. I platani di via Dezza odoravano di pioggia, ma era solo l'umido di Milano che si preparava a entrare nelle ossa. I vecchi binari della Riva Calzoni erano davanti a lui. Si voltò indietro e alla finestra scorse Giovanna, non riusciva a chiamarla mamma, non lo era mai stata, forse quella bocca sghemba voleva essere un sorriso? Carlo chinò la testa, dirigendosi alla Vespa parcheggiata.

Ci voleva tempo. Non si era mai rotto un braccio, nemmeno una minima storta nella sua vita, ma sentiva, ora, una lacerazione a più strati. Dovevano ricomporsi grandi e piccole fratture a tutti i livelli.

Ossa, nervi, tessuto connettivo. Pelle. Cuore.

5
Serata con Sara

mercoledì 18 settembre 1963, ore 20.30 circa
Milano, trani da Michela

La Vespa entrò a tutta velocità nella corte, fermandosi di botto e in leggera derapata presso il tiglio al centro. Balabiott, il grosso gatto nero, si spostò di scatto emettendo un acuto e risentito miagolio. Non era abituato a quel movimento alle otto e mezza della sera. Carlo smontò afferrando la borsa di pelle blu con gesti concitati.

«Ehi, che fretta, bel biondone» lo apostrofò una voce in leggero falsetto.

«Oh, Magda, ciao» rispose Carlo alzando gli occhi verso la figura appoggiata alla ringhiera del primo piano. Magda, all'anagrafe Albino Restelli, lo guardava con occhi languidi da sotto l'impalcatura biondo platino dei capelli cotonati. Prendeva una boccata d'aria dopo cena e fumava una sigaretta al mentolo. L'oscurità aiutava la cipria a coprire i puntini della ruvida barba scura, ma nulla poteva mitigare la mascella squadrata. Era il suo cruccio e cercava di nasconderla, tenendosi sempre il mento con la mano, come se stesse riflettendo.

«Dove corri?» gli chiese.

«La mia ragazza mi aspetta a casa, con la cena pronta. Ho fatto tardi e non l'ho avvertita.»

«Oh, la tua *dona*. Ma falla aspettare! Non sai che in amor vince chi fugge?»

«Hai ragione, Magda, ma mi sa che fuggo dopo, con la pancia piena.»

Magda rise. Carlo si sarebbe anche fermato volentieri, Magda era feroce e spiritosa, sapeva tutti i pettegolezzi amorosi della corte e anche di fuori, ma era davvero in ritardo e temeva che Sara avesse cucinato qualcosa che nell'attesa avrebbe potuto rovinarsi.

«Ciao, bella, ci vediamo domani.»

«Ciao, *belé*, vieni a trovarmi qualche volta che ci beviamo un vermut» propose Magda, lanciandogli un'occhiata che doveva essere assassina.

Carlo si era già lanciato in fondo al cortile verso le scale che conducevano alle ringhiere dei piani superiori. Avevano cambiato casa da poco e il nuovo appartamento, pur piccolo, aveva un lusso non comune: il bagno in casa. I primi tempi i vicini venivano a trovarli solo per vederlo e usarlo. Gran parte dei ricevimenti si svolgevano sulla soglia del minuscolo locale in ammirazione del nuovissimo water closet di porcellana bianca con l'acqua corrente.

Si precipitò sulle scale. L'appartamento era al terzo piano. Nel salire il suo olfatto, reso acuto dalla fame, percepiva odori diversi. Al primo piano il profumo di *pummarola* arrivava sicuramente dai Cacace, mentre l'effluvio di fritto sembrava arrivare dai Mancuso. Arancine? Sentì l'acquolina in bocca. Mmm, buonissime le arancine della Mancuso. Magari ne aveva portata qualcuna a Sara, sperò. Al piano di sopra i Bitossi avevano sicuramente cucinato la verzata, il cui sentore si spandeva unito a quello un po' rancido del lardo.

Al terzo piano un nuovo profumo si mescolò a quelli dei piani inferiori, un delizioso aroma di carne stufata. Col naso per aria e lo stomaco in punta come un cane da caccia Carlo arrivò finalmente alla porta del suo appartamento. Il profumo non si era attenuato. Carne e patate. Forse anche piselli.

Carlo spinse la maniglia e la porta si aprì. «Amore? Sono io, scusa il ritardo ma...»

Restò interdetto, nel buio e nel silenzio della casa chiaramente vuota. Accese la luce.

Non c'era ombra di tavola apparecchiata né di Sara.

Non c'erano sul tavolo la tovaglia a quadretti, il portapane di plastica rossa con le michette bombate, la bottiglia del Merlot e l'acqua con l'Idrolitina. Almeno sull'acqua finto minerale finto frizzante non si badava a spese in quella casa. E, porco di qua e porco di là, non c'erano i tovaglioli scompagnati negli anelli di plastica colorata, le fondine di ceramica bianca con il righino azzurro, i bicchieri di vetro verde.

E soprattutto: non da lì proveniva quel delizioso profumo che ancora non era sparito e continuava a straziare il suo stomaco. Il cucinino, seminascosto dalla tenda di stoffa giallina, era tristemente buio e freddo. Stasera non ne va bene una! pensò.

La delusione della mancata cena iniziò a fare posto a un altro mal di pancia. Dove si era cacciata Sara? E la porta aperta?

Si vergognò del proprio naso che dava ancora retta al profumo della verzata, al croccante delle arancine, alla *pummarola* alla Cacace.

Sentì un veloce scalpiccìo sulle scale. Sì. Lo riconobbe. Era il delizioso affrettarsi di Sara.

La sua ragazza scostò la tenda che costringeva eventuali curiosi a farsi gli affari propri.

«Sara?»

«Carlo? Cosa fai già qui? Che ore sono?» Sara si bloccò di colpo appena lo vide.

«Sono le nove meno venti. Dove sei stata?»

«Non mi sono accorta che fosse così tardi. Io... sono andata a trovare mia mamma.» Sara distolse lo sguardo e si affrettò verso l'attaccapanni per togliersi l'impermeabile e il foulard che le copriva la testa. Appoggiò poi la borsa sul tavolino sotto allo specchio.

«È successo qualcosa? Hai lasciato la porta aperta...» chiese Carlo stupito. Sapeva che Sara non aveva buoni rapporti con i suoi.

«No, no: nulla. Mi aveva telefonato... e la porta, che sbadata, ma c'è il Luigino che vigila nella corte, no?» Sara parlava in fretta, girata verso lo specchio. «Tu adesso vuoi mangiare, vero? Senti che roba: la Marullo ha impestato tutta la balconata con il suo spezzatino!»

Sara si era precipitata verso il cucinino, aveva afferrato un pentolino di alluminio e faceva scorrere l'acqua.

«Non preoccuparti, amore, ci metto un minuto. Un bel dado Star e ti faccio una minestrina deliziosa. Con i risoni. E poi apriamo una Manzotin, te la faccio con i pomodori... oddio, a dire il vero forse sono finiti... ma basta la carne, no? Se vuoi ho anche i formaggini Mio e...»

Carlo sentì nuovamente lo stomaco brontolare, come volesse impedire quello scempio. Minestrina di dado, formaggino, carne in scatola...

Si avvicinò a Sara e le cinse la vita da dietro. Con dolcezza le tolse il pentolino dalle mani e lo appoggiò sull'acquaio. Dall'alto del suo metro e novanta posò il mento sulla testa della ragazza e la attirò verso di sé.

«Ho un'idea. Sai che facciamo al posto della minestrina Star, tesoro?»

«Cosa?»

«Una cosa che piace a tutti e due» continuò Carlo con tono suadente, muovendo le mani lungo la schiena morbida della donna. Con la bocca sul suo collo sentì la pelle calda e il profumo di pulito che Sara spargeva attorno a sé.

Sara si girò e lo guardò fisso negli occhi. Gli mise le mani sulle spalle e alzandosi sulla punta dei piedi avvicinò la bocca al suo orecchio. Morse il lobo facendo rabbrividire Carlo.

«Michela?» disse.

«Michela!» confermò Carlo, con un largo sorriso.

Dopo qualche minuto, la Vespa si rimise in moto direzione Stazione Centrale e poi giù lungo via Vitruvio, via Plinio. Dovevano fare in fretta. La Michela chiudeva presto la cucina, con tutti quegli operai da far tornare a casa.

Carlo sentì i seni di Sara appoggiarsi sulla sua schiena. Tirò un po' di più i freni per sentire meglio. Fermò la Vespa davanti alla piccola insegna.

Tre gradini portavano al di sotto del livello della strada e immettevano nel lungo stanzone, cuore del vecchio *trani*, gremito di tavoli e di gente. Il fumo delle sigarette creava una nuvola permanente a mezz'aria che si mescolava ai vapori e odori del cucinato. Profumi intensi e grevi di nuovo colpirono le narici di Carlo e lo stomaco riprese a borbottare, ma stavolta con festosa aspettativa. Michela, la proprietaria, una gioia vederla! Arrivava a malapena al bancone con dietro le damigiane.

Si stagliava, con il suo metro e cinquanta e le sue rotondità sormontate dalla faccia furba, spigolosa e morbida al tempo stesso. Gli occhi neri, mobili, si erano addolciti per un attimo vedendo il *lungagnone* Carlo entrare nel locale, per indurirsi alla vista di Sara. Quella biondina slavata che si era incollata al *Carlet* non le piaceva. In quei caldi mesi d'estate, una sera, il Carletto, come veniva chiamato in quel sottoscala di operai e impiegatucci, si era fermato; c'erano pochi clienti e dopo qualche bicchierino di compagna vodka avevano parlato della «principessa».

L'era bel, el Carlet, aveva sempre ragazze carine come l'Enrica, che almeno era di sinistra, non come quella biondina che si era sposata un questurino e pure fascista. No, quello proprio non glielo doveva fare alla dura e pura Michela. Sì, Carletto diceva che la Sara era di sinistra, che si era sudata gli studi, che faceva la bambinaia per non dipendere dal questurino... Già lui era un servo dei padroni, anche se di Stato, ma la biondina-sciuretta proprio no.

Michela si aggiustò il ciuffo ribelle che usciva dal fazzolettone rosso d'ordinanza e si guardò nello specchio gigante decorato dal carciofo del Cynar. Scorse lo sguardo felice di Carlo e chinò il capo con la scusa di riempire i quartini e i litri di vino rosso dalle damigiane.

«Ueilà, Michela» urlò Carlo, tentando di sovrastare chiacchiere e smadonnamenti di chi aveva mangiato da un pezzo e giocava a carte. «Dove ci mettiamo?» domandò con un sorriso.

Michela sollevò la testa e accennò col mento a un tavolino, vicino ai tre gradini dell'ingresso. Niente tavolone, peccato. La metà del divertimento di andare dalla Michela era ascoltare i discorsi dei casuali commensali che ti capitavano al tavolo.

Carlo intuì che la Michela era storta. E sapeva anche perché. Non lo diceva, ma Sara le stava cordialmente sulle palle: alta, magra, biondina... Solo se fosse stata sovietica di nazionalità e di fede l'avrebbe sopportata. Quasi per sfregio strinse i morbidi fianchi di Sara. *E la mamma, e Michela, e vaffanculo un po' tutte!* Se fosse rimasto a casa con Sara magari adesso avrebbero avuto di meglio da fare.

Con dolcezza spinse la ragazza verso il tavolino, quasi di fronte al Marioluigi, il marito di Michela, che leggeva con flemma imperturbabile «Il Giorno». Alzava la testa solo per prendere le duecento lire del conto da quelli che uscivano. Muoveva la mano per afferrare il bicchierino di fianco e dare regolari sorsate, o per girare il foglio del giornale. Manco fosse una spia dei servizi segreti, non l'aveva mai sentito mormorare una parola.

Era tardi e sui tavoli ormai sparecchiati erano rimasti solo i giocatori. *Cinq e tri vot*, urlavano, o *Chi cura l'uselin l'è sempe poverin*. Grandi sfide al *due* si alternavano ad altrettanto grandi sfide a scopone scientifico. Sui tavoli piccoli bicchieri. Il liquido scuro per Cynar, Ramazzotti e Punt e mes, quello chiaro per la grappa. La vodka era riservata solo ai compagni e ai rari amici.

Alle spalle dei giocatori seduti c'erano i veri protagonisti. Gli specialisti dei proverbi. I milanesi che a ogni mano avevano il detto giusto, come: *La famm la cascia el loff foeura de la tanna*, oppure *Hai voluto troppo, barbisa*. Le voci dei giocatori si alzavano con altrettanta forza. Inveivano contro i soci che non avevano tagliato quando c'era da tagliare, caricato quando bisognava caricare, bleffato quando c'era da bleffare. E ce n'era pure per i suggeritori spaccaballe: *Ma dem, alura! Te voret giucà ti? Porca sidella.*

La televisione in fondo al locale trasmetteva la partita. Carlo ricordò che quella sera l'Inter di Herrera esordiva in

Coppa dei campioni, in Inghilterra contro l'Everton. Non era un gran appassionato di calcio, ma ne aveva sentito parlare fino alla nausea in redazione.

Il gruppo di tifosi stava attaccato allo schermo con rumorosa attenzione. Il fumo acre delle Nazionali blu senza filtro e delle Nazionali esportazione verdi quasi impediva di vedere le figurine dei giocatori che si muovevano sullo schermo. Le urla si rincorrevano all'interno del locale. *Taglia, taglia... Passala, portoghese, passala.*

Michela giunse da loro poco dopo. Passò in fretta uno straccio unto sulla superficie del tavolo e poi distese la tovaglietta a quadretti e apparecchiò con pane, vino e acqua. «Cosa vi porto?» borbottò.

«Ehi, Michela, *come la va*?»

Michela fece un rapido cenno del mento, senza dilungarsi in chiacchiere. Aveva tolto un taccuino dalla tasca del grembiule e stava con la matita alzata in attesa dell'ordine. Carlo sospirò, non si rassegnava allo stile ermetico della Michela.

«Cosa avete stasera?» chiese Sara.

«*L'è un po' tardi*. Molte cose sono finite. Abbiamo ancora la busecca.»

«Con i fagioli bianchi?»

«E certo!» sbottò Michela con l'aria un po' scocciata di fronte a una domanda tanto ovvia.

«Benissimo, io prendo quella» disse la ragazza con aria soddisfatta.

Carlo la guardò divertito. Di Sara gli piaceva il contrasto tra l'aria delicata e aristocratica e i gusti proletari, da muratore bergamasco. Come l'avevano chiamata? *L'inglesa de la Buisa*. Con quel visino sottile, i fini capelli biondi, la carnagione chiara e i larghi occhi azzurri, snella e flessuosa ordinava tutta felice la trippa con i fagioli.

Anche a letto aveva gli stessi gusti. Cioè, non da muratore bergamasco, premesso che Carlo non aveva idea dei gusti erotici dei muratori ma, tornando a Sara, appetiti corposi e casarecci, ridanciani e senza inibizioni. Per un attimo ebbe una visuale del lettone di casa, che forse sembrava così grande perché riempiva la piccola camera. Gli venne una voglia improvvisa di finire in fretta la cena per correre a casa e farle il solletico su quel letto.

Si limitò a stringerle la mano e a sfiorarle sotto il tavolo le ginocchia con le sue. Lei capì e gli sorrise.

«Anch'io lo stesso, con abbondante parmigiano» disse, rivolgendosi a Michela che ripose il taccuino senza aver scritto nulla e sparì. Non lo usava mai, si ricordava a memoria le comande dei clienti e non sbagliava, ma ogni volta lo ostentava come una bandiera di professionalità.

«Allora, com'è andata oggi al giornale?» domandò Sara, non appena Michela si fu allontanata.

«Ho avuto uno scambio vivace con Baldori. Secondo lui meglio chiudere con Raminghi e soci. I pezzi non sono più incisivi e graffianti, non suscitano più interesse.»

«Forse ha ragione.»

«Vuole che mi occupi dello scandalo delle banane.»

Sara lo guardò con interesse.

«La storia della gara pubblica truccata?»

Sara era sempre informata su tutto, pensò Carlo. In quel momento arrivò il Settimio, il garzoncello di Michela, portando due ciotole fumanti che posò davanti a loro. La trippa aveva un profumo meraviglioso ed era coperta di parmigiano e pepe nero, accompagnata da larghe fette di pane abbrustolito.

Carlo sentì l'acquolina in bocca e si avventò sul cibo.

Sara lo seguì con maggior garbo, e per cinque minuti sul piccolo tavolo calò un concorde silenzio.

Fu Sara a riprendere il discorso per prima.

«Lo scandalo delle banane... Interessante. Ma è scoppiato mesi fa... Come mai te lo affida solo ora?»

«Ci stava lavorando Candiani, ma Baldori non è soddisfatto. Secondo lui c'è del sommerso. Nomi importanti. Mi ha chiesto di indagare per un'inchiesta giornalistica.»

«E come pensi di muoverti?»

Carlo stava per dirle dell'accordo con Enrica e la tv, ma si fermò in tempo.

«Inizierò con una ricerca di documenti e vecchi articoli. Oggi ho stressato Candiani per aggiornarmi. E poi pensavo di provare con Everardo, ma *me fidi no*... Faceva tanto l'amicone, ma è sempre un giudice. Che ne pensi?»

«Everardo? Pensi sappia qualcosa?» Sara lo guardò dubbiosa.

«Il processo inizierà tra poco, è ovvio che alla procura abbiano notizie. Un magistrato come Everardo Piccioni non può essere all'oscuro, sebbene la sede del processo sia a Roma.»

«Ti ricordo che l'ultima volta il coinvolgimento di Everardo ti ha portato un mucchio di guai. Nemmeno io mi fido tanto di lui. Quell'uomo è misterioso. Tu continui a ritenerlo amico perché era amico di tuo padre. Tuo padre, però, lo hanno ucciso. Più che aiutarti m'è sembrato che Everardo volesse usarti come fonte. Boh. Sei tu il giornalista.»

Carlo pensò che Sara era una compagna preziosa, mai distratta, ma in quel commento c'era qualcosa che gli era suonato strano. Che palle sempre a fare il giornalista! Qualche volta lo stupiva la silenziosa attenzione di Sara... Per una volta che aveva al suo fianco qualcuno che gli dava retta, manco questo andava bene? Si mandò a fanculo da solo. Era vero: Everardo rimaneva un mistero. Magistrato fascista, camerata di suo padre, aveva poi dribblato con facilità la finta epurazione postbellica e aveva fatto carriera, diventando giudice a Milano. Da lui gli erano arrivate le informazioni su Raminghi, anche se non aveva capito la ragione di quell'aiuto. Forse per l'amicizia che lo legava a suo padre? Perché tra camerati ci si aiutava e lui era il figlio di Toio, il fascista-portinaio rispettato da tutti.

«Sì, hai ragione» rispose a Sara, «ma infine Raminghi e i suoi compari erano pericolosi, non Everardo, che mi ha dato le informazioni. Le fonti per un giornalista sono tutto, anche se possono portare guai.»

«Oh, mio eroe!» esclamò Sara, congiungendo le mani e sbattendo più volte le ciglia.

«Scema» rise Carlo. Un piccolo rodimento interno però non lo abbandonava.

Perché non le aveva detto di Enrica? Scacciò il pensiero fastidioso. L'avrebbe fatto l'indomani, in fondo non era ancora sicuro che l'avrebbe trovata. Inutile anticipare, no?

«Sai, anch'io oggi sono andato a trovare mia madre» le rivelò, per cambiare discorso.

«Ah, e come sta?»

«Benone.» Le raccontò del progetto di alfabetizzazione che aveva iniziato con il gruppo di donne del quartiere.

«Quella donna è una forza della natura. Sempre dedita agli altri.»

«Basta che gli altri non siano suoi familiari!» commentò Carlo acido.

«Non fare il bimbo offeso. Continuare a rimestare il passato non porta nulla di buono.»

«Non sempre ci riesco» ammise.

Intanto Settimio stava portando via le ciotole. Un urlo proveniente dalla zona del televisore li fece sobbalzare. Jair aveva quasi segnato e tutti avevano ruggito di delusione.

Carlo si sentì improvvisamente stanco e frastornato, sazio di rumori e odori, di pensieri vari. Guardò Sara, appoggiata alla sedia, mentre sorseggiava un amaro Ramazzotti. I fini capelli biondi velavano il suo sguardo, che appariva più malizioso che mai. Era di una bellezza discreta, Sara, non appariscente... piano piano ti entrava dentro.

«Ehi, che dici, ce ne andiamo?» propose.

«Andiamo» rispose pronta lei.

«Inizia ad andare. Io pago il conto al Marioluigi» disse, visto che Michela si era tenuta volutamente al largo.

Si alzarono tra le urla degli altri avventori che non smettevano un secondo.

Passala, passala, Freccia Nera del cavolo.

E metti giù 'sto carico, altrimenti fa la muffa.

Carlo si avvicinò al bancone, da Michela.

«Ho capito, sai... Una di queste sere ti spiego» le disse sottovoce. Solo allora la donna sembrò un po' sciogliersi.

«Sì, sì, *te diset semper inscì. Me ricordi quando te seret de per ti*, e ti davo la bottiglia di vodka per dimenticare. Ma siete fatti così voi uomini, dopo la rossa arriva la *biunda* e siete *a post.*»

Ci mancava una scenata di gelosia dalla supercomunista Michela! Gli aveva parlato come una madre tradita dal figlio che se ne va di casa. Aveva sperato che Michela lo avesse ignorato per quello e non per Sara «la gatta morta che l'aveva stregato», come l'aveva chiamata una volta. Gli faceva piacere in realtà che qualcuno tenesse a lui... che qualcuno lo trattasse «da madre».

Poco dopo, in Vespa verso casa, sentendo le braccia di Sara che gli cingevano la vita, Carlo si sentì felice.

Un piccolo perfetto momento di equilibrio, come poche volte nella sua vita aveva provato.

Solo per un attimo un pensiero gli attraversò la mente: i momenti di equilibrio sono destinati a sbilanciarsi, per fisica e ineluttabile evoluzione del movimento.

Ma scacciò subito quel pensiero: pensava troppo, glielo dicevano tutti.

6

Enrica e gli scandali

giovedì 19 settembre 1963, ore 9 circa
Milano, sede della RAI

Il telefono grigio sembrava lo sfidasse, posato sul piano lucido della scrivania di finto legno. *Cazzo guardi con quelle due cornette appoggiate all'ingiù?* gli domandava insensatamente Carlo. Non era pronto per fare quella telefonata. E se Enrica avesse risposto? Eh già, perché se uno telefona lo fa per non farsi rispondere, no?

Eppure era così semplice, bastava comporre il numero e il telefono del chiamato avrebbe suonato e poco dopo la nota voce, resa roca dalle sigarette, della bella giornalista in carriera, nonché sua ex fidanzata Enrica Sala, avrebbe risposto. Tutto così semplice, no? Ci voleva tanto?

E lì sarebbe toccato a lui: *Enrica? Sono Carlo.*

Qui si fermava la sua immaginazione.

Cosa avrebbe risposto la bella Enrica? La risposta più gentile che riuscisse a immaginare era: *Carlo chi?*

Ma poteva anche essere: *Ah, quell'essere ignobile che mi ha fregato, rubandomi lo scoop sul caso Raminghi e facendomi fare una figura di merda con il mio capo?*

E poteva anche non essere un termine gentile come «quell'essere ignobile» ma piuttosto *quel crapun del menga del Carletto Passi* o peggio.

Enrica era sempre stata molto fantasiosa negli insulti.

Carlo ritirò il dito che vagava nei pressi del disco combinatore. No, non se la sentiva di telefonarle.

Forse era meglio andare di persona alla RAI, negli studi di corso Sempione.

Tante cose si dicono meglio, de visu. O forse peggio, ma almeno ci si guarda negli occhi. Occhi che, per altro, lo turbavano ancora.

L'orrido apparecchio grigio era troppo freddo, gelido. Troppo distante.

Fece un ultimo tentativo. Prese di getto la cornetta, infilò il dito nel bel 3 e girò la rotella, poi il bel 2… conosceva a memoria quelle sei cifre.

Poi, con un liberatorio *ma va' a dà via i ciapp*, si alzò di scatto, prese il tirasàss dall'attaccapanni e se lo infilò sopra il completo Lebole marrone scuro. Stava bene l'impermeabilino Rodiathoce azzurro sul vestito marrone. La cravatta blu scuro a righe, la camicia Lilion Snia che si stira da sola e il cappello marrone da «giovane leone», come diceva la pubblicità della Borsalino, completavano l'insieme. *Ho un debole per l'uomo in Lebole* provò a canticchiare Carlo, consapevole che stava facendo una cazzata.

Non era una grande idea rivederla, dopo averle fregato lo scoop e con un rapporto irrisolto con sé stesso.

Da piazza Cavour a corso Sempione la Vespa, docile, lo portò senza fiatare. In centro si vedevano più spesso le Simca 1000, le R8 a sogliolетta degli esterofili già stufi delle «solite» Fiat 1100 e che non potevano permettersi le Alfa, le Giulia né tantomeno le Fiat 1300/1500. Le 600 spopolavano. E la nuova versione 750 era la preferita dalle *sciurette. I dané giraven*, a Milano. E si vedeva. Lavatrici, frigoriferi, cucine, buffet e controbuffet, armadi, armadietti.

Imboccò sicuro viale Elvezia, costeggiando il parco Sempione, zona ricca! Qualcuno si fidava persino a lasciare le Lancia Flavia posteggiate fuori.

Nel minuscolo appartamento dove conviveva con Sara, poco distante, ma quel distante già periferia, nel Borg de Scigulatt, avevano fatto il loro ingresso una lavatrice Triplex, un piccolo frigorifero Indesit e una nuova cucina economica, sempre Triplex. Com'era la battuta? Cosa diventa una lavatrice Triplex se gli tagli una gamba? Zoppas!

Va be', ma perché adesso pensare alla lavatrice? Perché si sentiva in colpa di aver taciuto con Sara? Meglio concentrarsi su Enrica. E non era poco. Girò in corso Sempione. A poche centinaia di metri si stagliava il palazzone bianco della RAI.

Era arrivato davanti al cancello in acciaio cromato. Parcheggiò e scese. Si prese ancora un minuto per aggiustare il nodo della cravatta davanti allo specchietto tondo della Vespa.

Nel grande ingresso un bancone nero confinava un uomo in divisa, dall'aria annoiata e poco disponibile.

Carlo si avvicinò.

«*Diga*...» Alla sede RAI anche gli uscieri sono romani, pensò Carlo.

«Cerco Enrica Sala.»

«'A dottoressa Salaaa» puntualizzò, cantilenando, l'usciere. «See, ce sta, sta nell'ufficio del capostruttura, Ramilli.»

«Ok, allora mi chiami questo dottor Ramilli.»

L'usciere prese la cornetta bianca dell'interfono interno. Digitò qualche numero sulla tastiera in plastica trasparente e attese.

«Pronto? Signor Ramilli? È da lei la dottoressa Sala?» L'usciere attese, ma poi annuì vigorosamente a quella che evidentemente era stata una risposta di conferma. «La cerca il signor...?» lo guardò con aria interrogativa.

«Il dottor Passi» disse Carlo, sottolineando il *dottor*.

Quando abbassò la cornetta il portiere sembrava meglio disposto.

«Va bene, passi, passi... dottor Passi» ridacchiò alla irresistibile facezia e indicò un luccicante ascensore alla sua destra. «Piano quinto, ufficio 2011 sulla sinistra» concluse l'usciere.

Carlo s'infilò nella gabbia argentata e schiacciò il pulsante. Al quinto piano le porte si aprirono su un largo corridoio moquettato. Carlo girò a sinistra e si fermò davanti alla stanza 2011. Fece un largo sospiro e poi bussò.

«Avanti, avanti» disse una voce maschile.

Carlo aprì la porta e si ritrovò in una larga stanza piena di gente. Si fermò un po' spiazzato.

Un giovanotto in maniche di camicia era alla scrivania, mentre su un divanetto in pelle sedevano due ragazze, una con i capelli cortissimi vestita di verde e un'altra con un caschetto castano, che indossava un maglione rosso. Un altro giovane, barbuto, con stretti occhiali dalla montatura nera era in piedi vicino alla finestra. In mezzo alla stanza, seduta su una sedia messa al contrario, con le braccia appoggiate allo schienale, Enrica lo fissava impenetrabile. La folta massa di riccioli rossi cadeva sul maglione a collo alto bianco. Anche i pantaloni erano bianchi e le fasciavano le gambe. Carlo deglutì appena. Bella era bella. Sempre stata.

«Ah, chi si vede. Porti notizie fresche?» Enrica ruppe il silenzio, apostrofandolo con un tono tra l'ironico e l'irritato. Non aveva digerito lo scherzo della volta precedente, quando Carlo le aveva fatto avere il dossier sui traffici di Raminghi e soci, ma poi l'aveva preceduta, pubblicando la notizia per primo sul giornale.

Carlo scosse il capo. «No, nessuna notizia. Volevo solo parlarti» rispose.

«Ehi, che onore!» Ancora il tono da sfottò. Le altre persone li guardavano in silenzio. Si capiva che quei due avevano un passato, che qualcosa li legava. E chissà, qualcuno di loro sapeva anche che avevano convissuto.

E magari quel *barbisa* in piedi, che lo guardava dietro gli occhialetti da sfigato intellettuale, pensò Carlo, doveva essere il capo della cellula comunista della RAI.

L'amante di Enrica?

Sapeva che non doveva venire! Sapeva che gli sarebbero girate le balle!

Cercò di tirar su le spalle. In fondo era un omone, con una vocetta filiforme, ma sempre omone era.

Incrociò gli occhi verdi di Enrica che conosceva bene. Quello destro aveva una punta di azzurro. Il collo, coperto dal maglione, lo intuiva, e intuiva anche il seno, e, a forza di intuire, era arrivato a quella pancia sulla quale si addormentava dopo aver fatto l'amore.

Enrica aveva il volto scuro, ma una mezza espressione che Carlo conosceva bene, diceva: *Sei proprio un coglione, ma a letto sei unico*. Glielo aveva ripetuto, tra i sospiri: *Non mi innamorerò mai di te, ma ti scoperò sempre.*

Con uno scatto, spazientita dal silenzio ebete di Carlo,

Enrica lo presentò alla sua squadra. Perché era chiaro che lei fosse la capa.

«Ragazzi, lui è Carlo Passi, giornalista del "Giorno". Loro sono: Giampaolo Ramilli e Italo Costi. Le due veneri sul divano sono Adriana Belli e Cocò Sanfilippo.»

La brunetta dai capelli a caschetto reagì sorridendo.

«Ho anche un nome normale.»

«Sì ma è brutto, Concetta. Cocò mi piace di più» disse Enrica, facendo un gesto deciso con la mano.

Carlo si ritrovò a seguire quel gesto. Riconobbe le dita della piccola mano. Senza nemmeno un accenno di smalto, a sinistra era considerato roba borghese.

Gli sguardi erano puntati su di lui. Il suo sulla mano di Enrica.

«Il famoso Carlo Passi! Bello il tuo reportage sul traffico della *benza* e sui connessi giri strani ed eversivi.» Era la voce del barbuto, e che voce! Profonda, da attore, quello era parente di Gassman, sicuro.

Famoso per una cavolo di inchiesta? Lui?

«Grazie, ma siete stati voi a riprenderlo e a lanciarlo con *Tv7*. Del mio articolo se ne sarebbero sbattuti, se non ci foste stati voi... ed Enrica», accidenti la voce non poteva tremargli proprio adesso. Carlo si sentiva un agnellino nella tana del lupo. Lo avrebbero sbranato se quella stronza di Enrica non lo avesse salvato.

«Sì, è vero» annuì il tipo della scrivania, Ramilli.

«Grazie» disse Carlo, sorridendo, verso l'uomo. Poi spinse il respiro sul diaframma per evitare la voce fessa e tentò di riprendersi il pallino. «E voi che fate oltre a starvene a nostre spese qui al caldo, cari servi del potere?» chiese. «È vero che noi puzziamo di petrolio, ma voi di soldi pubblici» aggiunse, tentando di essere spiritoso.

Silenzio e gelo. Il barbuto, che non era poi così basso, si voltò verso di lui con espressione feroce. Le due donne si erano alzate in piedi.

Ma Giampaolo, che doveva essere il capo vero, diede un rapido sguardo a Enrica. Scuotendo il capo fece un minuscolo cenno di assenso.

«Caro Passi, lascia perdere! I tuoi signori del petrolio sono abituati a oliare la burocrazia e non solo quella. Almeno noi proviamo a non farci fregare dai tuoi padroni che si scambiano bustarelle, spingono gli amici e gli amici degli amici... Ti daremo qualche dispiacere, prossimamente. Non credere che aver messo in mezzo un concorrente del tuo padrone ti abbia reso la Giovanna d'Arco del giornalismo!»

Cavolo, Baldori aveva ragione: avrebbe dovuto parlare con Enrica da solo.

«Carlo, vuoi venire di là nel mio ufficio?» lo salvò Enrica. «Così mettiamo a posto quella roba di tua madre.»

Senza aspettare assenso si alzò, dirigendosi verso la porta.

Lo spettacolo era finito. La regina aveva deciso. Due passi e Carlo imboccò la porta dietro Enrica.

Percorsero il corridoio fino a un'altra stanza poco più in là, la cui porta era socchiusa. In fondo vigilava l'usciere alla scrivania, come nei ministeri. Uomini in grigio scuro, sorta di piante grasse, mai una parola, rispondevano solo se interpellati e mai in modo completo. Sembrava pagassero per ogni parola di troppo. Dovevano solo tenere gli occhi aperti e chinare il capo, controllando chi si muoveva nei corridoi. E non solo non dovevano parlare, ma anche fare finta di essere invisibili.

Carlo entrò nell'ufficio, uguale a quello appena lasciato, con la scrivania in laminato scuro, due sedie davanti e un piccolo divanetto in un angolo.

Il divano doveva forse creare un'atmosfera meno formale, un luogo dove mettere gli ospiti a proprio agio. Ma Enrica sedette alla sedia dietro la scrivania e fece un cenno a Carlo indicando quella davanti a sé.

Non voleva metterlo a suo agio.

«Sei uno scemo» esordì, aspra.

Lui fece finta di non sentire.

«Che c'entra mia madre?» sussurrò mentre si sedeva.

«Un cazzo, c'entra tua madre, un cazzo!» sibilò ancora Enrica, per evitare che la sentissero nel corridoio.

«Sai chi erano quelli? No, che non lo sai, perché sei uno scemo. Perché parli a sproposito! Perché per te la politica fa schifo e in fondo si può farne a meno.»

«Ma...» abbozzò Carlo.

«Ma, ma, ma! Carlo! Tra quelli c'era il segretario della cellula del PCI della RAI. E la Cocò, che sembra così amorfa, è la longa mano dei dorotei, nel palazzone. Una che, se vuole, non mi fa certo licenziare, ma come minimo mi manda a seguire Palazzo Marino, come un ciula che conosco bene, un certo Carlo Passi, prima che incontrasse me.»

«Ho capito. Sono la merda delle merde. Ma se non ci fossi stato io a seguire le piste, i fatti e non le minchiate politiche che tu vedi dietro a ogni cagata, staremmo ancora chiedendoci se il *fasciopetroliere* Raminghi c'entrasse o no con quei due morti in Sardegna.»

Carlo s'era infilato nella pausa di Enrica che si era chinata per prendere il pacchetto delle verdi super senza filtro esportazione.

Si accese una sigaretta e sbuffò denso fumo da quelle labbra che Carlo guardò con nostalgia. Un pensiero bastardo gli fece perdere il pallino.

«Senti, Carlo» disse Enrica più calma, sporgendosi verso di lui sulla scrivania. Il gesto aveva fatto arrivare a Carlo la puzza del fumo e quel profumo al limone che conosceva bene.

«La situazione non è facile.» Quel corpo proteso verso di lui e la voce mutata di tono gli ricordarono la stanza da letto dove riuscivano ad appianare qualsiasi litigio. Dove erano solo Carlo ed Enrica, non i giornalisti che venivano riconosciuti al bar.

«Molti industriali stanno esportando valuta fuori dall'Italia. Altri foraggiano i *democristi*, i liberal-conservatori di Malagodi. Perfino l'Msi di Michelini. I comunisti fanno i duri e puri. I socialisti si scindono coi soldi dei servizi segreti sovietici e forse anche con quelli del tuo editore. A tanti non dispiacerebbe che i "neri" riprendessero il potere.» La voce era andata addolcendosi, in contrasto con il quadro che voleva essere drammatico. «Scusami» aggiunse alla fine.

«Scusami di che?» balbettò Carlo, incredulo che quella parola fosse uscita dalle labbra di Enrica.

«Scusami, sì. Per te la storia di Raminghi è stato solo uno scoop, ma qui in RAI non credere sia facile. Enzo se n'è andato. Ma hanno fatto in modo che se ne andasse!»

«Enzo chi?»

«Enzo Biagi! Enzo chi! Ma li vuoi aprire quegli occhioni o pensi che basti tenerli aperti per raccontare ciò che vedi? Li devi connettere con il cervello. Possibile che non ti ricordi nemmeno che Dario Fo e Franca Rame sono stati licenziati dalla sera alla mattina dalla RAI?»

La voce di Enrica si era fatta malinconica. Lo sguardo di Carlo era puntato sui mocassini neri che non aveva nemmeno spazzolato quella mattina.

«Tanto non capisci e non capirai mai niente di politica. Al massimo tornerai a seguire Palazzo Marino con Cassinis, anche se dovresti farti spiegare qualcosa da Craxi, quel giovanotto che dall'Economato si sta prendendo i socialisti a Milano.»

Sbuffando una nuvoletta di fumo gli chiese: «Allora? Che ti serve? Volevi solo farmi imbufalire chiedendomi Enzo chi?».

Come al solito aveva ripreso in mano lei la situazione e lui l'aveva persa.

Con la voce fessa di sempre Carlo quasi bisbigliò: «Baldori mi ha affidato un nuovo incarico».

«Basta petrolieri?»

«Baldori crede che i miei articoli puzzavano di stantio...» Si era alzato dalla sedia. Doveva smettere di fare l'allievo davanti alla maestrina, non ne avrebbe cavato niente.

«Mi ha chiesto di seguire lo scandalo delle banane.»

Un guizzo comparve negli occhi della ragazza.

«Sai, le aste truccate...» proseguì Carlo con maggior convinzione.

«E io che c'entro?» la domanda era posta in tono sgarbato.

Enrica si tolse dalle labbra un pezzo di tabacco caduto dalla sigaretta senza filtro. Carlo ricordava quelle sigarette, il sapore amarognolo che le lasciavano sulle labbra, i pezzettini di tabacco che talvolta si ritrovava nella bocca dopo averla baciata.

Evitando di guardarla, esitante come uno scolaro davanti alla preside disse: «So da Baldori che anche tu stai seguendo questa pista. Secondo lui potremmo... uhm... collaborare».

Enrica lo guardò furiosa.

«Collaborare? Dopo lo scherzo di pochi mesi fa? Mi hai ingannata e ora dovrei collaborare con te? E perché?»

«Be', Baldori dice...»

«Baldori, Baldori! Sai solo ripetere le sue parole a pappagallo? Non sei un esperto di politica e qui ci sono di mezzo ministri, partiti... non basta essere un cronista.» Parlando agitava la mano con la sigaretta, spingendo il fumo verso di lui e facendolo tossire.

Colse l'attimo in cui Enrica riprendeva fiato.

«Dai, Enrica.» Le si avvicinò. In fondo si erano amati...

«Che fai? Stammi lontano, ingannatore, ruba-scoop» disse lei, ma non si spostò dalla finestra che dava su corso Sempione e sui tram verdi che si rincorrevano e sferragliavano.

«Non rivangare i fatti di maggio. Ormai è passato e poi... sei sicura di non avere la tua parte di colpe?»

Enrica questa volta non rispose, continuando a fumare.

Carlo ne approfittò e riprese: «Baldori sostiene che noi due, insieme, potremmo fare un servizio inchiesta sul "Giorno" poco prima o poco dopo il tuo servizio su *Tv7*. Una... manovra a tenaglia, per così dire, che ci lasci spazi più ampi. Tu con le immagini e io con le parole. Che ne pensi?».

Buona cosa il silenzio...

«Mi sono studiato le carte. Lo scandalo delle banane di per sé non è granché, sebbene ci siano in ballo tanti soldi. Si tratta di un banale accordo per fare cartello: i collusi sanno prima qual è la cifra da mettere in gara e si accaparrano tutta la torta, ma stavolta chi è rimasto con le briciole si è ribellato. Ma non è tutto...»

«Continua» disse Enrica, spegnendo la sigaretta nel posacenere già colmo di cicche.

«Questa storia, Enrica» le disse suadente, «è bella per quello che nasconde. So che ti intriga. Uno Stato... o meglio elementi che dovrebbero rappresentare questo Stato, arroganti, impuniti, protervi. Gente transitata dalle alte cariche di prima a quelle altrettanto alte dopo. Gente che ritiene suo diritto arricchirsi e godere dei vantaggi. Lo stesso monopolio delle banane ha un che di arrogante e sbagliato.»

«Già» commentò laconicamente Enrica, emettendo un ulteriore sbuffo di fumo nero. Si era già accesa un'altra sigaretta. Buon segno.

«Sì, anche noi stavamo lavorando su questo» ammise quasi a malincuore, poi proseguì un po' più spedita: «L'idea è quella di fare un servizio di *Tv7* settimana prossima. I ragazzi che hai visto di là stanno raccogliendo il materiale... però mi sembra manchi qualcosa. Possibile che sia tutto così semplice?».

Improvvisamente Carlo si sentì stanco. All'euforia iniziale subentrò la stanchezza di dover sempre pietire. Stanco di sentirsi colpevole o di accettare che lo facessero sentire così.

«Enrica, possibile che non ci sia mai niente di semplice? Dammi retta, questa volta. Uniamo le forze, Baldori ha ragione. E togliti quell'aria da principessa offesa: vorrei ricordarti che sei stata tu per prima a fregarmi. Sei andata in Sardegna alla raffineria di Raminghi e hai fatto il servizio prima che uscissi io sul giornale. E vorrei ricordarti che mi avevi pure sbattuto fuori di casa, dicendo che mi lasciavi. E vorrei ricordarti che poi pensavi pure di fare come se niente fosse e ritornare a scopare.»

Complimenti, bella foga!, si disse da solo. Si era avvicinato un altro po' a lei, con tutta l'irruenza della sua mole.

Enrica lo stava guardando a bocca... semichiusa. Ebbe una rapida immagine nella quale le chiudeva le labbra con le sue, gli sembrò di sentire l'odore delle sigarette, di quelle Nazionali senza filtro acide e forti.

Si spaventò di quel pensiero. Sentì che doveva fermarsi.

Ma qualcosa era successo, anche Enrica sembrava guardarlo con occhi diversi.

Rimasero in silenzio. I riccioli rossi della donna scendevano lungo il collo, mentre voltava il viso verso la finestra.

Carlo si sentì di nuovo euforico, poi sentì montare i sensi di colpa... Ma ormai era lanciato.

«Dobbiamo andare a Roma. Chiederò alla mia redazione di darci una mano.» La voce di Carlo era ferma, calma, quasi fredda. «Meglio che nessuno della tua squadra venga coinvolto, ora. Non parlarne nemmeno al tuo capo, Zauli, quello è capace di spifferare tutto ai suoi amici *democristi* solo per vantarsi e ci frega il colpo. Lascia i tuoi colleghi fuori da questa storia, al massimo possono fare ricerca sui protagonisti, ma senza fare telefonate o visite sul campo. Ci manca solo di inguaiare qualcun altro» continuò Carlo, deciso.

«Andare a Roma io e te? E perché? Vacci da solo.» Voleva essere una staffilata, risultò solo una sofferta e poco convinta replica.

«Non fare la preziosa! Ti prendi un paio di giorni, dici a Zauli che devi riflettere sul caso. Vieni a Roma con me! Godo a far spendere soldi a quella merda di Baldori che pensa che sia un cretino. Gli sparo una bella nota spese all'Hotel d'Inghilterra, ci facciamo spiegare dal mio amico magistrato Santucci a che punto siamo con 'ste banane e al ritorno facciamo contenti Zauli e Baldori.»

«Come Santucci? Conosci Santucci? Il pm del caso?»

«Bellezza, sarai anche la prima firma di *Tv7*, ma di scarpe ne hai consumate poche. Santucci sì. Lo stesso Santucci da Milano aveva seguito le piste degli anarchici e delle bombe che non facevano male a nessuno qui. Eh, lo so, per te contano solo gli scandali nazionali, ma anche noi cronisti di periferia ogni tanto facciamo gol. Il primo treno per Roma parte alle sette domani mattina. Se riusciamo a prenderlo arriviamo per *du'* bucatini alla stazione, tanto a Roma *se magna* alle tre!»

7

Germana pianifica

giovedì 19 settembre 1963, ore 11 circa
Milano, casa di Germana

Il suo appartamento era compromesso, pensò Germana guardandosi attorno. Ben strana, come alcova! Poteva essere al massimo l'appartamento di una zitella, perfettamente ordinato. Due sedie, il divanetto con i braccioli di legno e la coppia di poltroncine con la seduta in tessuto beige. Il vero lusso era il televisore. E la libreria dove si ammonticchiavano quotidiani e riviste. In una parola: squallido.

Abbassò «L'Espresso» spalancato sulle gambe.

Non per viverci, ma per altri motivi avevano preso in affitto quel minuscolo appartamento. Avevano. Sì, avevano: lei e Gianni Cerri. Dovevano evitare di essere visti. E scappare in fretta nel caso in cui qualcuno li avesse seguiti.

Erano almeno tre le possibili vie di fuga tra i cortili che portavano alla ringhiera cieca, anzi, apparentemente cieca. In realtà, dalla finestra affacciata sul cortile che dava su via Statuto, da corso Garibaldi si poteva fuggire. Vicolo del Fossetto, bel nome, pensò Germana, tra il 72 e il 74 di corso Garibaldi.

Era da lì che Gianni la raggiungeva furtivo. L'appartamento era a metà strada tra la questura e il Borg de Scigulatt dove abitava con la moglie, quella Sara che adesso, secondo gli ordini, Germana doveva tenere d'occhio. Avrebbe voluto strangolarla, quella gatta morta. Si sorprese. Perché si sentiva così furiosa? Non lo sapeva.

Aveva fatto bene a tenere entrambi gli appartamenti? Boh, Vescovo sapeva anche di questo? Non le importava poi molto.

L'ultimo numero dell'«Espresso» insinuava che la crisi economica venisse usata come minaccia per il Paese, per spingere verso soluzioni forti, cioè verso la necessità di un governo autoritario. I comunisti erano pronti a scendere in piazza. Quel milione di edili in sciopero, con Luciana Castellina in testa, bella come un'attrice, che se li faceva su.

Chissenefrega, pensò Germana. Era stufa della politica, a lei piaceva agire. Poche idee precise, obiettivi chiari, azioni nette. E definitive.

Ma la voce di Gianni mentre la lasciava perché era innamorato della moglie le risuonava nelle orecchie e nel cuore. E Raminghi che decideva di farla fuori. Sentì la rabbia martellare alle tempie. Maledetti. L'avevano usata. Almeno uno dei due, però, aveva pagato.

Non poteva permettersi di perdere lucidità. Dopo Raminghi aveva deciso di giocare da sola. Le coperture del generale potevano trasformarsi in una condanna. Non doveva sbagliare una mossa, l'avrebbero fatta fuori in un attimo... Un'auto fuori strada, dei freni che non funzionano. Conosceva i metodi dei suoi camerati. I suoi stessi metodi.

Si alzò dalla sedia, sollevò il panno a quadretti bianchi e azzurri che nascondeva lo scaffale sotto l'acquaio. Lì tenevano il caffè che la torrefazione di via Mercato preparava per il «commissario Gianni». Con meticolosità riempì d'acqua la base della caffettiera. Appoggiò il filtro, lo ritirò fuori per togliere l'acqua in eccesso e con calma iniziò a riempirlo con la polvere presa dal sacchetto giallo.

Accese il fuoco più piccolo del cucinino, tanto pulito e lucido che sembrava uscito dal negozio. Odiava il sudicio e l'usato. Faticava a toccare le cose maneggiate da altri.

Tornò a sedersi al tavolo. «L'Espresso» lo occupava quasi del tutto. *Tre anni fa, nel marzo del 1960, pur di scongiurare il pericolo di un governo Fanfani con l'appoggio dei socialisti, la destra non esitò a utilizzare i veti della commissione episcopale e i mazzieri dell'on. Tambroni*. E bravi.

Il gorgoglio della caffettiera interruppe la lettura.

Le piaceva il caffè al vetro. Un'abitudine presa a Roma. Il Caffè Trombetta, di fianco alla stazione Termini, era la sua tappa preferita prima di andare in caserma.

Bevve lentamente il liquido nero. Entro meno di mezz'ora aveva un appuntamento con i suoi due compari. Aveva lasciato davanti all'edicola di fronte all'83 un vecchio numero dell'«Espresso». I ragazzi sapevano che significava: *Vediamoci al solito posto alla solita ora*.

Si alzò e si preparò con calma. Usò la spugnetta color crema per passare sul volto uno spesso strato di fondotinta scuro che diede alla sua pelle un colore abbronzato e compatto. Con la matita nera disegnò un neo all'estremità del labbro. Si ricordò gli insegnamenti: un piccolo particolare di grande evidenza distoglie dal resto. Se qualcuno avesse dovuto descriverla avrebbe ricordato solo il neo. Non che l'appuntamento di quel giorno nascondesse qualche insidia, ma lei era sempre prudente. Indossò la fascia nera che teneva indietro i capelli e copriva in parte la fronte e rimase in dubbio se mettere una parrucca. Poi alzò le spalle. No, non c'era bisogno.

Si vestì con una lunga gonna a pieghe, una camicetta bianca e un ampio pullover grigio che avrebbe mascherato le sue forme sinuose. Basse scarpe stringate e un soprabito grigio completarono il tutto.

Guardò soddisfatta l'effetto finale. Nonostante gli sforzi per nasconderlo, restava bella. Già a tredici anni lo era: quando era riuscita a farsi baciare dal suo patrigno. Ripensò alla faccia di sua madre, quella vecchia strega, nel momento in cui li aveva visti. E da allora i giochi si erano rovesciati e le sue mani pesanti non l'avevano più toccata.

Era stato il primo dei suoi successi. E Gianni il primo dei suoi fallimenti.

Scosse la testa e uscì diretta alla Stazione Centrale.

I capelli a caschetto ondeggiavano, tenuti indietro dalla fascia. Aveva visto Veruschka portarla così, e le era piaciuta. Certo, Veruschka era alta almeno quindici centimetri più di lei e i suoi capelli erano diversi. Neri i suoi, biondi quelli dell'indossatrice. Aveva fatto girare la testa a tanti uomini, Veruschka, anche a Walter Chiari. Quell'attorino le sarebbe parso un bel boccone, se non avesse visto la sua foto su un rotocalco in cui giocava al casinò di Taormina con uno sguardo da pesce lesso. Casinò poi, tre roulettes e due tavoli da chemin in cinque sale stipate di gente. Altro che casinò, sembrava più il bar della via Canonica dove negli anni Cinquanta si cercava di dimenticare la guerra.

In Stazione Centrale brulicava la consueta folla. Germana si mosse, schivando i gruppi di viaggiatori che, col naso all'insù, ammiravano la meraviglia del cartellone che indicava i treni in arrivo e in partenza e che ogni paio di minuti si ricomponeva magicamente con il suo *cla-cla-clac*.

Si affrettò, mettendosi a fianco di una famigliola che sembrava appena scesa dalle montagne sopra Milano. Poteva sembrare la loro domestica, con quell'abbigliamento dimesso.

Girò lo sguardo attorno: qualche fattorino, emigrati dallo sguardo smarrito che si aggiravano come pesci fuor d'acqua... Di sicuro gente timorata di Dio, che al sabato ascoltava padre Cremona leggere il Vangelo in televisione.

Le alte volte della Stazione Centrale sembravano schiacciarli con la loro maestosità. L'odore acre dei disinfettanti e della calce sbattuta sui binari prendeva alle narici. Quanto di più lontano dal profumo delle terre del Sud.

La porta spalancata del bar del binario 1, poco lontano, sbuffava zaffate di fumo di Nazionali senza filtro. Germana non notò niente di strano e con calma si avvicinò all'ingresso. Motrici dal volante nero di plastica dura, seguite da una decina di carri di trasporto fermi lungo il marciapiede parallelo del binario destinato alle merci, che aspettavano l'arrivo di un treno da chissà dove, pronti a riempirsi di scatole di metallo ondulate. Il binario era sufficientemente vuoto.

Dalla porta del bar sentì la voce di Gaber che cantava: *Il suo nome era Cerutti Gino / ma lo chiamavan Drago. / Gli amici del bar del Giambellino / dicevan che era un mago.*

Le piaceva Gaber. Cantava ancora nelle balere della pianura umida e nebbiosa. Magari era pure comunista, ma chissenefrega, pensò.

Il vestito anonimo non impedì agli uomini nel bar di voltarsi a lumare la donna che stava entrando a testa bassa.

Un uomo imponente si era alzato dall'unico tavolino del corridoio che faceva da bar per postini e ferrovieri. Si notava con quel fisico da Primo Carnera, e proprio Carnera lo chiamavano in caserma, anche se si chiamava Bastiano. A lui non dispiaceva: quel nome richiamava la carne, il sangue.

Bastiano/Carnera le fece un cenno. Germana annuì e si avvicinò. Cassa e bancone erano un tutt'uno. Solo l'espositore delle caramelle Charms, Lys e Dufour e il poggiamonete di plastica incurvato con la pubblicità del Biancosarti indicavano dove si doveva pagare.

Anche il biondino Oscar s'era alzato, per ordinare al barista.

Alla radio, da Gaber si era passati al radiogiornale.

Clamoroso delitto alla Fossa dei serpenti tra Monza e Cinisello. L'aviere Barozzi Roberto, 22 anni, è stato ucciso da un colpo di pistola ieri sera, mentre era in compagnia del suo collega, Beretta Alberto. Con loro c'era Silvana Folli di 18 anni. Si stavano recando a prendere un'amica della donna, Carla Meneghelli, quando un'ombra è spuntata dal buio sparando al Beretta.

«Si sta facendo pericolosa questa città» disse Germana. Un grugnito per tutta risposta.

E poi la voce di Carnera: «Allora? Che facciamo?».

Germana abbassò il tono.

«Vescovo si è degnato di dare ordini. Dobbiamo marcare stretta la moglie del Cerri. Ha strani contatti. Potrebbe essere lei la talpa che ha fatto emergere le informazioni che ci sono state fatali a maggio.»

I due uomini la guardarono, impassibili. Germana si domandò cosa sapessero di lei e Gianni Cerri. Non lo avrebbe certamente chiesto.

«Vedremo come fare. La donna, lo sapete, vive nel Borg de Scigulatt, con il giornalista Carlo Passi. Zona conosciuta» continuò Germana.

Carnera approvò con il capo, ma il biondo fece una

smorfia. «Uhm, zona non facile. C'è il ras della corte, quel Luigino che vigila come una guardia giurata.»

«Non posso credere che un *lingia* qualunque vi possa fermare. Devo ricordarvi chi siete?» domandò Germana provocatoria.

I due uomini non risposero.

«Piuttosto» continuò Germana rivolgendosi in modo perentorio a Oscar, «hai finito il lavoro?»

Oscar annuì e Germana gli chiese: «Non ti ha visto nessuno?».

«Ho agito di notte. Lei mi aspettava perché dovevo darle i soldi. Un colpo col silenziatore, nessuno si è accorto.»

«Sei un professionista. Mica ti dispiacerà aver fatto fuori una puttana? Non è che ci avevi fatto un giro?»

«Ma che dici?» La voce del biondino era diventata un sussurro.

«Ehi, stai calmo, scherzavo. Adesso iniziamo il nuovo lavoro. Oscar, tu terrai d'occhio i movimenti della ragazza. Se vuoi avvalerti di qualche tirapiedi fai pure. Tu, Bastiano, meglio di no, sei troppo riconoscibile, stai in attesa per il momento. E adesso disperdiamoci. Me ne vado io per prima, voi restate ancora un po'. Ci accorderemo con i soliti metodi. Prudenza, mi raccomando, vi ricordo che la polizia sta ancora cercando chi ha sparato al padre del giornalista e chi ha rapito il magistrato. Siamo riusciti a non farci mai vedere insieme, ma io purtroppo sono un viso conosciuto. Il giornalista mi ha visto molte volte.»

Detto questo, Germana si alzò e senza dire altro affondò le mani nelle capienti tasche uscendo a passi veloci e testa bassa.

I due scagnozzi la guardarono allontanarsi. Poi Carnera disse a voce bassa: «L'hai uccisa quindi?».

Oscar alzò le spalle. «E allora? Ti crea problemi?»

«No. Mi sembrava inutile.»

«Gli ordini sono ordini.»

Carnera scosse il capo. «Non aveva un bambino piccolo?»

«Chi?»

«La puttanella.»

Oscar fece una piccola risata rauca, ma lo sguardo si indurì.

«Preoccupati per te, bestione, e tieni la bocca chiusa. Ora andiamo a spiare quella donna, la bionda.»

Carnera non disse nulla. Quando si alzò urtò il tavolino di metallo che andò a sbattere contro la pancia del biondo. Non sembrava l'avesse fatto apposta.

8

Viaggio per Roma

venerdì 20 settembre 1963, ore 6.45
Milano, Stazione Centrale

Faceva già quasi freddo a quell'ora del mattino. Il clima di Milano aveva ampi spazi di miglioramento. A settembre a mezzogiorno la temperatura saliva anche a trenta gradi, ma al mattino presto, se non ci si copriva, si rischiava una indimenticabile sciabolata tra le scapole.

L'odore della stazione era sempre lo stesso. Quel misto di varechina, disinfettante, associato al sentore della ferraglia dei treni e dei binari. Una stazione imponente, quella di Milano, che voleva apparire in modo violento. L'avevano voluta così i fascisti, del resto. Che stesse diventando come Enrica? Stringendosi nell'immancabile impermeabile, Carlo fece qualche passo senza allontanarsi molto. Quanto gli piaceva e quanto era contento di indossare il cappello, che spargeva tepore dal capo in giù, pensò calcandoselo sugli occhi.

Guardò con ammirazione il modellino in acciaio del transatlantico Michelangelo, posto in una grande teca. Come faceva da bambino si mise a sbirciare dentro alle finestrelle, cercando di immaginare i grandi saloni e le cabine eleganti e forse aspettandosi di sorprendere un popolo lillipuziano in movimento all'interno di quegli spazi minimi. Gli sembrava persino di sentire lo sciabordio dell'acqua.

Alzò gli occhi e scrutò tra la folla che si stava diradando. Cercava i capelli rossi di Enrica.

Che c'era di più banale di darsi appuntamento davanti alla nave della Stazione Centrale? Carlo pensò che forse l'aveva fatto apposta, per dare un senso di normalità a tutta la vicenda. Ma sapeva che di normale, in quella storia, non c'era niente.

Non era normale il viaggio a Roma, e tantomeno andarci con Enrica che gli smuoveva ancora le budella. E non era normale la storia su cui stava indagando: leggendo gli articoli che ne trattavano si rischiava di andare a pestare più di una merda.

Non capiva perché Baldori, che non era un fesso, gli avesse girato la storia. C'era qualcosa di più serio delle mazzette. Dopo la morte di Mattei era chiaro che quello che sembrava un monolite come l'Eni si era diviso in decine di repubbliche indipendenti. Quella del «Giorno» era una di quelle. Ma lui, anche se non capiva, ormai ci era finito in mezzo.

Il giorno prima, preso da un'energia insolita e febbrile, aveva passato il pomeriggio a organizzare il viaggio a Roma. Aveva persino convinto un riluttante Baldori della necessità della trasferta. Quando aveva estratto la carta Santucci e l'appuntamento già fissato con il pm per le cinque del pomeriggio, lo aveva sentito vacillare. Aveva sparato un «Come cazzo hai fatto ad avere un appuntamento con Santucci che schifa i giornalisti?». Ma poi aveva aggiunto: «Ok, paghiamo tutto, chiedi alla Luigina della segreteria di redazione di metterla nel mio fondo speciale, ma se scopro che ti sei voluto fare solo una gita a Roma con la tua ex ti braso, altro che Palazzo Marino! Ti spedisco a occuparti di Brembate di Sotto».

E così Carlo aveva prenotato due stanze all'Hotel d'Inghilterra. Bello comodo in centro, non un albergo di superlusso, ma accogliente come una dimora.

Quando era tornato a casa aveva avvertito Sara che sarebbe andato a Roma qualche giorno per lavoro. E questa era stata la parte spiacevole.

Non le aveva detto nulla di Enrica.

Sara sembrava distratta in quel periodo.

Aveva da poco deciso di accelerare con l'università, dove studiava Economia. Era il desiderio che non aveva potuto esaudire. I genitori, finita la scuola, l'avevano costretta ad andare a lavorare e poi si era sposata con il Cerri. Alla ripresa degli studi si era sentita «vecchia» tra i giovani universitari, ma aveva un viso delicato, da ventenne, e nessuno le avrebbe dato i suoi trentun anni, così a poco a poco aveva perso l'imbarazzo dei primi momenti. Usciva presto per seguire le lezioni e rientrava tardi. Sembrava normale la vita di Sara, ma c'era qualcosa di non detto, una zona d'ombra, che lo turbava.

Non gli aveva detto di Enrica, ma lei, quando aveva saputo del viaggio a Roma, distrattamente, quasi non le importasse, se l'era cavata con un: «Telefonami domani sera, così mi racconti com'è la capitale».

«Ci torneremo in vacanza, io e te» aveva risposto Carlo, sentendosi ancora più stronzo, e Sara aveva sorriso, dicendogli: «Che bella idea! Una vacanza romana, come il film».

Quella risposta a lui era suonata falsa. Non era mai accaduto prima.

Quante seghe mentali!, si disse.

Scrutò l'orologio. Le sette meno dieci. Il treno partiva alle sette. Cominciò a sperare che Enrica non arrivasse. In fondo Santucci aspettava lui e non una coppia.

Doveva immaginare che non sarebbe venuta, anzi, sperarlo. Enrica faceva sempre come voleva, e non voleva andare a Roma con lui.

Le dava solo cinque minuti e poi sarebbe partito. Raccolse la piccola valigia di pelle appoggiata ai suoi piedi. Scrutò ancora nella luce polverosa e discontinua, aspirando l'odore indecifrabile di viaggi e orizzonti lontani, come quelli della Nina, la barista del «Giorno». L'odore inevitabilmente associato a ogni stazione e alla stazione di Milano in particolare.

Fece per muoversi, felice, senza Enrica, quando con la coda dell'occhio vide un soprabito bianco. Alzò lo sguardo e notò la cintura che le stringeva la vita. Non prestò attenzione invece al solito tacchettino stile gemelle Kessler. Con calma assoluta Enrica si dirigeva verso di lui, aspirando la sigaretta.

Reggeva una borsa da viaggio in pelle chiara. Intorno al collo era annodato un foulard verde acqua che metteva in risalto la sua carnagione. I capelli rossi sciolti ricadevano sulle spalle. La guardavano tutti. Carlo sospirò... Era proprio bella!

«Con calma, eh? Tanto il treno parte tra cinque minuti. E soprattutto: mai farsi notare! Prima lezione di giornalismo...» la apostrofò bruscamente.

«E allora andiamo, su, non perdere tempo. Che classe hai preso?»

«Ho preso la prima» rispose lui un po' torvo. Conosceva i gusti della signora, non certo proletari, a disprezzo della fede comunista. Lui avrebbe sicuramente scartato i sedili in legno della terza classe, ma si sarebbe accontentato di quelli in similpelle marrone di una dignitosa seconda. E invece si sarebbero seduti sul vellutino rosso della prima. Chissà se poi Baldori l'avrebbe rimborsato interamente.

Arrivarono al binario alle sette in punto. Il capotreno stava già facendo chiudere le porte. Carlo ed Enrica salirono in fretta sull'ultima carrozza appena prima che il treno lasciasse lentamente la stazione.

«A momenti lo perdevamo!» disse Carlo in tono irato.

«Hai intenzione di rammaricarti per tragedie mai accadute per tutto il viaggio?» gli rispose Enrica ansimando.

«E adesso ci tocca camminare per tutto il treno per raggiungere la nostra carrozza!»

«Capirai!» Enrica procedeva decisa nel corridoio. Erano saliti in terza e gli scompartimenti e i corridoi erano affollati. Ovunque si vedevano valigie di cartone legate con la corda, grandi fagotti e cesti. Si percepivano odori di cibi e corpi sudati e quello pungente del sapone da bucato.

Enrica si muoveva disinvolta e sorridente come se non avesse fatto altro in vita sua. La gente si spostava di buon grado, facendola passare. Qualche borbottio di coda toccava a Carlo, che seguiva con atteggiamento colpevole e schivo, pur dovendo far muovere molta più gente, data la mole.

Superate le carrozze di terza si iniziò con quelle di seconda, dove l'affollamento era più contenuto. Nessuno nel corridoio e gli scompartimenti ordinatamente occupati da signori in giacca e panciotto e da signore con scarpe stringate e tailleur eleganti. Borghesucci in viaggio per lavoro o per moderato turismo, all'apparenza. Roma in due giorni, viaggio la mattina, una notte alla pensione a una stella e ritorno il giorno dopo. Forse un'udienza papale negli ambiziosi programmi, in valigia il velo di pizzo nero da posare sul capo, il libretto di preghiere da far firmare al monsignore segretario.

Carlo si guardava intorno con simpatia e insofferenza. Enrica proseguiva con falcate ignare, indifferenti e frettolose.

Infine, come un miraggio, apparve la prima classe di rosso vellutata, con i braccioli dei sedili coperti da fazzoletti candidi, i corridoi vuoti, le tendine plissettate. Si fermarono al primo scompartimento per fumatori vuoto. Enrica entrò e si tolse con calma il soprabito, poi sedette vicino al finestrino, nel senso di marcia. Carlo guardò malevolo la piccola valigia in pelle lasciata al centro dello scompartimento. Sbuffando la prese e la pose sulla reticella, sopra alla principessa, sua maestà Enrica la giornalista eccelsa, nonché dama di gran classe. Poi collocò la sua nella reticella sopra al sedile opposto. Si tolse l'impermeabile e il cappello, li ripose e finalmente si accomodò sul sedile.

Enrica, perfettamente a suo agio, si era già accesa una sigaretta.

«Allora?» gli domandò. «Quali sono i tuoi programmi per oggi e per i prossimi giorni?» chiese con voce un pochino beffarda.

Carlo le si era seduto di fronte. Grandissimo errore. Si era dimenticato quanto gli occhi chiari e la pelle compatta di Enrica lo avessero sempre affascinato.

Si costrinse ad abbassare lo sguardo e a non sfiorare le gambe di lei, accavallate, che dondolavano pericolosamente vicino alle sue. Meglio risponderle in tono neutro: «Be', per prima cosa lasceremo le valigie in albergo. Ho preso due camere all'Hotel d'Inghilterra».

«Due camere? Che spreco. Ne bastava una!» disse Enrica con tono di sfottò, socchiudendo gli occhi e accentuando il dondolio della gamba accavallata.

«La smetti di fare la scema?» chiese Carlo in imbarazzo. Avevano vissuto insieme e viaggiato, insieme. Erano stati persino in Toscana dalla sua mamma-nonna adottiva. Avevano soprattutto scopato, anzi, fatto l'amore.

«E che ci sarebbe di male? Ti giuro che non ti insidio» continuò Enrica, aspirando una nuova boccata. «Ma forse alla tua Mara non piacerebbe. Le hai detto che venivi a Roma con me?»

«Si chiama Sara e lo sa che sono con te. Non ho niente da nascondere» rispose Carlo, sentendosi l'ultimo degli stronzi. E ricacciando la voglia di accarezzare ancora quella pelle morbida.

In fondo non era stata una vera e propria bugia... Che andava a Roma per lavoro era vero. Che si fermava pochissimo, pure. Sì, va be', c'era anche Enrica, ma era un dettaglio, no? Sentì protendersi una lunga coda di paglia alle sue spalle. Non erano mai stati in viaggio per lavoro, lui ed Enrica. Di sicuro non in treno. Le gite le facevano in Giulietta, prima che gliela bruciassero.

«E allora? Prosegui. Ti incanti sempre!»

Carlo si scosse. Era sempre la stessa, irriverente e dispotica... e simpatica come un gatto attaccato ai coglioni. Ma lo conosceva bene. Bastava poco e si incantava.

«Alle cinque ci incontriamo con Santucci» proseguì, «mi ha dato appuntamento in un bar in piazza Navona.»

«Però! Un appuntamento segreto col magistrato. Complimenti, come hai fatto?» Stavolta lo sguardo di lei tradiva una certa ammirazione.

Quegli occhi verdi maliardi e beffardi! Carlo si chiese come mai Enrica lo avesse scelto tra tutti gli uomini che le facevano la corte. Intellettuali e industriali, giornalisti, attori... bastava un suo sguardo perché le corressero incontro, scodinzolanti come cagnolini. Lui stava defilato, invece, e forse era stato proprio quello a intrigarla. L'omone alto, biondo e svagato, che non se la filava.

Con una scusa si alzò e prese una penna dalla valigia, attento a mettersi nel sedile centrale ben distante da Enrica.

«Santucci mi è stato presentato tempo fa. E mi è sembrato di capire che qualche fuga di notizie non gli dispiaccia... Sai, esce qualcosa sui giornali, qualcuno si agita e magari fa la cazzata. Secondo me ci sono parecchi altarini nascosti, nella storia delle banane.»

Enrica continuava a guardarlo con interesse.

«E dopo?»

«Dopo non so, forse dovremo intervistare i protagonisti, ma per quello bisogna aspettare domani.»

«Mmmh.» Enrica chinò il capo, si tolse il foulard verde lasciando scoperto il lungo collo.

«Hai portato un abito nero, da sera?» gli chiese poi a bruciapelo.

«No» rispose stupito Carlo. «Avrei dovuto?»

«Lo noleggeremo. Ti propongo un giro per la Roma notturna e festaiola, per incontrare i nostri protagonisti in modo diverso, senza aspettare domani, con la guardia abbassata.»

«E tu ce l'hai, un abito da sera?» chiese Carlo.

«Certo» rispose Enrica.

Carlo guardò la piccola valigia sulla reticella.

«Lì dentro?»

«Non serve molta stoffa per un abito da sera da signora» gli sorrise maliziosa.

Lo provocava deliberatamente e lui non doveva cascarci. Carlo si morse la lingua per non dirle: *E per risparmiare spazio immagino tu abbia lasciato a casa il superfluo, come la biancheria intima, per esempio.*

Quella schermaglia da scherzosa rischiava di diventare erotica. Era già successo e poteva succedere di nuovo.

Ma lui lo voleva? Be'... in realtà non poteva! Sara. Doveva pensare a Sara. A quello che c'era tra loro e a ciò che rischiava di perdere.

Enrica lo guardava in tralice, gli occhi socchiusi, come una gatta in finto riposo. Gli giungeva il suo profumo, quell'essenza che un laboratorio ligure produceva solo per lei.

«Scusami un attimo, torno subito» le disse, uscendo nel corridoio. Si diresse in fondo alla ricerca della ritirata. Non ne aveva bisogno, ma voleva allontanarsi da lei. Che cazzo di idea andare a Roma insieme! Era utile, poi? Fino a quel momento era stato lui a portare storia e contatti. Come al solito lei ci metteva solo intuizioni e lucidità.

Entrò nel piccolo rumoroso e puzzolente locale, tutto vibrante. Altro che prima classe, sempre cesso era. Con il pedale fece scorrere l'acqua del minuscolo lavandino e si bagnò le mani e i polsi. Poi si passò le mani umide sulla faccia. Gli sembrò di riacquistare lucidità e controllo.

Con la sua stazza urtava dappertutto a ogni scossone del treno. La puzza di metallo dei cessi dei treni gli aveva sempre fatto piacere; era il viaggio, rappresentava movimento, l'assenza da qualsiasi luogo. Ogni distrazione, però, era inutile: Enrica lo aspettava nello scompartimento, seduta sul velluto rosso. E lo provocava.

Ah sì? Ebbene, avrebbe visto. Freddo, freddo come un ghiacciolo, era l'atteggiamento giusto. Lei poteva mettere in atto tutte le tecniche seduttive del mondo, lui le avrebbe accolte con un garbato sorriso e un palese disinteresse. Che spettacolo godersi la sua delusione e la sua irritazione!

Rientrò con passo deciso, il volto permeato di fredda cortesia. Aveva pronta una frase neutra per riportare il discorso sul lavoro. Solo di quello avrebbero dovuto parlare.

«E quindi, dicevamo, sui soggetti coinvolti nello scandalo...» esordì, entrando nel vagone, ma la frase gli si spense sulle labbra. Enrica, col capo appoggiato al vetro, le mani incrociate in grembo, dormiva profondamente, col viso coperto dalla massa dei capelli. Il piccolo seno, che sotto il vestitino Carlo poteva solo intuire, si alzava e abbassava al ritmo regolare del respiro.

Carlo restò a guardarla, inesorabilmente spiazzato, intenerito e arrapato, lasciandosi cadere sulla poltrona.

Meglio guardare fuori dal finestrino. La campagna piatta della Pianura Padana scorreva veloce. Vide riflesso nel vetro il suo sorriso diventato ormai una smorfia. Si pentì di non aver comprato giornali alla stazione.

9

Il magistrato Santucci

venerdì 20 settembre 1963, dalle ore 16
Roma, Piazza Navona

Sembrava un pinguino, pensò Carlo guardandosi allo specchio. Non ricordava di aver mai indossato uno smoking, tuttavia, nonostante lo sfottò interiore, si piaceva. Era alto più del normale, i lineamenti erano marcati e la mascella quadrata lo faceva assomigliare a un attore americano. Si rimirò mettendosi di fronte, di profilo, di tre quarti. Non male, non male. L'abito, di ottima fattura, gli cadeva a pennello. La camicia bianca, il papillon nero, le scarpe. *Un biel frut*, gli avrebbe detto la mamma, nel suo friulano cantilenante.

Il signor Camillo, proprietario dell'atelier, gli saltellava intorno squittendo di soddisfazione e guardandolo in modo estatico da sopra gli occhialetti di metallo a mezzaluna.

«Meraviglioso, signore. Sembra fatto su misura per lei. Ma si sa, quando si hanno proporzioni così armoniose, e l'altezza...» e si prodigava a sistemare inesistenti pieghine alla giacca e ai pantaloni.

Di solito Carlo i vestiti li acquistava belli e pronti e non era abituato a farseli adattare da un sarto. A ogni buon conto si era scostato leggermente dall'ometto che gli roteava intorno tra un colpo di qui e uno di là. Il camerino durante la prova si era fatto stretto e un po' troppo intimo.

«Mi sembra vada bene così» aveva chiuso.

«Certamente, ma sentiamo il parere della signora.»

La signora. Già, Enrica. Li aspettava nel salotto attiguo al camerino di prova. Seduta comoda sul divano fumava una sigaretta immersa nei suoi pensieri, al solito tranquilla e disinvolta come non avesse mai fatto altro in vita sua che attendere signori che provavano smoking a noleggio.

«E allora, signora, che ne dice? Non è un figurino?»

Enrica si era scossa e lo aveva guardato compiaciuta, ma senza dargli soddisfazione.

«Non male, non male. Signor Camillo, lei è sempre all'altezza delle aspettative, dirò ai miei colleghi che hanno fatto bene a consigliarmi lei.» Il complimento venne concesso con la magnanimità delle regine alle prese con le maestranze.

«Oh, signora Enrica, troppo buona, faccio solo il mio lavoro» si schermì il sarto con aria umile, sventolando le mani e agitandosi in modo esagerato.

Esagerato, però, era pure il prezzo! Il signor Camillo al momento del conto con molte smorfie e molta ritrosia aveva presentato un fogliettino con un numero che a Carlo parve talmente folle che sbottò: «Non ci siamo capiti, signor Camillo. Lo smoking lo noleggiamo, non vogliamo comprarlo!».

«Questo è il conto del noleggio» rispose freddamente il signor Camillo, di colpo privo delle manierose modalità di poco prima. Lo sguardo gelido sopra gli occhiali di metallo esprimeva una ferma dignità di onesto strozzino.

«Ma certo, il signor Carlo scherza» disse Enrica, dandogli nel contempo un pizzicotto al gomito.

«Ahi!» sussultò Carlo. «Le faccio un assegno» aggiunse compito, cercando la sua giacca per prendere penna e libretto.

Carlo staccò rumorosamente l'assegno e lo porse al sarto.

«L'abito va consegnato al più presto all'Hotel d'Inghilterra» si vendicò con quel ladro.

«Ma certamente» riprese a flautare il signor Camillo.

«Tu sei pazza!» la investì Carlo appena uscirono alla luce del caldo sole settembrino romano.

«Che braccino corto!» esclamò Enrica. «Vedrai, stanotte, in giro per i locali più in voga della capitale, come l'investimento ti verrà rimborsato in informazioni. Attrici e attricette ti assedieranno! Fossi nella tua Mara, mi preoccuperei.»

«Sara, ti ho detto che si chiama Sara! Non fare la stronza.»

«Guai a chi te la tocca!» sbuffò Enrica. «Nessuno ti avrebbe dato il minimo credito se ti avesse visto con quei *pannucci poverelli* che hai indosso.»

«Pannucci poverelli?» Era partito con il migliore dei suoi abiti, e lei lo chiamava così?

Ma Enrica passò ad altro e lo prese sottobraccio, mettendo la mano sulla sua.

«Hai fatto la cosa giusta, vedrai. Adesso muoviamoci se vogliamo essere puntuali all'appuntamento con il pm. Non vedo l'ora di conoscerlo.»

Il contatto con la pelle di Enrica lo sorprese. Aveva dimenticato quanto potesse essere calda la sua mano.

La stretta stradina, ingombra di automobili parcheggiate, era a due passi dalla fontana di Trevi. Panetterie e vinerie si alternavano a negozietti di chincaglierie. Enrica conosceva bene la zona e incedeva senza incertezze, sempre con la mano poggiata sulla sua. Si divertiva in quel labirinto della Roma medievale alle spalle di corso Vittorio Emanuele. Se solo non fossero stati vestiti in modo così normale, li avrebbero potuti scambiare per due attori alla Liz Taylor e Richard Burton. Di colpo all'ennesima svolta si aprì davanti a lui piazza Navona.

Carlo provava sempre lo stesso straniamento di fronte ai tesori della capitale. Diversamente da Milano, dove i casermoni rimpiazzavano le case bombardate, Roma manteneva un passo senza tempo.

I capelli di Enrica erano illuminati dalla luce trasversale del pomeriggio e lei lo precedeva, senza preoccuparsi di lasciarlo indietro. A Carlo non dispiaceva, ammirava il panorama e i ragazzotti in canottiera che fumavano Nazionali senza filtro davanti alle botteghe artigiane e che ammiccavano, accarezzandosi col pollice e l'indice il mento, al passaggio di Enrica, bella come le attrici che popolavano quella città di cinema. Non tanto alta, ma di sicuro più del metro e cinquantasette di Liz Taylor e poco meno del metro e settanta di Audrey Hepburn. E lui godeva, tronfio del suo metro e novanta, fingendo di essere il suo guardaspalle.

La raggiunse, ma evitò ogni contatto e iniziò a fischiettare e cantare *Oh you'll never forget the via Veneto in Roooome* come Dino Paul Crocetti in arte Dean Martin.

«Felice di stare a passeggio con una bella ragazza, eh? Ma siamo qui per lavoro» lo gelò Enrica, che stava cercando il bar dove avrebbero dovuto incontrare il magistrato.

L'appuntamento era al Bar Domiziano. I tavolini sulla piazza erano gremiti. In un primo momento Carlo non vide Santucci e pensò che gli avesse fatto il bidone. Poi, da un tavolino discosto, vide qualcuno che agitava il braccio per richiamare la sua attenzione.

«Eccolo là, andiamo» disse con voce esageratamente felice.

In un angolo ben protetto stava seduto un uomo di circa cinquant'anni, dai lunghi capelli scuri e impomatati. Vestiva elegantemente e il colletto rigido della camicia costringeva il pomo d'Adamo a fastidiosi strusciamenti.

Si alzò e tese la mano, salutando con una voce profonda e aggraziata.

«Eccoti, Carlo!» Gli arrivava sì e no alla spalla. Poi i suoi occhi pennellarono la sagoma di Enrica, partendo dai riccioli e finendo alle scarpette basse alla Audrey Hepburn che lasciavano intravedere le caviglie sottili.

«Ciao, Giuseppe, che piacere vederti. Posso presentarti Enrica Sala, giornalista della RAI?» La voce di Carlo era divertita ed Enrica fissava l'ometto con scherno.

«Incantato» disse il pm, che aveva ripreso il controllo della situazione. Prese la mano che Enrica gli porse e tentò un elegante baciamano, ma lei con fermezza glielo impedì, limitandosi a stringergli la destra.

«L'avrai vista in qualche servizio tv» specificò Carlo, che aveva notato Giuseppe irrigidirsi.

Se Santucci l'aveva riconosciuta, sapeva anche quali fossero le sue idee. E i magistrati non erano certo amici dei comunisti. L'amnistia di Togliatti aveva lasciato tanti fascisti a piede libero e molti avevano occupato di nuovo le alte cariche statali. Non avevano mai approfondito, con Enrica, ma spesso lei aveva espresso giudizi taglienti sui magistrati che senza colpo ferire erano passati dal fascismo alla Democrazia cristiana. E la diffidenza della giornalista si percepiva... Persino lui che era un pivello sapeva che con le fonti era utile fingersi concavi e convessi, per guadagnare la loro fiducia, mentire fino all'estremo pur di arrivare allo scopo, cioè farsi rivelare particolari e notizie.

«Come sta il nostro amico Everardo?» La voce di Santucci aveva ripreso sicurezza e sembrava voler dire: *Qui sono io a dare le carte.*

«Bene, se la cava sempre» rispose Carlo, tentando di celare i contraddittori sentimenti che provava suo malgrado nei riguardi di Everardo Piccioni, magistrato, pm di Milano. E per di più, il Piccioni aveva avuto anche una storia con Enrica, chissà se durante, prima o dopo la sua con lei. Non avrebbe dovuto importargli e invece gli bruciava. Terreno minato, Everardo.

«È un po' che non lo sento, però» disse Carlo, cercando di fare il suadente e guardando Enrica. Non capitava spesso che lei abbassasse lo sguardo, ma questa volta i capelli le scesero sul volto, forse mossi dal ponentino romano.

Il magistrato notò il gioco di occhiate e sguardi.

«Io invece l'ho sentito la settimana scorsa.» La voce non era sgradevole, anzi era calda, ma il tono era quello di chi riaffermava il suo ruolo.

«*A dottò, che je porto?*» Il cameriere, con il busto piegato in avanti, tentava di infilare gli occhi tra il cappottino attillato e la camicetta di Enrica.

«Carissimi» disse rivolgendosi a loro, solo una velatissima ombra dell'accento di prima, «se posso permettermi, anche se sono solo le cinque la giornata è ormai finita. Al bancone c'è un signore che sa che a me le pesche piacciono. E se ne ha conservata qualcuna, un Bellini ci sta, vero? Lo gradite?»

Carlo si sorprese di quanto rapidamente il magistrato cambiasse modi ed espressioni.

Era settembre, si stava ancora molto bene fuori all'aperto. Roma era questo. Oltre alle zaffate di puzza di cavallo che ogni tanto arrivavano dal posteggio delle carrozzelle poco distanti.

Il successo dei film di Fellini aveva riempito la città di turisti in cerca di belle americane o di Marcelli Mastroianni, pensò Carlo. Nella piazza si vedeva qualche rara automobile e, di fianco alla fontana dei Quattro Fiumi del Bernini, si accalcavano stranieri e romani. Sotto al colosso che raffigurava il Rio della Plata alcuni ragazzotti ci provavano con le signorine vestite di tenui colori pastello. Forse per conquistarle stavano raccontando loro la leggenda che voleva il colosso alzare la mano verso la chiesa di Sant'Agnese, lì di fronte, quasi a proteggersi da un possibile crollo. Si dice che il Bernini volle raffigurarlo così in polemica con il Borromini, che aveva ottenuto la commissione dei lavori della chiesa.

Le ragazze portavano sottana e pullover, scamiciati con gonna dritta o svasati a mezzo ginocchio che mostravano le caviglie sottili. Le donne romane sapevano come farsi guardare, in quel settembre tiepido.

«Carlo, Carlo, se non ti conoscessi bene e non sapessi che sei capace di perderti osservando una mosca ti dovrei dare un ceffone per come torci il collo per guardare le ragazze...»

La voce di Enrica lo scosse. Il suo amico Giuseppe sorrideva complice.

«Allora? Tre Bellini?»

«Ma sì» la voce di Enrica resa roca dalla Nazionali super senza filtro non sembrò esitare. Il pacchetto verde, insieme con gli immancabili cerini, era lì sul tavolino.

«Ma sì, tanto mica stiamo lavorando? Vero, Giuseppe?»

«Vero, vero. Allora, Carlo, mi accennavi al telefono che ti interessano le banane?» entrò in argomento il pm.

«Esatto, le banane» confermò Carlo.

«Le banane... che dire ancora su questo argomento? Il processo è imminente... il palazzo si è mosso tempestivamente, non vi sembra?»

«Ma è grave, no? Qui come al solito c'è qualche furbone che a spese di tutti noi si sta facendo un sacco di soldi...» intervenne Carlo.

«Mi sembra chiaro...» ripeté ancora Santucci.

«Cosa c'è di chiaro in un'asta dove vincono sempre gli stessi?»

«Appunto, è tutto chiaro. Qualcuno si è venduto le cifre dei canoni delle concessioni.» La voce del magistrato era quasi divertita.

«Non c'è da ridere» sbottò Enrica, «qui c'è da raccontare tutto, gli italiani devono sapere.»

«E non ci siete voi pronti a svelare scandali e a fare giustizia?» L'ironia del magistrato era evidente.

Carlo vide Enrica scurirsi in volto e spostarsi nervosa sulla sedia. Carlo iniziò a temere il peggio. Spesso aveva subito l'ironia tagliente e l'incazzatura della signora Sala.

Ma prima che Enrica sferrasse l'attacco il sorprendente magistrato continuò con voce pacata il suo discorso.

«Carlo e... Enrica? Mi permette di chiamarla così? L'aspetto più preoccupante in questo scandalo non è che i quattro importatori storici siano riusciti ad accaparrarsi la torta intera, senza lasciare alcunché a nessuno.»

«Ah no? Non è questo l'importante?» Enrica non riuscì a trattenersi. La voce era dura e tagliente.

«No. La cosa ben più grave è che ci sia una torta da spartire.»

«Che vuoi dire?» chiese Carlo.

«Perché dovrebbe esserci il monopolio delle banane, in Italia, ora? Perché dovremmo importarle solo dalla Somalia? Perché il prezzo deve essere fissato dal governo? Il ministero delle Colonie o meglio il ministero dell'Africa è stato soppresso dieci anni fa, mi pare» chiarì il magistrato.

Enrica mutò l'espressione da furente a pensierosa.

«È vero. Ma questo cosa cambia?»

«È il segno che questo Stato non si è ancora emancipato, è ancora legato in torbidi legami con un passato che dovrebbe essere ormai morto e sepolto. Sono passati quasi vent'anni e l'ombra nera ancora si protende. L'amnistia di Togliatti ha rimesso in circolo banditi che si sono in breve riciclati. E molti posti di potere sono nelle mani di fascisti appena poco ripuliti. Le banane fornite dalla AMB vengono da un gruppetto di poche aziende private in terra africana, quasi tutte nelle mani di ex gerarchi fascisti.»

Si interruppe perché si era avvicinato il cameriere, portando con talentuoso equilibrio il vassoio su una mano con i tre cocktail.

Attesero che il ragazzo depositasse i tre bicchieri e le vaschette con le mandorle salate e le olive.

«Ma allora l'asta truccata è solo la punta dell'iceberg!» esclamò Enrica appena furono di nuovo soli.

«O lo specchietto per le allodole, se vogliamo proseguire con le metafore più abusate» disse prontamente Santucci.

«In che senso?» chiese Carlo.

Santucci bevve un lungo sorso dal bicchiere posato davanti a sé. Poi proseguì il discorso, abbassando ancora un po' la voce.

«Carlo, lo sai, di te mi fido. E anche di lei, Enrica.»

«Mi sento vecchia se a Carlo dà del tu e a me del lei.»

Santucci sorrise. «E va bene, allora mi fido anche di te, Enrica. A patto che tu mi chiami Giuseppe.»

Enrica annuì.

«Voglio confidarvi una cosa: credo che l'asta truccata sia stata montata a bella posta. È uno scandalo troppo plateale, troppo ben preparato e con reazioni troppo giuste e tempestive e capri espiatori già pronti.»

«In che senso?» chiese Enrica.

«Ci sono più lotti» ricominciò Santucci, «taluni con più concorrenti e altri senza nessuno. Il ministero fissa in segreto i valori dei canoni di concessione, un minimo e un massimo. Le offerte devono essere presentate in busta sigillata. Guarda caso il giorno dell'apertura delle buste si scopre che i concessionari storici hanno indovinato la cifra... alla lira! Non solo, hanno scritto la cifra massima nei lotti con più concorrenti e quella minima dove si sapeva che non avrebbero avuto rivali. Naturalmente gli esclusi si ribellano e il ministro Tabacchi immediatamente accoglie. L'avvocato Avvisati, il suo segretario Lanza e quel ragionier Russi avevano la faccia dei colpevoli ancor prima di sapere di essere indagati! Ma c'è una cosa, che sanno in pochi...»

Santucci si chinò verso di loro in modo complice.

«A febbraio, il figlio minore del ministro Tabacchi, un bambino di sei anni, ha avuto un incidente. Si è rotto un braccio cadendo da un muretto. Si sa, i bambini...»

Enrica e Carlo lo guardarono stupiti.

«Non si è capito bene come sia caduto. Si è sporto, pare, ma c'era qualcuno vicino a quel muretto.» Santucci si interruppe per bere un sorso dal bicchiere. «Avevo saputo che il ministro aveva iniziato a mettere mano alle concessioni e che aveva avuto un incontro con il segretario dell'AMB. Poi, dopo l'incidente del bambino, delle concessioni non si è più parlato. Solo dei prezzi. E solo delle colpe del ragionier Russi, che ha fatto pervenire ad alcuni bananieri le cifre giuste. Ma sulle concessioni...»

Un rumore vicino fece girare la testa a tutti e tre. Il cameriere era rimasto in zona e aveva fatto cadere un posacenere vuoto e lindo. L'uomo si limitò a raccoglierlo, lanciando un'occhiata di traverso al loro tavolo.

Carlo lo notò. Questa volta non sembrava sbirciare tra

cappottino e camicetta di Enrica. C'era qualcosa che non gli girava bene in testa.

«Scusatemi un attimo» disse Carlo alzandosi.

Mentre stava chiedendo al cameriere dove fosse il bagno, lo vide sussultare guardando verso una Ford Taunus scura. Era il secondo giro che quell'auto faceva attorno alla piazza e Carlo l'aveva notata perché i due tizi sui sedili anteriori assomigliavano tanto a due poliziotti. Forse Giuseppe aveva una scorta?

«Dove vai?» gli domandò Enrica.

«A lavarmi le mani.» Mentre lo diceva si inchinò verso il volto del magistrato.

«Sono i tuoi quei due nella Taunus?» domandò, indicando con il naso l'automobile che lentamente passava davanti ai tavolini.

«Secondo te a palazzo di giustizia ci possiamo permettere una limousine? Saranno due turisti.»

«Sì, due turisti con il Borsalino Executive… si vede che a Roma vi siete rammolliti. Pensate solo al cinema.»

La Ford Taunus si era fermata poco più avanti, infilandosi in un passo carraio. I due tizi erano scesi. Distinguerli da due funzionari di qualche ministero lì vicino o da due poliziotti non era facile. Sembravano molto tranquilli, non si guardavano attorno, non si facevano cenni.

Il cameriere aveva smesso di pulire posacenere vuoti e tovagliette immacolate. Con una rapidità inaspettata si era avviato verso l'ingresso del bar.

Carlo, che con la coda dell'occhio aveva seguito tutti i movimenti, con due passi veloci si mise alle spalle di Enrica quasi a volerla proteggerla con il suo corpo.

I due, ignari, si erano intanto accomodati due tavolini più in là, vicini al marciapiede, e si erano messi a parlare tranquillamente. Con un gesto quasi plateale misero i loro cappelli sulle sedie vuote al loro fianco. Decisamente due dirigenti o funzionari in cerca di una pausa.

Carlo si risedette.

«Be'? Non dovevi andare a lavarti le mani?» si stupì Enrica.

«Preferisco aspettare un momento. Giuseppe, scusa se ti ho interrotto. Dicevi che le concessioni...»

Giuseppe sembrava innervosito.

«C'è qualcosa che non va, Carlo? Perché mi hai chiesto di quelli della Taunus?»

«Sono diventato un po' paranoico dopo i fatti dello scorso maggio.»

«Altro che un po'!» rise Enrica.

«Fai bene, meglio essere prudenti» disse Santucci con aria grave, «ci sono troppi interessi in gioco. Andiamocene, per ora. Ma voglio finire il discorso con voi. Quando mi hai telefonato ci avevo già pensato. Forse è tempo che qualcosa trapeli. Qualcosa di diverso da quello che sta uscendo in questi giorni. Domani verrò io al vostro albergo, è più sicuro. E vi porterò... qualcosa di molto interessante.»

Si alzò quasi immediatamente dopo aver detto queste parole. Carlo ed Enrica, un po' stupiti, fecero altrettanto.

«A domani, allora» disse il pm tendendo la mano prima a Enrica, stavolta senza nemmeno accennare il baciamano. Fece lo stesso con Carlo e poi si allontanò con insospettabile agilità.

Carlo sbirciò dalla parte dei due dirigenti o funzionari in pausa. Sembravano rilassati e parlottavano tra loro, ma lo sguardo di uno dei due sembrava puntato verso la via dove si era dileguato Giuseppe Santucci.

10

Leandro

venerdì 20 settembre 1963, ore 18
Milano, periferia

«Amore? Sei tu?»

«Carlo, chi vuoi che sia? In questa casa abitiamo solo io e te. Come va a Roma?»

«Bene, a parte il tempo che ci impieghi ad attraversarla. Credi che sia per questo che la chiamano città eterna?»

Sara sorrise. *El so Carlin*, pensò. Così grande, bello e un po' ciula. Vedeva tutto rosa anche se di sfighe ne aveva avute parecchie. Anche se la rete di quel povero illuso del padre, che credeva davvero che Mussolini fosse una brava persona, l'aveva salvato. Che merda di paese, si disse ravviandosi una ciocca di capelli. Le mancava quel ragazzone. Si era messa con lui quasi per dovere, ma ora le mancava.

«Be', forse sì.» La voce di Sara si era addolcita. «Che hai fatto di bello?»

«Di bello niente. Ho incontrato il magistrato.»

«Il magistrato che si occupa del caso delle banane? Santucci?»

Carlo rimase interdetto. Poi ricordò di averle accennato qualcosa, ma a Sara non sfuggiva niente: nomi, particolari... avrebbe potuto fare la giornalista. O la spia.

«Sì, lui. L'abbiamo visto in piazza Navona e...»

«L'abbiamo?»

Cazzo! Gli era sfuggito!

«Be', io e... Sarpenti, il mio collega. Sono qui con lui. Non te l'avevo detto?» No, no, no, non doveva immergersi sempre di più nella menzogna. Come cazzo gli era venuto in mente Sarpenti?

«Non mi ricordo.» Sara lo disse così, gentilmente, quasi distratta. Lei si ricordava tutto.

«Sì, lui, si occupa di cronaca. Baldori ha preferito che fossimo in due, ma...»

«Ok, Carlo, va bene. Chissenefrega del tuo Sarmenti...»

«Sarpenti» precisò puntiglioso.

«Va bene, ho capito.» La voce era canzonatoria ma sorridente. «Che ti ha detto Santucci?» aggiunse.

Carlo si chiese cosa le importasse di Santucci.

«Niente di nuovo» continuò con fare annoiato, «il processo ormai è imminente e non sembra che ci saranno molte sorprese. I tre colpevoli sono sempre quelli, anche se per il momento è in carcere solo il ragioniere.»

«Ah sì, l'avevo letto sui giornali. Dunque, il colloquio non è servito a molto, mi sembra.»

«No, in effetti.»

«E dove andrete a mangiare voi due?»

«Voi due chi?»

«Ma tu e il tuo Tormenti, no?»

«Dai, non fare la stronza, Sarpenti, Sarpenti. Credo in una trattoria qui vicino.»

«Fai il bravo, mi raccomando.»

«*Nun te preoccupà*, come dicono qui a Roma» provò a

scherzare, ma la voce era triste. «Vorrei fossi qui con me. Ciao amore» aggiunse timoroso. Sara abbassò il telefono e rimase un momento silenziosa a guardare l'apparecchio. Carlo le nascondeva qualcosa, era evidente. Sperava solo che non fossero guai, ma in quel momento non aveva né testa né tempo per pensarci.

Poco prima della sua telefonata ne era arrivata un'altra. La voce sconosciuta aveva chiesto se il numero fosse il 359384. E Sara aveva risposto di no, facendo attenzione a memorizzare le cifre. Poi era andata a controllare sulle Pagine gialle. A pagina 3, alla quinta riga c'era l'indirizzo: via Villapizzone, numero 93. Era una chiamata per una consegna. C'era una parola d'ordine, l'avrebbe trovata alla pagina 8, al quarto rigo. Controllò: *Malerba*.

Doveva andare. Si guardò allo specchio dell'ingresso. Sull'ovale pallido non traspariva alcuna espressione. Si raccolse i capelli in un basso chignon, stirò il pullover di maglia celeste sui pantaloni stretti modello Capri che mostravano le snelle caviglie nelle ballerine nere. Indossò l'impermeabile e il foulard, poi aprì la borsetta e controllò che la busta che aveva ritirato il giorno prima in via Ripamonti fosse ben riposta nella tasca interna. Infine, prese le chiavi e uscì.

In mezzo al cortile Luigino strapazzava un ragazzotto dai calzoni bucati e dalla faccia da schiaffi.

«*Te ghè il dun de Dio de capì nagott!*» gli urlava, trattenendolo per un braccio e cercando di allungargli un calcio.

Il monello schivava la scarpa nera e impolverata del *Luiss*, cercando di svincolarsi. La scena era troppo gustosa e poi Sara voleva nascondere la fretta.

«Che ha fatto, il Briscola?» chiese al Luigino, che si portò due dita al cappelluccio tirato sulla fronte.

«*Buonassira, sciura Sara. Il Briscola l'è in via busca. L'ha scepà el veder della portineria cunt el balun... e gu di tanti volt de giugà minga cunt el balun visin ai veder*» spiegò Luigino, mentre il ragazzo ne approfittava per filarsela.

«*Ah, ma te ghè de passam visin, ora de stassira!*» gli gridò dietro.

«Su, signor Luigino, sono ragazzi» intervenne Sara sorridendo.

«*Crapa de legn*, altro che ragazzi! *Cume la va, sciura Sara, le rimasta de per lè? El Carlet l'è andà a Roma, l'è vera?*»

Sara non si stupì. I movimenti della corte e degli abitanti della corte erano sempre noti al Luigino. E dopo i fatti di maggio, quelli del Carlo ancora di più.

«Eh sì, ma tornerà presto!»

«*La staga attenta però. La ghè una brutta aria. Iersera g'han massà una dona che abitava da sola, nella curt de drè.*»

«*Oh signur*. E perché?»

Luigino alzò le spalle. «La Marisa del Coroleri. Faceva la vita, ma *l'era una brava tusa. La g'aveva un fiulet a balia*. Da un po' di tempo sembrava avesse un po' di *dané*. Mah, *sarà stà per quel*?»

Sara era rattristata, purtroppo le donne di vita facevano spesso una brutta fine, uccise dai loro stessi protettori.

«Eh, che brutta storia... ma non si preoccupi per me, signor Luigino. Sto attenta e se ho bisogno la chiamo, va bene?» Chiuse per liberarsi.

«Brava *tusa*» assentì l'uomo, portandosi ancora le dita al cappello per salutare.

Sara uscì a passo deciso dalla corte e si diresse verso la fermata del tram. Le sembrò che un'ombra si fosse staccata dal muro e muovesse i passi nella sua direzione, ma scelse di restare indifferente.

Era passata l'ora di punta, e c'era meno gente. Il tram diretto verso il centro arrivò di lì a poco. Sara salì e pagò al bigliettaio la corsa fino al Duomo, poi sedette sul lucido sedile a liste di legno.

Alla terza fermata si alzò di scatto e scese di corsa.

Le sembrò di vedere una faccia scura che la spiava dal finestrino. Che fosse seguita? La regola era chiara: agire sempre come se lo si fosse.

Con calma attraversò la strada per prendere il 12. Per via Villapizzone erano otto fermate. Attese mentre il tram, tra scosse e rallentamenti, stava abbandonando il centro per inoltrarsi in una periferia imbruttita da alti casermoni grigi, allineati come stolidi soldati, separati da prati spelacchiati e incerti. Eh sì, stava crescendo una Milano diversa, ipertrofica, frettolosa. Si doveva dare una casa a chi arrivava carico solo di braccia e speranze.

La sinistra andava fiera di quei casermoni; come sostenevano i compagni sovietici si doveva dare una casa ai proletari, ma la pancia le si restringeva a vederli. Brutta e inospitale! Altro che una casa ai proletari. Le ferite della guerra erano state riparate male, con quei quartieri spersi alla ricerca di anime da accogliere.

Il bigliettaio, ancora intabarrato nel cappotto urlò: «Villapizzone». Chissà a che ora aveva attaccato, poveraccio...

Sara scese. Il numero 93 si trovava in fondo a una strada larga e disadorna. C'era una piccola officina meccanica con accanto un bar dall'insegna un po' storta. Chi l'aveva disegnata aveva scritto BAR-CAFFÈ in caratteri oro ormai stinti e con i contorni sbrecciati.

Sara guardò l'orologio. Era mezz'ora in anticipo per l'appuntamento.

Riprese a camminare, senza meta. La strada proseguiva verso i campi incolti, appezzamenti vuoti in attesa di nuove costruzioni. Sulla destra un cancelletto arrugginito dava su un giardino più curato degli altri. Sara lo spinse ed entrò.

Era un piccolo cimitero. Le vecchie lapidi, però, erano a guardia di buche vuote. Le fosse scavate e disabitate denotavano che il luogo era in dismissione e che il terreno sarebbe stato consegnato alla città famelica per costruirvi i suoi alti edifici, scalzando i morti per le necessità dei vivi.

Sara rimase all'interno del cimitero, guardando le lapidi ormai senza scopo.

Una in particolare attirò la sua attenzione: una semplice pietra grigia con la dicitura A ONDINA, STRAPPATA NEL FIOR DELLA VITA, L'AMOROSA SORELLA POSE. Non c'erano date. Povera Ondina... dimenticata, chissà dove erano stati riposti i suoi resti. E nessuno che si curava più della lapide: l'amorosa sorella era forse scomparsa a sua volta...

Quella lapide le ricordò suo fratello, ma con un sospiro scacciò i brutti pensieri sulle tante scomparse degli ultimi tempi...

La mezz'ora era passata e Sara tornò sui suoi passi, dirigendosi verso il retro dell'officina.

Una porta lasciata aperta immetteva in una specie di anticamera. Sara la percorse e imboccò un'altra porta, sulla sinistra, dalla quale si entrava in una specie di ufficio.

Un uomo con la tuta da meccanico e dai capelli radi e biondi pettinati all'indietro era in piedi, appoggiato al muro in fondo alla stanza. Teneva le braccia conserte e guardava verso la porta. Come la vide alzò le spalle, senza spostarsi, ma la scrutò con occhi scuri e diffidenti.

«Buongiorno. È venuta a ritirare la macchina? Mi ricorda il suo nome?» domandò.

«Malerba» rispose meccanicamente Sara.

L'uomo si staccò dal muro e la raggiunse.

«Ciao, io sono Leandro. Mi hai portato qualcosa?»

Sara estrasse dalla borsetta la busta che le avevano consegnato in via Ripamonti e gliela porse.

Lui l'aprì subito ed estrasse un foglio che lesse con attenzione. Sara attese con pazienza che il meccanico, di cui non avrebbe saputo dire l'età, terminasse la lettura.

I suoi tratti si aprirono poi in un sorprendente sorriso.

«Così tu saresti Sara, la sorella di Fausto» esclamò.

Sara sussultò, senza rispondere.

«Non preoccuparti, so che ti hanno detto di non fare mai i nomi veri, ma qui siamo al sicuro e per me Fausto non è solo il comandante Lupo ma un amico, quasi un fratello.» Le indicò la sedia davanti a un piccolo tavolo.

«Siediti, Sara, parliamo un po'.»

Sara, per quanto ancora diffidente, sedette. Il suo volto non mostrava alcuna emozione. Era brava, lei, a dissimularle, si allenava da tanto.

«Io e Fausto ci siamo incontrati in Francia. Lui era scappato dall'Italia dopo la storia che sai. I compagni di qui gli avevano dato il mio nome, ma lui era arrivato stanco e disincantato, uno sbandato che non sapeva che fare di sé e della sua vita. Si capiva che sotto la disillusione la fibra era forte e l'animo coraggioso e noi avevamo bisogno di gente come lui per riprendere le fila dell'organizzazione. L'ho preso sotto la mia protezione e abbiamo vissuto insieme. Abbiamo parlato tanto, anche di te, anzi, solo di te. Sembrava che la sua famiglia fosse formata solo da quella sorellina di dieci anni più giovane che, quando era nascosto da partigiano, gli portava i messaggi insieme con il pane e salame rubato a casa, pedalando sulla bicicletta nera da uomo, troppo grande per lei.»

Sara sentiva il cuore batterle furiosamente nel petto. Non era preparata a quell'ondata di ricordi. Sì, si ricordava le corse in bici con il cuore in gola verso i rifugi nascosti. Una bambina non avrebbe destato sospetti, con il corto caschetto di capelli biondi trattenuti sulla fronte dalla fascia fatta a maglia, il viso pallido e affilato... Ricordava il fischio del segnale convenuto in mezzo ai cascinali o alle rogge nei campi, vicino alla Barona, dove c'era la casa dei nonni. E lo sbucare improvviso di quei ragazzi che a lei parevano tutti bellissimi e il più bello di tutti, il più forte, era lui, Fausto. *Ratin, vieni qui, cosa ci hai portato?*, le chiedevano ridendo. Così la chiamavano, *Ratin*, topolino. E a lei piaceva. Lì c'era il pericolo, ma anche la speranza. A casa, i suoi genitori si nascondevano pavidi, quasi disconoscendo quel figlio ribelle che temevano li avrebbe portati alla rovina.

E poi, con la Liberazione, quando tutto sarebbe potuto rinascere, era accaduto quello che era accaduto e Fausto era scomparso, lasciandola sola. Sentiva ancora il senso di vuoto e il rancore provato per tanti anni. Era cresciuta sola con quei genitori soffocanti e delusi, che avevano riposto in lei le loro speranze di riscatto.

Fino a quel giorno di tre anni prima.

Si scosse, e per la prima volta aprì bocca.

«Cosa volete ancora da me?» chiese a Leandro, usando un tono più duro del voluto.

«Sara, mi spiace che tu ti senta usata. Non era quella la nostra intenzione, ma abbiamo ancora bisogno di te.»

«Cosa posso fare? Sai che non ho più la fonte di prima. Quando tre anni fa Fausto mi ha chiesto di aiutarvi c'era un motivo, ma ora da quando Gianni non c'è più non ho nessuna notizia da darvi. Posso giusto fare la postina come ho fatto ora, ma è poca cosa.»

«Non è poca cosa. Non abbiamo molti snodi per comunicare tra noi. Come sai, servono addestramento e conoscenza dei codici e non si possono formare troppe persone. Per questo sei preziosa ora. Ma non solo...»

Sara lo guardò interrogativa, senza parlare.

«Dopo il fallimento di maggio l'organizzazione nera si sta pian piano rimettendo in moto, con più cautela. I fascisti hanno capito l'errore di uscire troppo presto allo scoperto, ma i segnali sono ancora più preoccupanti. Se questa volta ci riescono, sovvertono lo Stato e quello che abbiamo combattuto ritornerà. La marea nera è vicina e sono troppi anche i *democristi* che lascerebbero fare, pur di frenare l'avanzata comunista.»

Sara sentì un brivido lungo la schiena.

«Ci servono tutte le informazioni possibili. Qui a Milano il gruppo di maggio è ancora operativo. Non ci interessa tanto quel voltagabbana del petroliere, Raminghi, più puntato ai soldi che al potere, ma dei pezzi grossi dietro di lui come Vescovo, il generale della guardia di finanza che tiene i contatti con i triestini degli Affari riservati.»

Sara ancora non capiva il suo ruolo nell'operazione.

«La cellula milanese ha un'agente, una donna pericolosa e malvagia che ha preso parte alle fasi esecutive. Si chiama Germana Castelli» precisò Leandro, aspettando una reazione di Sara che però non ci fu: il nome non le diceva nulla.

Allora Leandro riprese la busta portata da Sara e ne tolse una piccola foto un po' sfocata. La porse a Sara, che vedendola sussultò.

La foto mostrava una donna vista di fronte che camminava accanto a un uomo magro e biondo, guardandosi intorno con aria torva. Era Natalie Wood, così Carlo aveva soprannominato la misteriosa mora implicata nei due morti in Sardegna nella raffineria di Raminghi.

Quella donna era stata l'amante di suo marito, Gianni Cerri.

«Hai capito, ora? Tu e Germana avete un legame: il tuo defunto marito. E noi pensiamo che lei possa mettersi in contatto con te, spinta forse dal desiderio di vendetta. È pericolosa e svelta, ma la sua storia con il Cerri è stata la sua debolezza.»

«Mettersi in contatto con me? E perché? Io sono una nullità. Credi che non abbia ascoltato quella merda di Cerri parlare di me?»

«Ancora non sappiamo. La ragazza è sparita da maggio e non sappiamo dove si nasconda. Si incontra con i suoi compari in rifugi diversi e imprevedibili e si traveste. Come vedi dalla foto, però, qualche passo falso lo fa. Cerchiamo di tenerla sotto controllo. Noi vigiliamo, ma tu devi stare attenta e non ascoltarla, se ti contatterà. E appena avrai qualche avvisaglia, comunicacela.»

Sara, poco convinta, chinò la testa.

«Hai capito bene, Sara?» Il tono di Leandro si era improvvisamente fatto duro. Non si usciva gratis dall'organizzazione.

Sara sostenne il suo sguardo come faceva con suo marito. Altro che fratello, emozioni e ricordi! Quelli come lui, che non si fermavano davanti a niente, erano pericolosi.

«Hai dubitato di me?» domandò con la voce altrettanto dura e raddrizzando le spalle.

«Sara, Sarina... sei tutta tuo fratello! Pronta a diventare una belva.» Il volto indurito di Leandro si sciolse in un sorriso fiero.

«Ecco, prendila» le disse porgendole la foto, «si vede male, ma ti può servire. Ricordati che questa iena si traveste e cambia il colore dei capelli. L'uomo vicino a lei sembra sia un suo tirapiedi di origine slava. Ne avrai incontrato qualcuno nel campo di addestramento, no? Sono compagni feroci e silenziosi. Qualche volta, invece, Germana si accompagna a un altro, un uomo grosso e alto di cui non abbiamo foto.»

Sara prese meccanicamente la fotografia e la ripose nella borsetta.

«Tieni anche questa» disse Leandro, togliendo una pistola dall'interno della giacca blu da meccanico.

Sara tese la mano e l'afferrò, soppesandola: era una piccola Beretta.

«Sai usarla?» chiese Leandro.

Sara ripose la pistola nella borsetta senza dire nulla.

«E allora ciao, ci faremo vivi noi con il solito metodo» la congedò Leandro, alzandosi seguito da Sara.

«Sei sicura che il tuo convivente non sospetti qualcosa?» aggiunse.

Lei si voltò dura, estraendo la pistola dalla borsetta e puntandola su di lui.

«Vuoi che la provi su di te? Così capirai se so usarla o no. Un altro dubbio su di me e potrei cercarti io.» La voce di Sara era tagliente. Aveva sentito una piccola fitta perché le pareva di tradire Carlo. E perché lo stava mettendo in pericolo.

«Sara?» La voce di Leandro la raggiunse ancora mentre usciva. «Vuoi che ti saluti Fausto?»

Una coltellata, sentire il nome di suo fratello! Sara non si voltò. Nulla nel suo volto doveva mostrare la sua emozione.

«Fai come vuoi.» La mano, nella borsetta, stringeva il calcio della pistola.

Affrettò il passo spingendo il cancelletto con il gomito.

11

Roma notturna

venerdì 20 settembre 1963, dalle ore 20
Roma

Carlo controllò per l'ennesima volta l'orologio. Aspettava Enrica nella hall dell'Hotel d'Inghilterra già da mezz'ora e cominciava a essere stufo, affamato, innervosito.

Al ritorno, dopo l'incontro con Santucci, lui e la sua ex si erano rifugiati ognuno nella propria camera, dandosi appuntamento per le otto e mezza alla reception. Per quella serata Roma si era messa al meglio di sé: temperatura né calda né fredda, anzi quel piacevole tepore che rende tutto più semplice. I rumori erano quelli allegri di una città che si stava riprendendo interamente la vita.

Milano era diversa: indaffarata, ricca. Sembrava la terra promessa, la città delle opportunità. Chiunque ne avesse voglia, doveva solo correre. A Milano i vecchi ricchi non amavano ostentare, anzi, per non farsi notare, nelle tenute di campagna, giravano con le loro R4 a tre marce. Erano i *nuovi bauscia* che non si facevano problemi a mostrarsi con le loro Chevrolet Corvair e sfrontatamente guardavano dall'alto in basso gli operai che affollavano i tram e le circolari.

A Roma, invece, la vita era di tutti, anche di quel cameriere impiccione che non aveva tolto gli occhi di dosso a Enrica.

Ma dov'era finita Enrica?

Ogni volta che pensava a lei in un angolo della mente faceva capolino Sara.

Sapeva di averla fatta sporca… Al telefono lei gli aveva risposto allegra e ignara e lui si era sentito un mostro. Eppure, non c'era stato nulla tra lui ed Enrica….

Le aveva detto la verità: dopo l'incontro col magistrato era rientrato in hotel. Ma che cazzo di bisogno c'era di dirle la bugia di Sarpenti? Oltretutto fare nomi… e se Sara avesse telefonato in redazione? Traditore e pure coglione!

Avrebbe dovuto restare a Milano con Sara. Al diavolo il servizio, i misteri e le pastette italiane piccole o grandi che fossero! C'era anche Enrica, però, e poteva essere in pericolo… pensò con timore, ricordando il cameriere impiccione e i due dirigenti o funzionari sospetti visti al bar.

Basta, ormai, rimorsi a parte, quella sera sarebbe sì uscito con Enrica, ma avrebbe fatto quanto più in fretta possibile per poi ritirarsi (solo!) nella sua bella camera, attendere l'indomani, parlare con Santucci e poi via, ritorno a Milano ad abbracciare Sara. Gli era parsa così pulita e definita questa soluzione che aveva tentato di affrettarla, scendendo nella hall un quarto d'ora circa prima dell'appuntamento, vestito di tutto punto, con il completo scuro a noleggio che aveva trovato in camera ad attenderlo.

Risultato: da mezz'ora andava avanti e indietro, misurando a larghe falcate l'atrio dell'albergo.

Per darsi un briciolo di contegno ordinò un drink al bar, un Martini per l'esattezza. Lo scolò in un fiato, masticando l'olivetta con furente goduria. Per un attimo gli sembrò che le idee si schiarissero e l'ansia si allentasse un po'. Per rinforzare l'effetto ne prese un altro.

Quando Enrica si fermò sulla soglia del bar, scrutandolo con il sopracciglio alzato, Carlo trattenne il respiro: era bellissima.

Il vestito che indossava non aveva di certo appesantito la minuscola valigia: era un tubino nero sopra al ginocchio, smanicato, con ampi inserti di tulle in punti strategici; nella scollatura, ad esempio. Le calze velate fasciavano le belle gambe tornite, rese slanciate dalle décolleté di vernice nera dal tacco vertiginoso.

I capelli erano raccolti in un alto chignon, e lasciavano libero il collo bianco e sottile. Lunghi orecchini con pendenti d'oro partivano dai lobi e sfioravano il collo, adorno di una collana abbinata.

Aveva esagerato con i Martini, pensò Carlo, sentiva anche da lontano il profumo di lei e seguitava a fissarla incantato.

«Be'? Andiamo o vuoi restare qui con i tuoi nuovi amici?» gli chiese lei scherzosa.

Carlo arrossì mentre si alzava per andarle incontro, cercando di scusarsi: «No, io stavo solo...».

Ma Enrica lo interruppe e passandogli una mano sul braccio gli disse: «Dai, mi piace come mi guardi, lo sai! Tu non sei come quei bavosi che mi spogliano con gli occhi, sei puro, tu! Adesso, però, chiama un taxi. Ho prenotato due posti da Rosati, in via Veneto. Non posso venirci a piedi, con questi tacchi. Se non ti sbrighi arriveremo in ritardo».

«Ah, se non mi sbrigo io?! Ma tu guarda quanto si può essere impuniti!» borbottò Carlo, dirigendosi verso il bancone della concierge.

«E allora prima di andare da Rosati» aggiunse, «sosta

alla libreria Rossetti! Se il mio amico banchiere Saviolli sapesse che sono andato da Rosati senza passare da Rossetti a sbirciare Pannunzio e Brancati, Flaiano e Ungaretti mi toglierebbe il saluto.»

«Come vuoi, sei tu l'intellettuale della compagnia.» La voce di Enrica era ironica, ma non sarcastica, notò Carlo. E questo non gli piacque affatto.

Davanti all'ingresso dell'albergo taxi verdi e neri disposti in una coda ordinata attendevano il loro turno. Una lucidissima 600 multipla con la paletta alzata bianco barrato stava caricando una coppia elegante, in abiti da viaggio. Mentre il tassista caricava la suite di valigie di Vuitton, l'uomo disse: «A Fiumicino per favore».

Carlo vide il tassista allargare la bocca in un sorriso felice. Pensò che anche lui avrebbe voluto dirigersi a Fiumicino e partire per posti esotici e lontani. Gli tornò in mente un sogno che aveva fatto qualche tempo prima: una spiaggia di sabbia bianca e Ursula Andress in bikini che usciva dall'acqua cristallina. Si scosse e si avvicinò al taxi successivo nella fila. Il guidatore era uscito e li aspettava con la porta aperta.

«Via...» Ma Carlo non riuscì a finire l'indirizzo. Una voce roca, ironica, bassa, stronza, lo precedette.

«...Veneto, ristorante da Rosati» disse Enrica, accomodandosi sul sedile posteriore.

Carlo si sedette accanto a lei dicendo: «Ma... non dovevamo andare alla libreria Rossetti?».

Enrica rispose con tono leggero: «Ci andremo dopo. Non posso reggere gli intellettuali a stomaco vuoto».

«E a stomaco pieno?»

«Nemmeno» rise la donna. Faccia da schiaffi come sempre, pensò Carlo guardandola di sbieco e tentando di ricacciare indietro quei due Martini che gli ballavano nello stomaco.

Il taxi si fermò poco più in là. L'autista imprecò, lamentando le ore di coda che lo aspettavano dopo quelle già fatte e interrotte per un tragitto di soli cinquecento metri. Carlo pagò in fretta, biascicando delle scuse che non vennero molto apprezzate...

Lei, la principessa sul pisello, ignara e imperturbabile lo aspettava davanti alla porta del locale, stringendosi sulle spalle la leggerissima stola di seta che completava la sua *mise*. Carlo percorse con gli occhi la linea dal seno ai fianchi, fino ai polpacci e le si avvicinò, prendendola sottobraccio.

Il calore del corpo di Enrica lo sorprese ancora una volta. E ancora di più lo sorprese il movimento sinuoso, che, ne era certo, aveva incoraggiato il contatto.

La porta del locale si aprì quasi magicamente e un cameriere azzimato li invitò ad accomodarsi.

All'interno li attendeva un'atmosfera calda. Non era un posto per poveri, di sicuro. Velluti e legni pregiati, tavoli drappeggiati di raso candido. E quasi tutti occupati.

Camerieri in giacca bianca e papillon nero si aggiravano veloci e leggeri, portando ciascuno in bilico un numero impensabile di piatti ricolmi. Tagliatelle arrotolate e spruzzate di parmigiano e minipomodori che chissà da dove arrivavano.

Sul palco, in fondo al locale, un'orchestrina suonava uno swing ritmato e vivace. Il direttore di sala, dopo aver consultato un librone posato su un leggio all'ingresso, li accompagnò al loro tavolo. Quasi in contemporanea un altro cameriere portò due coppe di spumante.

«Be', c'è di peggio, no?» disse Enrica, alzando il bicchiere nella sua direzione e poi portandoselo alle labbra.

«Mmm» grugnì Carlo, ricambiando il brindisi. Il senso di leggerezza lo pervadeva ormai completamente. Sperò che non si tramutasse in ubriachezza molesta, sempre in ragione dei due Martini precedenti. Sentiva la tensione allentarsi, il groviglio di rimorso sciogliersi. E diamine, poteva anche lasciarsi andare un po', no?

Enrica nel frattempo, attenta e vigile, con gli occhi socchiusi, scandagliava il locale.

«Guarda al tavolino in fondo a destra» sussurrò.

Carlo vide un gruppetto di uomini e donne che sembrava divertirsi. Teneva banco un giovanotto alto e biondo.

«È Giò Stajano.»

«Chi?»

«Uffa, Carlo ma cosa leggi? Solo i dossier sui petrolieri? È il celebre artista, omossessuale, che ha fatto una parte nella *Dolce vita*, dai. L'abbiamo visto anche insieme...»

«Certo che me lo ricordo, mi feci anche *'na pennichella*, come dicono qui, che levati...» Chinò la testa, doveva stare attento a non bere.

La risata di Enrica lo sorprese e anche il modo in cui lo guardava...

«È il nipote del gerarca fascista Starace» aggiunse poi, facendosi seria.

«Ah!» Carlo si girò per guardarlo. Il giovane biondo, dai tratti delicati, ma non effemminati, intratteneva un gruppo nutrito e allegro.

«E pochi tavolini più in là c'è la contessa Della Torre. Con il marito e l'amante» aggiunse Enrica.

«Il marito e l'amante? Insieme?» domandò Carlo incredulo.

«Sono buoni amici, pensa un po'! Il marito è un nobile squattrinato e non potrebbe vivere senza i suoi sussidi, così sopporta di buon grado i tradimenti di lei. Anzi, finisce per affezionarsi ben più di lei ai suoi amanti» rise Enrica, maliziosa. Carlo si chiese come conoscesse quei particolari. Li inventava al momento?

Enrica era sempre più impaziente e nervosa e a un certo punto sbottò: «Nessuno di nostro interesse. Andiamo!».

«Come sarebbe "andiamo"? Non abbiamo nemmeno ordinato e...»

«Non siamo qui in gita di piacere. Non possiamo aspettare che gli eventi ci raggiungano per caso, dobbiamo intercettarli. Prenota un taxi, io ti aspetto fuori.»

Enrica uscì, seguita dagli sguardi di tutto il locale. Il cameriere, con un volto a forma di punto interrogativo, si precipitò verso Carlo che di nuovo dovette imbastire improbabili scuse di malori e impegni, accolte dal ragazzo con fredda cortesia. Nonostante il saldo del coperto e la generosa mancia lo sentì mormorare le stesse invettive del tassista, e pensare che sembrava così a modo...

12

Due loschi figuri

venerdì 20 settembre 1963, dalle ore 22
Roma

Il taxi si fermò davanti a un altro ristorante. Enrica scese e Carlo pagò, poi si voltò riluttante verso la porta. Attraverso i vetri vide il volto sorridente del maître che li avrebbe accolti. Quel volto sarebbe presto divenuto ostile, quando Enrica avrebbe deciso che anche il suo locale non faceva per loro.

Era la quarta volta.

Entrò dietro di lei con un sorriso tirato. Solita atmosfera di lusso, tavoli gremiti, orchestra in sottofondo. Enrica si guardò intorno, critica e vigile. Carlo tremò, ma stavolta qualcosa cambiò, nel copione. Enrica gli prese la mano, piantando le unghie nel suo palmo.

«Là!»

«Ahi! Chi c'è là?»

«Lanza, uno degli indagati per il caso banane, e insieme a lui Ciro Curasoli, uno degli importatori! Finalmente! Sapevo che li avremmo trovati.»

Carlo la guardò ammirato.

«Ma come fai a riconoscerli?»

«Mestiere, mio caro. L'immagine per me è tutto. Non faccio solo chiacchiere come te. Ho visionato tantissimi filmati su questo caso» disse Enrica.

Carlo si sentì il solito pirla, in confronto a lei.

Intanto il maître di sala era arrivato, il capo già chino in una deferente postura di accoglienza, il sorriso esteso.

«I signori hanno prenotato?» chiese.

«No, veramente...» abbozzò Carlo.

«Ma certo» intervenne Enrica ad alta voce, sovrastandolo. «Ho chiamato e prenotato proprio io, a nome Sala. Non le risulta? Signora Sala... controlli!»

L'uomo, un po' intimorito, scrutò con attenzione il libro delle prenotazioni. Alzò il capo desolato.

«Non mi risulta... ma non parliamone più, signori, anzi dove desiderate accomodarvi? Più vicino all'orchestra o al giardino d'inverno?»

Enrica si guardò intorno e, individuato un tavolino libero accanto ai soggetti di suo interesse, lo indicò dicendo: «Ci piace quel tavolo là!».

«Perfetto, signori, se volete seguirmi...»

Il cameriere servì la millefoglie al rum con l'aria sussiegosa di chi espone un'opera d'arte agli occhi di profani ignoranti. Carlo stava cominciando a irritarsi. Ogni portata era stata presentata con la medesima spocchia, descritta con dovizia di termini francesi e lasciata a malincuore nelle loro mani. E nessuna si era rivelata memorabile, né in qualità né soprattutto in quantità. Ma Enrica era troppo presa ad ascoltare le conversazioni del tavolo a fianco per accorgersi del cameriere snob. Sfortunatamente anche da quel fronte nulla era giunto. I discorsi tra i due uomini e le signore che li accompagnavano erano risultati piuttosto banali e senza interesse, per quel poco che riuscivano ad ascoltare, quando le voci diventavano più alte. Si poteva rilevare un certo malumore nei due uomini, una poca propensione al dialogo, che tuttavia non significava nulla. In compenso, le due giovani signore avevano pigolato, cigolato, strillato e ridacchiato senza soluzione di continuità. Avevano anche lanciato sguardi interessati verso Carlo che, un po' imbarazzato, aveva fatto finta di niente. La cena ormai stava volgendo al termine senza risultati. Enrica si stava rabbuiando.

«Accidenti, speravo si lasciassero andare e parlassero un po'» disse sottovoce a Carlo.

«Mah, o sono veramente attenti o non hanno più nulla da dire. Forse stai aspettando qualcosa che non arriverà.»

«No, sono sicura che non è così. In fondo il processo è fissato per novembre e rischiano grosso.»

Proprio in quel momento un cameriere si avvicinò a uno dei due, quello che Enrica aveva individuato come Ciro Curasoli, e gli disse qualcosa all'orecchio. L'uomo si alzò e seguì il cameriere fino a un tavolino dove stava un grande telefono. Prese la cornetta e rimase ad ascoltare. Enrica seguiva con interesse la scena, dimenticando la sua millefoglie che si spampanava sul piatto. Carlo iniziò cautamente a erodere qualche pezzettino dal piatto di lei. Enrica lo vide e lo apostrofò, irritata: «Possibile che pensi solo a mangiare? Siamo qui per uno scopo, ma mi sembra di essere da sola a cercare qualche traccia!».

Ma chi si credeva di essere? Miss Sherlock Holmes in gonnella? L'aveva trascinato per ristoranti e ritrovi, costretto a inventare scuse per allontanarsi da luoghi confortevoli e da profumi deliziosi alla ricerca di chissà che, l'aveva portato nell'unico ristorante sofisticato che in cinque portate aveva radunato il quantitativo delle sue abituali merende e ora solo perché le stava rubando un cucchiaino di millefoglie...

«Se permetti, cara, non sono un robot, ho le mie esigenze. Mi hai fatto girare come una trottola per tutta la sera, mangiando poco e bevendo ancora meno. Adesso basta. E restando in tema di esigenze, indifferibili, insopprimibili, sai che ti dico? Che me ne vado...»

«E dove?»

«In bagno, tranquilla» disse Carlo, alzandosi con pacata dignità. «Vuoi i particolari?» chiese con voce soave.

Enrica lo guardò, furente.

«Ma adesso torna, il Curasoli, e magari parla e...»

«Tu ascolta e poi mi racconti» disse, dirigendosi verso i bagni degli uomini.

I servizi erano vuoti. Carlo fece scorrere l'acqua fredda e si bagnò la fronte e i polsi. Aveva caldo, era stanco e snervato e... il rumore delle voci nell'atrio lo bloccò. Be', nulla di strano che arrivasse qualcuno ma, mosso da un istinto irrazionale, entrò in fretta in uno dei cubicoli in fondo. Non accese la luce e rimase in silenzio. Le voci si fecero più vicine per poi diventare distinguibili. Due uomini, un accento romano più marcato e uno più sfumato.

«Perché mi hai fatto venire qui? Non potevi parlare al tavolo?» disse il primo.

«*Nun me fido delle due pischelle.*»

«Quelle? Ma se non sanno nemmeno dove vivono!»

Carlo sentì i battiti accelerare. Erano proprio loro, i due uomini del tavolo vicino, quelli che Enrica voleva ascoltare. Che culo! Trattenne il fiato.

«Non so perché te le sei portate, se poi dobbiamo nasconderci per parlare!» riprese il primo uomo.

«E che, dovevamo andarcene in giro da soli io e te come

due froci? Piuttosto, ascolta... Mi ha chiamato Saro. Le cose non vanno bene. Quell'impiccione del magistrato sta scavando troppo.»

«Si sa, no? Più di cento persone indagate per le banane... logico che stia scavando.»

«Ha chiesto le assegnazioni dei terreni in Somalia, ha chiamato dei testimoni. Si sta allargando troppo. Doveva limitarsi all'asta truccata.»

«Ma che può fare? Può creare problemi?»

«Tutto quello che gira intorno a *lui* può essere un problema, lo sai.»

Lui? Carlo si sporse un poco per sentire meglio, ma senza accorgersene sfiorò la porta. Il fruscio risuonò alle sue orecchie come una deflagrazione. Cazzo...

«Hai sentito?» domandò il primo uomo con voce allarmata.

«No, cosa?»

«Il rumore.»

«Ma sì, viene dal ristorante. Dietro là ci sono le cucine.»

«No, era qui. Apriamo le porte dei cessi, c'è qualcuno ti dico.»

Carlo sentì salire la nausea. Le tempie gli martellavano. Era in trappola.

Che fare?

Poteva uscire, simulando indifferenza. Non avrebbero osato fargli qualcosa lì.

Forse.

Intanto sentì gli uomini aprire con un calcio violento la prima porta della fila.

«Vieni fuori, con le mani in vista.»

Immaginò la scena. I due davanti al cubicolo: uno apriva la porta con un calcio e quello dietro puntava la pistola. L'avevano, la pistola, lo intuiva. Cazzo, cazzo, cazzo.

Stavano passando al secondo cubicolo. Carlo si guardò intorno freneticamente. C'era la finestrella in alto. Troppo stretta. Troppo alta. Troppo tutto. Non c'era niente da fare...

«Si può sapere cosa sta succedendo qui?» si inserì una voce, stupita, indignata, celestiale. A Carlo sembrò l'equivalente del coro degli arcangeli.

«Uh... nulla, si parlava, forse un po' ad alta voce» sentì bofonchiare uno dei due.

«Sentivo sbattere le porte. Se rompete pagate, vi avverto.»

«Ok, ok.»

«Posso chiedervi di tornare al vostro tavolo?» continuò la voce, sempre un po' risentita.

L'attimo di silenzio che seguì gelò il cuore a Carlo. Adesso i due avrebbero reagito e avrebbero messo a tacere il nuovo arrivato. Poi avrebbero continuato la ricerca.

«Ma sì, dai, andiamo, Ciro, le ragazze ci aspettano» sentì però dire da uno dei due, quello che non avrebbe voluto aprire i cubicoli.

Il primo tizio grugnì, non soddisfatto, ma Carlo sentì i passi dirigersi verso l'uscita e poi allontanarsi verso la sala.

Si appoggiò alla parete. Sudava e sentiva il cuore martellare nel torace. C'era mancato poco. Ora doveva uscire e cercare di ritornare al tavolo senza far capire da dove stava venendo, avvisare Enrica e convincerla ad andarsene. Era troppo pericoloso. Quei tizi sembravano pronti a tutto. Ma perché?

Aprì con cautela la porta e si ritrovò nel buio di un'anticamera. Di fronte c'era la porta che immetteva nel salone, di lato quella che dava sulle cucine. Esitò un solo istante, poi aprì quella delle cucine. Lo investì una zaffata di vapore caldo e saporoso, di brodo grasso. Nel locale l'attività era frenetica. Persone vestite di bianco si muovevano veloci e un tizio dall'aria incazzosa dava rapidi ordini secchi. In un primo momento nessuno sembrò notarlo. Carlo vide una porta che sembrava dare sul retro del cortile. Mosse qualche passo verso quella direzione, ma una voce alterata lo fermò.

«Ehi, ma che ci fa qui, quello?» tutti i volti si girarono verso di lui.

Una non poteva andare liscia? Una sola.

Fece la faccia da tonto, che gli riusciva così bene, e barcollò un pochino.

«*Oh là là. Je suis un ami, juste un peu... un peu...*»

Vide la tensione allentarsi. Qualcuno ridacchiò. Il tipo che dava gli ordini lo guardava ancora male ma non sembrava più sospettoso, solo seccato.

Carlo ne approfittò per avvicinarsi ulteriormente alla porta. Qualcuno cercò di afferrarlo per il gomito, ma lui riuscì a liberarsi, barcollando ancora di più. Guardava con gli occhi semichiusi, farfugliando e toccandosi la fronte con la mano.

«Ehi, ma portatelo fuori! Questo ci vomita qui» urlò qualcuno. Uno sguattero riuscì ad agguantargli il braccio e lo portò deciso verso la porta che spalancò.

«Vai fuori al fresco che ti schiarisci le idee!» suggerì, ridendo. Carlo uscì borbottando. Sentì che dentro qualcuno era perplesso.

«Voi siete pazzi. È un cliente, se si lamenta sono guai...»

«Ma va', in questo momento non sa neppure chi sia. Lascia che si riprenda, poi lo accompagniamo in salone» sentì dire da qualcun altro.

Continuò a ciondolare, guardandosi intorno. Era nel cortiletto sul retro, per fortuna. Ora doveva solo rientrare, acciuffare Enrica, convincerla a lasciare il locale in fretta e poi raccontarle tutto. Solo? Scosse la testa. Comunque, doveva tentare.

Quando rientrò nell'atrio luminoso il maître lo fissò un po' stupito. Non l'aveva visto uscire. Carlo, però, fece un cenno disinvolto ed entrò deciso nel salone. Enrica stava guardando con aria corrucciata verso il bagno, dove l'aveva visto sparire. A Carlo quasi venne da ridere. Le comparve di fianco all'improvviso, e le mise una mano sulla spalla. Si chinò e le mormorò all'orecchio: «Andiamo, ho parecchie notizie. Fai l'indifferente».

Divertente vedere il lampo a mezzo tra furente e stupito nel suo sguardo! La fanciulla non amava essere condotta a sua insaputa, ma doveva fidarsi. Le strinse ancora la spalla. Enrica si alzò, raccogliendo l'ampia stola di seta e la bustina e lanciò una rapida occhiata al tavolo di fianco. I due uomini erano nuovamente seduti e li guardavano con sguardo sospettoso e torvo. Le ragazze si erano zittite, forse stanche di sostenere una conversazione solo tra loro. Enrica fece un piccolissimo cenno del capo e si voltò per uscire. Fu allora che una delle due ragazze strillò: «Ehi, ma io la conosco. È una della televisione. L'ho vista. Ha fatto un servizio sulle spose bambine di Ragusa!».

A Carlo sembrò di sentire l'urto fisico dello sguardo dei due, puntato su di loro, torvo diffidente e malevolo. Doveva dire qualcosa, distogliere l'attenzione, creare un dubbio…

«*Mais non, ma femme ne parle pas italien*!» disse con tono risentito, guardando fisso le due ragazze, che ridacchiarono e scossero la testa, scusandosi e sbattendo le ciglia.

Lui sorrise, comprensivo. Enrica li guardava come chi assiste a una scenetta pittoresca e incomprensibile, ma si mostrò troppo signora per arrabbiarsi o riderne.

«*Que disent ces dames? Je ne comprends pas*!» disse con spirito, mentre Carlo faticava a mantenersi serio. La adorava. La prese per il braccio e dolcemente la condusse verso l'uscita.

Di fronte c'era un taxi fermo ad aspettarli. Solo dopo qualche minuto, a vettura avviata, si guardarono e scoppiarono a ridere.

«*Ma femme*, eh?» disse Enrica quando riuscì a frenarsi.

«Eh, non fissarti su ogni parola!» disse Carlo sorridendo, «piuttosto, ho un po' di cose da dirti...» Tuttavia non proseguì.

«Be'? Parla allora.»

Carlo scosse il capo, accennando all'autista.

Il taxi si fermò dopo una decina di minuti davanti all'Hotel d'Inghilterra.

Prima di aprire la portiera, Carlo si guardò alle spalle, ma nessuno li aveva seguiti. Sospirò di sollievo.

Era già passata la mezzanotte e l'atrio ampio e luminoso era deserto. Presero le chiavi e si avviarono verso le stanze. Sbarcati con l'ascensore al secondo piano percorsero a passi paralleli il lungo corridoio; la moquette attutiva i loro passi.

«Ecco. sono arrivata» disse Enrica, fermandosi davanti alla stanza 2020.

«E qui la mia.» Carlo accennò a quella di fronte. Calò un silenzio incerto e indeciso.

«Devo... devo raccontarti quello che ho sentito...» riprese Carlo.

«E allora entra, che se non mi tolgo queste scarpe tra pochi secondi urlo» disse Enrica chinandosi e aprendo la porta con la chiave arricchita dal grande pendente di ottone. Carlo esitò solo un attimo, poi la seguì. La stanza era rimasta quasi come un tempo: l'albergo era stato ricavato da un'antica residenza degli inglesi, proprietari del palazzo. I pesanti mobili di legno davano un senso di calore. Il letto era enorme, magari l'avessero avuto lui e Sara. Sara, cazzo.

Tutto gli sembrava così confuso! Ai Martini si erano aggiunte le (poche) sorsate di vino tra un taxi e l'altro, ma il risultato era un annebbiamento che non andava bene.

Enrica buttò sul letto la stola e la borsa, lanciò le scarpe scalciandole in giro per la stanza e si portò le mani ai capelli distruggendo la sofisticata acconciatura a cono. I capelli ricaddero sulle spalle in onde morbide. Poi sedette sul bordo del letto e iniziò a massaggiarsi un piede.

Carlo, in piedi vicino alla porta, la guardava stordito. Mise le mani in tasca, come per ribadire la sua estraneità a quella scena.

«E allora? Vuoi dirmi che ti è successo quando sei andato in bagno?» gli domandò lei.

«Quei due...» iniziò Carlo, e poi le raccontò tutto minuziosamente, sentendo risalire il senso di panico provato in quel frangente.

Enrica lo ascoltava senza interromperlo.

«Interessante. E quindi c'è qualcosa dietro allo scandalo delle banane. Qualcosa di grosso. E parlavano di un "lui". Chissà a chi si riferivano...»

«Parlavano di terreni in Somalia. Pare sia questo uno degli approfondimenti di Santucci che non sono graditi...» aggiunse Carlo, stringendosi nelle spalle.

Enrica si alzò in piedi di scatto e si mise a camminare per la stanza parlando ad alta voce e girandosi i riccioli con le dita. Quante volte l'aveva vista fare così! Si concentrava, diceva lei, camminando e torturandosi i capelli.

«Mi credi, Carlo? Questa storia dell'asta truccata mi è sempre sembrata strana. Dico: vuoi truccare una gara? Sai il risultato, ma cerchi di camuffarlo. Magari scrivi un valore che si avvicina... ma qui il valore era esatto al centesimo. Impossibile che sia un caso. Il messaggio è: io so cosa c'era scritto nella busta.»

«Hai ragione. Ed è anche quello che ha detto Santucci. Vedremo cosa ci deve mostrare domani...» disse Carlo.

«Dobbiamo aspettare e, a nostra volta, gli racconteremo cosa abbiamo sentito stasera e chi erano i due individui.»

L'ultimo giro di stanza l'aveva condotta proprio davanti a lui. Senza tacchi gli arrivava al petto. Alzò gli occhi e incontrò i suoi. Lo sguardo era concentrato, ma a un tratto sembrò distendersi.

«Insomma, mio caro, per stasera abbiamo poco da fare... almeno su quel fronte» gli disse maliziosa.

Carlo di nuovo avvertì il suo profumo che sapeva di agrumi... conosciuto e stordente.

«Stai bene con lo smoking, ma ora puoi anche rilassarti, togliti almeno il papillon. Ti aiuto...» Enrica gli sfiorò il petto, ma Carlo si ritrasse di scatto.

«Ehi, che reazione. Brucio?»

«Sì» le rispose in un soffio.

Enrica lo guardò, seria.

«Scusa, Carlo, non volevo... so che tu adesso hai un'altra. Forse ho dato per scontate troppe cose... mi spiace. Vai, se devi andare. Ci vediamo domani.» Smise di toccarlo. Carlo fece un passo indietro, verso la porta. Sarebbe andato, era giusto così.

«Buonanotte allora... io... scusami» disse, senza sapere perché e poi...

Se la ritrovò tra le braccia.

Strinse forte. Era calda, fresca, sconosciuta, nota. Affondò il volto nel suo collo. Aveva un profumo salato, un sapore di fiori, la pelle setosa, la bocca umida e tiepida.

I loro corpi si riconoscevano o forse si scoprivano, nostalgici e stupiti. Si costrinse a fermarsi, le prese il viso con le mani, lo girò verso il suo, la guardò negli occhi.

«Carlo» disse lei, piano pianissimo, senza nessuna intonazione.

«Enrica» disse lui con lo stesso tono.

Avvertiva una fervida smania da placare, mai provata così intensamente. Fece scorrere il braccio lungo le gambe di lei e trovato l'incavo delle ginocchia le piegò e la prese in braccio. Pochi passi verso il letto e si lasciò cadere, trascinandola con sé. Le posò le labbra sulla gola, fermandosi su una vena che pulsava a ritmo accelerato.

Fece cadere le spalline del vestito e trovò il reggiseno, piccolo come il seno. Prese i capezzoli tra le mani ed Enrica si abbandonò alle sue carezze.

Dalla finestra aperta entrava l'alito fresco di Roma, un vento che soffiava sulla loro pelle. Enrica teneva gli occhi chiusi e i suoi riccioli rossi si aprivano sul bianco del lenzuolo come un fiore. Alzò gli occhi su di lui.

«Perché mi guardi? Sai che non mi piace.»

«Ah, è per questo che a casa giravi sempre in mutandine! Solo quando siamo nudi, con te, non mi sento un pirla.»

«Peccato che tu sia ancora vestito...»

Sentì con un brivido le piccole dita infilarsi sotto la camicia e i capezzoli di lei che sfioravano il suo torace. Le mani di Carlo scesero, accarezzandola. Trovò il morbido ventre che conosceva bene sotto il vestito e fece scivolare via la seta nera. Le loro labbra si toccarono per schiudersi mentre i loro corpi si cercavano, si cercavano e...

Si trovarono.

Poi rimase forte, persistente, intenso, il profumo di limone.

13

Morti e notizie a Roma

sabato 21 settembre 1963, ore 5
Roma, Hotel d'Inghilterra

Carlo fu svegliato da un ronzio basso e fastidioso, probabilmente proveniente da un impianto che si era messo in funzione. Aprì gli occhi e fissò le strisce di luce lattiginosa che entravano dalle tapparelle rade. Rimase per qualche istante interdetto, senza sapere dove fosse, e in quel breve tempo lo pervase un senso di completa felicità.

Poi si scosse. Il sordo ronzio che lo aveva svegliato proveniva dall'orologio con le lancette fosforescenti appeso alla parete. Erano le cinque ed Enrica era vicino a lui. Dormiva profondamente, a pancia in giù, con una spalla nuda che usciva dal lenzuolo. I capelli rossi sparpagliati sulla schiena e sul cuscino.

Sentì una stretta allo stomaco ricordando quello che era successo la sera prima.

Oh, cazzo!

Nella mente gli comparve il volto di Sara, allegro, ignaro. Sentì la sua voce nell'ultima telefonata, mentre gli augurava buone vacanze romane!

Si alzò velocemente. Cercando di non fare rumore si mosse per la stanza, raccogliendo i suoi vestiti sparsi ovunque. Non trovava le mutande, ma non gli sembrò il caso di rovistare nel letto. Fece un fagotto della sua roba, smoking incluso, che si ficcò sotto il braccio. Recuperò nella tasca dei pantaloni la chiave della sua stanza e poi, così com'era, nudo, andò in punta di piedi verso la porta. Solo un metro lo divideva dalla sua stanza, dove avrebbe passato qualche ora nel suo lettino innocente. In questo modo s'illudeva che fosse possibile annullare, forse negare, la notte trascorsa con Enrica. Si vergognò del pensiero e del mezzuccio. Prima o poi avrebbe dovuto chiamare Sara. Cosa le avrebbe detto? Deglutì. Ci avrebbe pensato al momento...

Aprì pian piano la porta e sporse la testa... nessuno in giro, meno male.

Uscì nel corridoio, affondando con i piedi nudi nella moquette color champagne. Chiuse con cautela la porta della stanza 2020 e poi si girò verso la sua con la chiave stretta in pugno. Mentre si chinava per infilarla nella toppa sentì un rumore provenire dal corridoio. Un senso di panico lo assalì. Si girò e rimase fermo con gli occhi spalancati, come un coniglio abbacinato dai fari di un'auto. Nel corridoio apparve un carrello per le pulizie, spinto da una signora non giovanissima e grassa, dall'aria assonnata, che alzò gli occhi e intercettò i suoi. Rimasero entrambi fermi a fissarsi. Carlo si coprì pudicamente con il fagotto dei vestiti. L'assurdità dell'incontro lo colpì: l'inserviente assonnata e l'uomo nudo davanti alla porta. Gli sfuggì un risolino quasi isterico. Anche la donna storse la bocca, cercando di trattenere una risata. Poi entrambi chinarono il capo e si ignorarono. La donna svoltò a sinistra nell'altro corridoio e Carlo riuscì ad aprire la porta della sua stanza.

Che notte!

Appena rientrato lo prese un'incontenibile ansia di sistemazione, di ordine. Aprì la valigia e ne tolse il pigiama, intonso. Andò in bagno e si lavò accuratamente, evitando di guardarsi allo specchio. Indossò il pigiama, poi piegò gli abiti facendone una pigna sulla poltrona, scostò le coperte dal letto e si infilò tra le lenzuola, rimanendo in attesa. Di che? Del sonno, della luce del giorno, della telefonata di Sara?

Brutta bestia, il senso di colpa!

Le lancette dell'orologio sul comodino avanzavano. Il giorno arrivava... il rimorso cresceva.

Si assopì a fatica.

Fu svegliato bruscamente dal rumore della porta che veniva aperta con violenza. Balzò a sedere sul letto e vide Enrica in mezzo alla stanza che lo guardava con occhi spiritati. I capelli come serpentelli impazziti puntavano in tutte le direzioni. Indossava un accappatoio di spugna bianco stretto in vita da una cintura.

«Carlo» disse con voce alterata.

«Enrica... io credo che abbiamo sbagliato ieri, e tu sai che io non... scusami se me ne sono andato così, ma tu ora non dovresti... vediamoci giù e parliamo...eh?»

Enrica si avvicinò al letto con aria quasi minacciosa. Carlo istintivamente ritirò la testa tra le spalle e la coperta sul corpo. Ma che diavolo...

«Santucci è morto» disse con voce innaturale Enrica.

«Cosa?! Ma che dici?»

«Hanno dato la notizia poco fa alla radio. Un incidente. Sembra abbia perso il controllo dell'auto, che si è cappottata. Era già morto quando lo hanno estratto» seguitò Enrica, sgomenta.

«Carlo, lo hanno fatto fuori! In che cazzo di storia ci siamo infilati?» La voce aveva una nota stridula.

Carlo balzò dal letto e la prese per le spalle.

«Stai calma. Stai calma. Sei sicura? Raccontami bene.»

«Mi sono svegliata presto stamane e tu non c'eri, ma me l'aspettavo. Volevo fare una doccia e mentre mi preparavo ho acceso la radio. C'era il notiziario delle sette e parlavano di questo grave incidente...»

«Dove è successo?» chiese Carlo.

«Non ho capito... forse verso la Laurentina. All'inizio non hanno detto il nome, ma ho capito che doveva essere qualcuno di importante. Il cronista era troppo concitato. E poi hanno parlato di Santucci, specificando che si occupava del caso delle banane e allora...»

«Ma la dinamica dell'incidente? Era solo?»

Enrica annuì. «Solo. Andava veloce e ha perso il controllo dell'auto, di notte. È finito contro la barriera e poi è uscito di strada. Tu lo conoscevi bene, questo Santucci?»

«Me l'aveva presentato Everardo... non lo conoscevo bene.»

«Che facciamo?» domandò Enrica.

«Dovremmo dirlo alla polizia...» disse Carlo, pur senza convinzione.

«La polizia ci taglierebbe fuori. E noi non sapremmo niente.»

«Sei più preoccupata di non avere le notizie che della tua sicurezza?» le chiese Carlo stupito.

«Tu no?» rispose di rimando lei, «Santucci doveva passare qui oggi e portarci qualcosa. Ti ricordi?»

«Già. Sembrava una cosa importante.»

Enrica iniziò a camminare per la stanza torcendosi i capelli. Carlo, nonostante la tensione, non poté fare a meno di notare che l'accappatoio si scostava, rivelando la pelle bianca del suo corpo nudo. Ricordò la notte appena trascorsa e sentì una fitta di desiderio mista al rimorso.

«Dobbiamo recuperare quello che Santucci doveva darci. Forse ci aiuterebbe a capire anche il motivo della sua morte...»

Si era fermata davanti a lui e lo guardava con gli occhi ancora arrossati.

Carlo rifletté. Enrica aveva ragione, Ma lui era confuso, desiderava Enrica e pensava a Sara e poi... c'era il lavoro, Baldori da accontentare, la sua autostima da recuperare... Insomma, che fare? Che dire?

Girò le spalle a Enrica e si infilò in bagno.

«Come al solito ti nascondi?» gli urlò dietro Enrica.

«Sì, mi nascondo, per quanto possa sembrarti strano non vorrei pisciare davanti a te.» La sua voce era stranamente ferma, anzi incazzata.

C'erano dei bastardi in giro che ammazzavano la gente per soldi... E magari anche peggio! Fascisti che non si rassegnavano, comunisti che volevano la rivoluzione... per non parlare degli infami mascherati insediati nello Stato. Cosa voleva rivelare o mostrare Santucci? Chi lo aveva ucciso? E chi era quel *lui* di cui parlavano i due uomini al ristorante? A queste domande servivano risposte e se le trovavano loro, prima della polizia, era meglio. Era meglio per tutti, anche per quel poveretto di Bel Paese, popolato di fantasmi.

«Come possiamo scoprire il segreto di Santucci?» chiese a Enrica che continuava a torturarsi i capelli, simili a serpentelli rossi che si arrotolavano sul dito.

«Allora? Sei tu la comandante in capo, che si fa?» Carlo si meravigliò ancora una volta del suo cipiglio.

«Everardo» rispose lei. «Ti ricordi? Santucci ha detto di averlo sentito di recente. Forse lui sa qualcosa.»

A Carlo spiaceva che lei parlasse di Everardo. Non si toglieva dalla mente l'immagine di loro due che facevano l'amore. Aveva scoperto la loro relazione quando ormai era finita anche la sua con Enrica, eppure gli bruciava. Perché? Non riusciva a capirlo. Tuttavia, doveva riconoscere che Enrica ci aveva preso. Everardo era un uomo a suo modo potente con tanti agganci e un alone di mistero intorno. Era probabile che avesse raccolto le confidenze di Santucci.

«E come lo recuperiamo?»

«So io come» disse Enrica, arrossendo leggermente, «ho un numero di emergenza, collegato con la sua scorta. Se lo chiamo su quello mi richiama. A volte nel giro di un quarto d'ora.»

«A me non l'ha mai dato, nemmeno quando a maggio stavamo cercando di sfuggire a Raminghi e ai suoi. È vero che non ho le tue tette...» disse Carlo, pungente.

«Non ho capito. Sei geloso di me o di lui?» chiese Enrica con un mezzo sorriso, ma poi si avvicinò e lo accarezzò delicatamente su una guancia. «Su, Carlo, smettila. Abbiamo altro a cui pensare. E poi... il passato è passato, no? E il presente, se non lo hai ancora capito, è rognoso. Sarà meglio non perdere tempo in stupidaggini.»

Carlo alla carezza si era ritratto, ma doveva ammettere che lei non aveva torto.

«E va bene. Chiamalo. Io ti aspetto qui, anch'io devo fare una telefonata» disse, distogliendo lo sguardo. In fondo: perché se la prendeva con Enrica se l'aveva tradito con Everardo? Lui non era migliore, visto quello che stava facendo a Sara.

Appena Enrica fu uscita prese la cornetta del telefono grigio posato sul comodino e diede alla reception il numero di Sara.

Gli rispose al secondo squillo.

«Carlo! Che sta succedendo?» domandò con apprensione.

Carlo per un attimo pensò che Sara sapesse già tutto di lui ed Enrica.

«Perché dici così?» chiese stupidamente.

«Ho sentito alla radio dell'incidente nel quale è rimasto ucciso il magistrato che hai incontrato ieri e che avresti dovuto rivedere oggi. Non credo sia una coincidenza!»

Carlo si sentì una merda. Certo, le aveva detto che avrebbe incontrato Santucci e Sara non scordava mai nulla. Non per niente era stata la moglie di un poliziotto. A dire il vero, tecnicamente, era ancora la moglie di un poliziotto, perché Gianni Cerri non era morto...

«Non so, Sara, sono sconvolto anch'io. L'avevo visto ieri...» Di colpo, però, gli venne in mente che il telefono dell'albergo non era il mezzo più sicuro. Chiunque avrebbe potuto ascoltare da una derivazione. Cambiò discorso. «Tu come stai?»

Per fortuna Sara mangiò la foglia e non cercò di tornare sul discorso.

«Bene, io sto bene. Ma tu quando torni?»

«Presto, amore. Torno presto.»

«Lascia che continui il lavoro Sarpenti.»

«Chi?»

«Non sei a Roma con Sarpenti? Dico, lascia che continui lui. Tu torna indietro. Sei già abbastanza esposto per l'altra storia.»

Che pirla era stato a dire quella bugia! Lei non dimenticava nulla, soprattutto un nome. Era lui che dimenticava tutto, soprattutto i nomi. Pirla, pirla, dieci volte pirla.

«Ah, certo, Sarpenti! Non posso mollarlo così. Abbi pazienza, tesoro mio, torno presto.»

«Mi raccomando, che a metterti nei guai sei il numero uno.»

«Non preoccuparti per me. Torno presto. Ti amo.»

«Sembri un telegramma» rise lei.

Carlo riattaccò lentamente. L'aveva già pensato che era una merda? Sì, gli sembrava di sì.

In quel momento la porta si spalancò e rientrò Enrica. Si era rivestita e aveva raccolto i capelli in una coda frettolosa. Aveva con sé la borsa e la giacca e sembrava pronta per scendere.

«Everardo ci raggiunge a Roma» disse tutto d'un fiato.

«Ah. E come?»

«Non so. Dice che può essere qui in poche ore. Dobbiamo aspettarlo. Non mi ha detto molto, ma ha fatto capire che sa qualcosa. Suggerisce di stare attenti.»

«Ma che premuroso!» disse in tono sarcastico Carlo.

«Possiamo scendere a far colazione e poi aspettarlo nella hall» propose Enrica.

«Non possiamo aspettarlo qui. Ci hanno visti ieri in piazza Navona con Santucci. Quel cameriere impiccione e quei due con la Taunus mi puzzavano. E tu sei troppo riconoscibile, con quella zazzera rossa.»

«Ehi! È il mio colore. Dovrei tingermi?»

«Sì, se vuoi fare l'investigatrice. Comunque, qui siamo facilmente rintracciabili. Dobbiamo andarcene, e di nascosto.»

«Mah, mi sembra che tu esageri, ma come vuoi... Dove andiamo?»

«Mettiamo il cartello NON DISTURBARE alle porte delle nostre stanze, usciamo dalla porta sul retro, che dà sulle cucine. Ci portiamo la chiave con noi, così alla reception penseranno che siamo ancora in camera e poi andiamo in qualche bettola a Trastevere a bere vinaccio, aspettando il salvatore della patria.»

«Vinaccio? Carlo, sono le sette del mattino. E poi a Everardo ho dato appuntamento qui.»

«Berremo caffè, allora. Lo chiamerai col solito metodo per dirgli dove ci troviamo. Ma andiamo, ho una brutta sensazione.»

In quel momento il telefono sul comodino iniziò a squillare. Si guardarono in faccia.

«Non rispondere» disse Enrica.

«Certo che no» disse Carlo, «presto, andiamo via!»

Uscirono di soppiatto, per fortuna senza incontrare nessuno. A metà del corridoio si apriva la porta che dava sulla scala antincendio. Carlo fece cenno a Enrica di seguirlo in silenzio e imboccarono la stretta scala di metallo. La scala portava al retro dell'albergo, un luogo calmo in quel momento: i bidoni della spazzatura erano già stati portati fuori, ma ancora non c'erano i camion dei fornitori. In mezzo al cortiletto solo un gatto di incerto colore si leccava il pelo arruffato. Li guardò passare senza curiosità.

14

Somalia

sabato 21 settembre 1963, ore 5
Somalia

L'uomo camminava a passo lento per le vie della città, godendo il fresco dell'autunno italiano. Un sole tiepido e luminoso rischiarava le strade ingentilendo i colori. Era bello muoversi in mezzo alla folla anonima, guardare le belle ragazze vivaci vestite alla moda. Tutti sembravano allegri e felici. E perché no? pensò l'uomo. La guerra era finita e il Paese viveva un'era di prosperità e ricchezza. Bastava poco, in quella nuova Italia, per fare soldi. Chiunque fosse stato intraprendente avrebbe goduto di quella promessa di benessere.

Anche lui. Soprattutto lui.

Si passò una mano sul volto, sulla pelle bruciata dal sole. Rammentava soprattutto il sole, opprimente e feroce, ma anche la luce impietosa e la polvere. Era contento di essere tornato.

La folla rideva e si muoveva in un brusio indistinto che lo faceva sentire protetto.

«Assassino!»

Sentendo quell'urlo improvviso l'uomo si voltò impaurito, col cuore in gola.

Una donna, che indossava una gonnella grigia malconcia, un pullover sformato e scarpe da uomo lo guardava, puntandogli contro il dito.

«Assassino» ripeté.

La gente si fermava e lo guardava incuriosita.

«Sì, assassino» rincarò un'altra voce. Proveniva da un ragazzo che portava una camicia lacera e sporca di sangue e un paio di pantaloni tenuti in vita da una corda. Gli puntava il dito contro e ripeteva: «Assassino».

L'uomo si trovò accerchiato dalla folla che lo fissava. Fece una smorfia, allargando le braccia e scuotendo la testa.

Il brusio cresceva.

«Assassino.» Ancora. Più forte. Una donna, con due bambini per mano, vestiti con abiti antiquati, sporchi e sgualciti. La donna aveva le gambe insanguinate e gli puntava contro la mano nodosa e sporca, come un artiglio.

«Assassino!» questa volta era un urlo.

L'uomo si fermò. La folla lo circondava. Quello che prima era un muro caldo e confortante di anonimi volti divenne una barriera ostile. Lo guardavano con ferocia. Il brusio lasciava sempre più il posto a un grido distinguibile e corale:

«Assassino!» «Assassino!»

Una mano arpionò il suo braccio con una stretta forte e dolorosa. Un'altra mano gli afferrò i capelli. Si divincolò con forza. «Lasciatemi, lasciatemi, maledetti, lasciatemi» urlò, ma non riusciva a liberarsi.

Altre mani lo stringevano, lo tiravano, lo strattonavano. Tante mani, tantissime.

Il grido continuava: «Assassino! Assassino!».

La folla lo sovrastava, lo avvolgeva, gli toglieva l'aria. Si sentiva soffocare. E le mani lo straziavano...

Tentò di urlare, ma nessun suono usciva dalla sua gola...

L'uomo si alzò di scatto a sedere. Il cuore batteva in modo forsennato. Stentò a capire dove fosse. Poi vide la zanzariera che circondava il letto.

Era ancora lì. Non era partito.

Era un sogno. Solo un sogno. Provò sollievo, ma anche una profonda delusione.

Dalla finestrella senza vetri cominciava a filtrare una debole luce, ma il caldo era già opprimente. Tempo ideale solo per le banane e i negri, pensò l'uomo, scontento. Sul soffitto si muovevano pigramente le pale di un grosso ventilatore che mescolavano l'aria calda senza portare nessun refrigerio.

L'uomo indossava solo calzoncini di tela larghi e sbiaditi. Il sudore gli colava sulla fronte e sui peli bianchi del petto. Guardò il polso dove rilucevano le lancette fosforescenti di un orologio quadrato dalla foggia moderna. Non gli piacevano gli orologi quadrati e non gli piacevano quei negri che gli giravano attorno. Non gli piaceva quel caldo. Non gli piaceva quella rozzezza cui ci si riduceva a quelle temperature, lui era abituato ad avere un attendente che gli stirava le mutande e i calzini e che gli metteva i reggicalze sul comodino.

Non gli piaceva che fossero le sei: iniziava un altro giorno monotono e opprimente come tutti gli altri. Buttò le gambe di lato e fece per alzarsi. Non era tanto alto, ma era massiccio. Da giovane era stato vigoroso, adesso si sentiva appesantito.

Si toccò il volto. La voglia che lo deturpava al mattino si irrigidiva e gli tirava un poco la pelle. Era colpa del clima orribile, pensò. Doveva farla togliere. C'erano bravi chirurghi plastici e gli avevano assicurato che avrebbero potuto operarlo. Era lì in quel posto dimenticato da Dio che non poteva fare nulla, nemmeno andarsene. Non ancora. Digrignò i denti.

«Yusuf! Yusuf!» chiamò.

Quasi immediatamente udì uno scalpiccio di piedi nudi e di fianco al letto comparve un uomo di colore, vestito con una corta camiciola e un telo bianco drappeggiato sui fianchi.

«Sono qui, signore» disse l'attendente fermandosi a poca distanza dal letto e chinando la testa con aria di sottomessa attesa.

«Voglio lavarmi. Preparami l'acqua. E la colazione. Anzi no. Portami l'acqua e i vestiti e fammi preparare la macchina. Andiamo all'ufficio postale.»

«Sì, signore» disse Yusuf correndo via.

L'uomo rimase da solo. Si sentiva ancora immerso nell'angoscia del sogno. Rabbrividì e scosse le spalle. Si avvicinò a un basso tavolino di legno sul quale era posata una bottiglia di vetro colma di liquido trasparente e di fianco un bicchiere. Si versò una dose generosa e la scolò d'un fiato. Il liquido gli scorse bruciante in gola e nello stomaco. Era davvero troppo presto per iniziare a bere. Tra poco la sua ulcera si sarebbe fatta sentire. Tuttavia, dopo qualche secondo, gli sembrò che la cappa di oppressione si allentasse un poco.

Yusuf tornò portando sulle braccia i vestiti piegati. Lo seguiva una giovane donna di colore drappeggiata in un futi colorato. Sul capo la donna portava un secchio colmo d'acqua. Lo appoggiò su uno sgabello al centro della stanza e poi porse all'uomo un telo di stoffa e un pezzo di sapone. L'uomo si lavò, passandosi il sapone sul torace imbolsito. Alzando gli occhi vide che la donna lo fissava e si irritò.

«Cosa guardi, caprona? Caprona sei, un animale da cortile.»

Lei non disse nulla e scosse la testa allargando le mani, non capiva.

L'uomo alzò gli occhi al cielo. Non sopportava più nulla di quel maledetto posto. Odiava i grossi calabroni ronzanti e i gechi che ti ritrovavi abbarbicati sulle tele delle zanzariere. E quelle donne scure e torve, senza grazia. E i loro uomini fintamente ossequiosi. Si girò e scorse un lampo d'odio negli occhi di Yusuf.

Con un gesto esasperato e violento diede una manata al secchio, che si rovesciò sul pavimento di terra battuta.

«Maledetti» sibilò ancora tra sé. I due servitori si affrettarono silenziosamente a ripulire il danno. L'uomo indossò una camicia cachi e un paio di pantaloni al ginocchio, un paio di calze lunghe e scarpe di cuoio chiaro. In testa mise un largo cappello beige scovato in uno dei pochi negozi di Mogadiscio che valeva la pena frequentare.

Quando il sole si era completamente alzato uscì sulla veranda e si accese una sigaretta, in attesa della macchina.

Quel maledetto posto così vicino all'equatore non aveva vie di mezzo, il giorno passava dalla luce al buio in pochissimo tempo. L'imbrunire, l'alba, non esistevano.

Davanti alla grande casa scorreva la strada polverosa che si snodava nella piantagione di banane, già brulicante di vita. Era meglio sfruttare le prime ore del mattino per i lavori più faticosi, vale a dire il trasporto dei grandi caschi verso i magazzini, dove si sarebbero separate le «mani», i grappoli consueti di quattro o cinque banane che poi sarebbero state lavate e disinfettate e poste nelle ceste pronte per la spedizione.

Il lavoro più duro consisteva nel taglio degli immensi caschi, ciascuno del peso di quaranta-cinquanta chili, e il loro trasporto nel magazzino. I trasportatori, uomini e donne, con il cercine sul capo o la fascia che cingeva la fronte per trattenere i caschi in posa sulla schiena, si davano da fare, incitati dai capisquadra.

L'uomo, accigliato, osservava l'attività. Voleva fuggire da quel Paese ostile, soffocante e brulicante. Sognava il fresco di un bosco di larici, di una fontana. Sognava di sedere al tavolino di un bar con una bella signora elegante, vestita all'ultima moda, con la quale sorseggiare un cocktail ridendo di qualcosa.

Un rombo lo distrasse. Davanti alla veranda si fermò la piccola jeep con la parte posteriore coperta da un telone polveroso. Alla guida un ragazzo di colore più giovane di Yusuf. L'uomo buttò a terra il mozzicone di sigaretta. Era un gesto pericoloso: lontano dalla stagione delle piogge la terra era arida e secca e bastava poco per provocare un incendio, ma lui non se ne curò.

Salì di fianco al guidatore, si aggrappò alla maniglia che pendeva dal tettuccio e ordinò: «Vai all'ufficio postale».

La jeep partì, sollevando una nuvola di polvere. L'uomo fissava il paesaggio che scorreva davanti a lui. Sussultava ai sobbalzi della strada irregolare e piena di buche. I lunghi filari di banani, dai tronchi simili a fogli accartocciati, si susseguivano per poi interrompersi in un punto in cui la strada di terra separava due nulla quasi identici, fatti di savana sabbiosa. Variavano il paesaggio solo sparuti cespugli e pochi, storti alberucoli di acacia dai quali pendevano i nidi degli uccelli tessitori dalla forma di alambicco.

Di tanto in tanto un fetore di morte saliva dalle carcasse di mucca o di capra abbandonate, sopra le quali si agitavano avvoltoi e marabù intenti a spolparle.

«Chi puzza così? Un tuo parente forse?» domandò, rabbioso, rivolgendosi all'autista.

Il ragazzo non rispose e quel silenzio aumentò la sua furia. Codardi! Solo cani da sottomettere.

Il piccolo agglomerato urbano comparve all'improvviso. La strada principale si incuneava in un filare di case bianche e tozze intervallate da bottegucce oscure, sartorie o bar per lo più, angusti locali con una sola porta e senza finestre, riconoscibili solo per le insegne di latta dalle scritte poco comprensibili, tipo «gioco di bibitto».

Gli avevano spiegato che lì spopolava un gioco simile al domino in cui si vincevano solo bibite.

Stupidaggini che prosperavano in un Paese stupido.

«Fermati all'ufficio postale» ordinò.

Il ragazzo, abituato alle sue urla e al suo odore di alcol, si fermò bruscamente davanti a una bassa costruzione per nulla diversa dalle altre.

La piccola insegna descriveva la funzione del locale, ma la porta era ancora chiusa. Era troppo presto. L'uomo smontò dalla jeep imprecando e si infilò nel bar. Dietro a un bancone in fondo al locale un nero dormicchiava. Un vassoio, pieno di *sambusi* unti era pronto per la colazione. Vedendo quelle frittelle triangolari di carne di cammello l'uomo sentì montare la nausea.

Sedette a un tavolino sgangherato e ordinò del gin. Era l'unica bevanda alcolica che si trovasse a parte i loro intrugli imbevibili. Osservò con disgusto l'avventore seduto al tavolo a fianco, un grasso meticcio vestito all'europea che si stava abbuffando di *sambusi* accompagnate da *chai*.

Il cameriere nero, che portava l'abito tradizionale, un telo passato tra le gambe e lasciato poi ricadere dalla spalla come una tunica romana, si stava destreggiando tra i tavolini sbilenchi con vassoio, bottiglia e bicchiere.

«Buongiorno, signor Mariani» disse ossequioso, piegandosi e poggiando il vassoio sul tavolino.

L'uomo non lo degnò di una risposta. Prese dalla tasca dei pantaloni un fazzoletto il cui candore appariva decisamente fuori luogo. Con quello ripassò con cura il bicchiere. Il suo fazzoletto profumava di melograno, come i suoi abiti; così aveva istruito il suo servitore: ogni indumento doveva essere impregnato di quella essenza.

Si versò il gin dalla bottiglia, una delle poche cose che quelle merde degli inglesi erano riuscite a far bene, e lo sorseggiò a occhi socchiusi.

Conosceva a memoria quello che accadeva fuori: bambini nudi e sporchi si rincorrevano urlando, galline e polli striminziti razzolavano tra il raro passaggio di sgangherati veicoli che, tossicchianti, percorrevano la strada polverosa. Le donne con le alte ceste in testa si dirigevano al fiume. Gli uomini camminavano, stringendo i bastoni o sgranando la corta corona del loro bracciale di preghiera.

Un movimento lo scosse dal torpore che pian piano lo stava avvolgendo. La porta dell'ufficio postale si era aperta con uno scatto.

Frugò nella tasca, scelse con cura una sporca banconota da lasciare sul tavolo e poi lentamente si alzò.

Qualsiasi attività non meritava fretta, in quel mondo lento e immoto.

Attraversò la strada ed entrò nell'edificio dalle pareti scrostate. L'ufficio postale era contenuto in un angusto vano imbiancato a calce, col pavimento di cemento, che un tramezzo di legno separava dal locale contiguo.

Due vecchie scrivanie di legno, una macchina da scrivere arrugginita e un armadio corroso dalle termiti e traboccante di scartoffie disordinate costituivano tutto l'arredamento. Chissà chi aveva ordinato da Roma che tutti gli uffici postali del loro impero… impero! Che coglioni! … dovessero avere delle scrivanie e una macchina da scrivere.

Un uomo bianco e magro, che indossava una divisa formata da una stinta camicia azzurra e un paio di pantaloncini grigi, apriva i pacchi della corrispondenza probabilmente arrivati il giorno precedente e non ancora smistati.

Senza fretta, appunto.

«Oh buongiorno, signor Mariani. Che piacere vederla qui» gli disse l'impiegato non appena lo vide entrare. «Sa, non ci sono molti con i quali chiacchierare da queste parti» disse in un italiano corretto, ma dal chiaro accento nordico.

«Buongiorno, Kurt. Eh, cosa vuole... Siamo lontani da casa. Ma io, finito il mio lavoro qui, prima o poi tornerò. Lei mi pare che invece si trovi bene. Dicono che sia già al quarto figlio o alla quarta moglie, non ricordo bene» disse Mariani, ammiccando.

«Sempre spiritoso lei...»

«Piuttosto, aspettavo una comunicazione dall'Italia, per caso è arrivato qualcosa?»

«Controllo subito, signor Mariani.» Kurt si voltò solerte verso i pacchi e controllò a lungo nelle pile di carte.

«No, nulla» disse poi, girandosi dispiaciuto.

Maledizione! Mariani represse a stento un moto di rabbia. Nulla. Era abbandonato in quel limbo selvaggio.

Strinse i pugni e fece per uscire, quando il ticchettio della telescrivente lo fermò. L'addetto aspettò che il messaggio fosse completato, poi strappò la carta.

«È per lei, signor Mariani» disse, porgendogli il foglio con un sorriso.

Il foglio azzurrino e sbiadito rivelava poche righe scritte. Mariani le lesse quasi senza respirare.

«Pericolo sventato. L'occhio è stato chiuso. Il progetto prosegue, dettagli a breve.»

«Sì!» esultò tra sé Mariani, poi accartocciò tra le mani il foglio. «Sì!» ripeté.

Proseguiva. Il progetto. La sua liberazione.

Una mosca gli ronzò sopra la testa. Repentino mosse la mano e la prese al volo.

Tutto era lento in quel maledetto Paese. Anche le mosche.

15

Intanto Sara a Milano

sabato 21 settembre 1963, ore 8
Milano, Borg de Scigulatt

Sara rimase con la cornetta del telefono in mano, ascoltando distrattamente il *tu-tu* della linea. Mah, dire che Carlo sembrava strano era poco. Appoggiò con cura il ricevitore sulla forcella. Lei e Carlo erano gli unici, sul ballatoio, ad avere il telefono, così come erano gli unici ad avere il bagno in casa, il televisore e la lavatrice. Lei aveva voluto tutto, visto che se lo potevano permettere.

Certo, questo determinava il viavai dei vicini, che chiedevano il piacere di usare il telefono o la lavatrice, di guardare *Canzonissima*, *Gran Premio*, con la speranza che un biglietto della lotteria fosse vincente...

A Sara non dispiaceva, aveva l'istinto di condividere e l'ansia di crescita che provava lei stessa avrebbe voluto fosse diffusa a tutti. Era necessario studiare, capire, evolversi per non essere più oppressi da nulla, né dagli usurpatori né dalla povertà. Era Carlo, stranamente, a essere più restio. Talvolta si scocciava quando, tornando a casa, la trovava piena di gente. «Voglio stare da solo con te» le diceva, immusonito. E lei gli rispondeva a bassa voce: «Abbiamo tutta la notte per noi», accompagnando le parole con un sorriso carico di promesse.

Sara provò una fitta di nostalgia. Le mancava, Carlo, e temeva per lui. In quale altro guaio si era andato a cacciare? La storia delle banane non le era sembrata pericolosa, inizialmente. Il processo era fissato per novembre e c'erano moltissimi indagati: gli importatori accusati di corruzione che sapevano in anticipo le cifre dell'asta e i funzionari che le avevano svelate. Quell'avvocato, Avvisati e il suo tirapiedi, Lanza e l'altro, il ragionier Russi.

Una storia già scritta, sulla quale restava solo da ricamare, per svelare gli scandali agli italiani.

Era talmente chiara, quella vicenda, che si era stupita nell'apprendere che Carlo dovesse andare a Roma per raccogliere maggiori dettagli, ma non era sua abitudine mettere in discussione le strategie del giornale, né chiedere spiegazioni. Ne avrebbe dovute dare tante anche lei, altrimenti.

Ora, però, con la morte di Santucci, la faccenda si complicava. Era rimasta di sale sentendo la notizia alla radio.

Aveva affannosamente cercato di saperne di più. Un incidente, dicevano, e nessuno sembrava dubitarne. Di incidenti, però, ne accadevano parecchi in quegli anni. Un incidente Enrico Mattei, il capo dell'Eni caduto con un aereo a Bascapè. Un incidente stradale, morto Mario Tchou che stava portando l'Olivetti a battere gli americani…

Sara non credeva alle coincidenze. Era stata addestrata a non crederci.

Avrebbe voluto chiamare subito Carlo, ma non si ricordava in quale albergo fosse. Accidenti, perché non l'aveva scritto? Ma poi… gliel'aveva detto? Pensandoci bene, le sembrava di no.

Bastava chiamare in redazione e farselo dire, ma proprio mentre stava mettendo in atto questo proposito il telefono era squillato. Era lui.

Era ansioso, teso e non voleva parlare per telefono dell'accaduto, aumentando la sua apprensione. Allora c'era davvero qualcosa di anomalo...

Ora non sapeva come comportarsi. Si mise a gironzolare per la stanza, senza riuscire a calmarsi. Forse non avrebbe potuto comunque fare nulla, ma almeno sapere... Le venne in mente di chiamare il commissario Pennisi, ma poi pensò che non avrebbe parlato con lei, soprattutto in quelle concitate fasi iniziali. E non era giusto metterlo in condizioni di doverle mentire. Lei e il commissario si rispettavano e condividevano un grande segreto, la sorte di suo marito Gianni Cerri. Non doveva abusare della confidenza e dell'amicizia che il commissario le aveva riservato. Al ritorno di Carlo avrebbero cercato di parlare con lui insieme.

Meglio rivolgersi a Baldori, in redazione. Anche lui sarà stato in ansia per la sorte dei suoi due dipendenti.

Guardò l'orologio. Troppo presto? No, i giornalisti sono mattinieri. Si buttò sulle spalle l'impermeabile azzurrino e uscì.

Decise di andare a piedi. Si sarebbe schiarita le idee e poi le piaceva Milano al mattino, frettolosa e affaccendata, ancora intonsa.

Ci volle mezz'ora per raggiungere la sede del giornale. Davanti al palazzo in piazza Cavour, Sara si fermò, un pochino intimidita. Che stava facendo? si chiese. Non avrebbe fatto la figura dell'impicciona, andando a chiedere informazioni al capo di Carlo? No, ne aveva il diritto, decise. Voleva sapere come mai Carlo era stato inviato a Roma e capire il suo coinvolgimento con la morte del magistrato. Una morte e un incidente molto sospetti...

Nel grande atrio la scrivania dell'usciere sembrava piccola sebbene misurasse almeno tre metri. Sara vi si avvicinò con passo marziale. Quando prendeva una decisione nulla poteva fermarla.

«Buongiorno. Sono Sara, la fidanzata di Carlo Passi e vorrei parlare con il direttore Ennio Baldori» disse al portiere, che la guardava diffidente, come sono sempre i portieri, dalla sua postazione. Probabilmente per assumere un usciere si fa un test specifico sul livello di diffidenza.

«Ha un appuntamento?»

«No.»

«Il direttore non riceve senza appuntamento!» disse l'usciere allargando le braccia.

«Provi a chiamarlo lo stesso, per favore. È una cosa importante.»

L'uomo, sbuffando, alzò la cornetta.

«Ah, buongiorno signorina Clara. C'è qui la signorina Sara, che vorrebbe parlare con il dottor Baldori, MA NON HA L'APPUNTAMENTO, non ha» disse l'usciere calcando sull'ultima frase.

Rimase qualche minuto in silenzio, con la cornetta stretta contro l'orecchio e lo sguardo un po' vitreo puntato su di lei.

Infine si riscosse e fece una smorfia di disappunto. Appoggiò la cornetta e si rivolse a Sara, freddamente: «Può salire. Piano quarto».

Sara sorrise, reprimendo un piccolo gesto di esultanza. Basta poco, a volte.

L'ascensore si fermò su uno stretto pianerottolo che immetteva in una stanza. Una signorina dalla pettinatura gonfia come un melone stava sulla soglia e sembrava la aspettasse. La fissava con evidente curiosità.

«Buongiorno signorina...?»

«Sara, Sara Ferrari.»

«Si accomodi, signorina Ferrari, il direttore la aspetta.» La signorina Clara provò a restare professionale, ma poi non riuscì a trattenersi. «E quindi lei è la fidanzata del nostro Carlo!»

Nostro?

«Ehm, sì» disse Sara, arrossendo.

La segretaria continuava a sorridere e annuire complice, come se Carlo le unisse.

Intanto una porta si era aperta e ne era uscito un uomo basso e rotondo in maniche di camicia e vistose bretelle. La soppesò con lo sguardo in un modo che Sara trovò piuttosto inquietante, poi distese la bocca in un sorriso cordiale e tese la mano, sorprendentemente grande e virile per quel corpo piccolo. Sara gliela strinse.

«Sono Ennio Baldori, l'indegno direttore di questo giornale. Piacere di conoscerla, signorina. Si accomodi pure» si presentò e poi si fece da parte per farla entrare nel suo studio, chiudendo la porta alle sue spalle.

Era una stanza ad angolo, con due ampie finestre che mostravano da una parte le cime degli alberi del giardino pubblico e dall'altra il profilo della città, nitido nel sole di settembre: si vedevano le guglie del Duomo e il luccicore della Madonnina.

Baldori si appoggiò alla scrivania di mogano scuro e invitò Sara ad accomodarsi sulla poltroncina davanti a lui.

«Bene, signorina, perché voleva vedermi?»

«Oggi ho sentito la notizia dell'incidente, la morte del magistrato che si occupava del caso delle banane e pensavo a quei due... là a Roma... e mi domandavo...»

«Ah, lei sa dei... due, quindi?» domandò sorpreso e leggermente a disagio.

«In che senso? So che sono là per indagare sullo scandalo e che ieri avevano un incontro proprio con il magistrato Santucci e che oggi...»

«Ah, ecco sì. Sono contento che lei sappia e approvi.»

«Mah... io non approvo niente. Mi preoccupo solo che non siano in pericolo!»

«Non so, ma non credo. I fatti sono ancora troppo recenti. Il magistrato, per quanto ne sappiamo, ha avuto un incidente. Verrà nominato un altro magistrato e proseguirà la vicenda al suo posto. Il processo è fissato...»

«Ma i nostri due?»

«Non ho ancora sentito Carlo. Credo vogliano raccogliere informazioni e notizie, vista anche questa novità, e poi torneranno. Non si preoccupi signorina, Carlo è in buone mani!»

«Lo spero!»

Di nuovo Baldori la guardò tra lo stupito e l'ammirato... comunque, Sara si sentì un po' rincuorata.

«Va bene. Mi scusi, direttore se l'ho disturbata, ma sa...»

«Non si scusi. Capisco benissimo, ma in ogni caso le ripeto: stia tranquilla.» Baldori allargò la bocca in un sorriso che avrebbe dovuto ispirare fiducia e ottimismo, ma che risultò invece alquanto allarmante.

Sara gli porse la mano e uscì.

Nella stanza accanto la signorina testa-di-melone batteva con foga sulla macchina da scrivere. Troppa foga. Sara ebbe la netta impressione che avesse iniziato un secondo prima, subito dopo aver smesso di origliare.

La salutò in ogni caso con entusiasmo, e Sara rispose con un cenno perplesso.

Vicino alla porta un uomo alto e allampanato, con i capelli neri e unticci, aspettava con una cartellina in mano. La sua espressione era annoiata e sembrava non avesse molta voglia di essere lì. Dalla stanza del direttore si sentì Baldori chiamare:

«Sarpenti!!! Ci sei o devo aspettare fino a domani?».

«Vengo, vengo» disse l'uomo in tono annoiato, muovendosi con lentezza esasperante verso la stanza del direttore.

Sara si bloccò. Sarpenti?

Quanti Sarpenti lavoravano in quella redazione?

Si voltò verso testa-di-melone e le disse: «Scusi, signorina...».

«Sìì?» rispose subito lei.

«Ho capito bene? Si chiama Sarpenti, il signore appena entrato? È parente del giornalista?»

«Parente? Non c'è nessun parente. Gildo Sarpenti è un giornalista di questo giornale, di solito si occupa di cronaca nera. E anzi, ha lavorato tante volte con il nostro Carlo!» ribadì sempre entusiasta.

Forse aveva capito male il nome? Ma no, ricordava di aver pensato che suonava come Serpenti, solo con una vocale cambiata.

E allora con chi era andato, Carlo, a Roma?

Guardò la signorina capelluta e giuliva che la guardava a sua volta col sorriso stampato in maniera permanente sulla faccia. Lei poteva saperlo? Baldori sicuramente sì. Cosa aveva detto? *Lei sa di quei due?* le aveva chiesto... Quali due?

Pensò di rientrare e chiederglielo, ma il suo orgoglio glielo impedì.

Salutò la gioiosa segretaria e poi ridiscese le scale e senza incrociare più nessuno uscì in strada.

Doveva sapere.

Le venne in mente che quella mattina, quando Carlo

l'aveva chiamata, la telefonata era stata preceduta dalla voce della receptionist dell'albergo. «Hotel d'Inghilterra» aveva detto un'anonima voce femminile, «le passo una chiamata.»

Hotel d'Inghilterra. Si guardò intorno. Il bar di fronte si chiamava pomposamente Bar Centrale e le parve idoneo.

«Un caffè e cinque gettoni» ordinò frettolosamente alla cassa. Aveva già individuato l'apparecchio telefonico pubblico, nell'angolo del bar, pudicamente nascosto da una paretina in plastica trasparente. Infilò i cinque gettoni e compose il numero dell'operatrice del centralino.

«Desidera?» chiese la signorina.

«Mi passa l'Hotel d'Inghilterra a Roma, per favore?» chiese Sara.

«Subito.»

Pochi secondi dopo il segnale di attesa fu interrotto da una voce maschile: «Buongiorno. È l'Hotel d'Inghilterra. Come posso aiutarla?».

Sara ebbe un attimo di esitazione, poi decise di tentare.

«Ho un messaggio per la signora che accompagna il signor Carlo Passi. Me la può passare?»

«Resti in linea» rispose la voce. Dopo alcuni secondi arrivò il responso.

«Mi spiace. La signora Enrica Sala non risponde. Devo lasciare un messaggio?»

Sara non rispose.

«Devo lasciare un messaggio?» ripeté l'uomo con un pizzico di impazienza.

«No. No, grazie. Richiamerò» rispose Sara prima di chiudere la comunicazione.

Enrica! Carlo era a Roma con Enrica e non le aveva detto nulla! Sentì una fitta nel costato. Non si aspettava questo tradimento.

L'ingannatrice, semmai, era lei che, a insaputa di Carlo, viveva una doppia vita, pensò.

Uscì dal bar come in trance e si incamminò senza meta. Solo più tardi si ricordò di non aver bevuto il caffè che aveva ordinato. Si irritò con sé stessa. La prima regola era non fare mai nulla di strano, nulla che potesse anche minimamente essere ricordato. *Dovete essere anonimi, noiosi, trasparenti, insulsi.* Questo recitava uno degli insegnamenti. *Nessuno deve ricordarsi di voi. Nessuno deve notare i vostri gesti, i vostri vestiti, la vostra voce.*

Strinse le labbra. Prima di tutto la missione. Poi i bisogni fisici e, per ultimi, i sentimenti personali.

Si accomodò con un gesto deciso la cintura dell'impermeabile beige.

Meglio così. Non c'erano più distrazioni. Poteva dedicarsi interamente alla ricerca di informazioni da passare all'organizzazione, a Fausto, a Leandro e agli altri.

Il pensiero di Fausto le provocò un altro intenso dolore. Era il suo destino che tutti gli uomini della sua vita la lasciassero.

Fu solo un attimo. Presto si mise alle spalle l'autocommiserazione.

Basta! Avrebbe lasciato la casa dove abitava con Carlo. Era stato troppo bello per durare... Ma poteva rimproverare solo sé stessa: non si basa una relazione sugli inganni. E lei non poteva permettersi la sincerità, né ora né mai.

Come, quindi, pretenderla da Carlo?

Quelli non erano i tempi giusti per i sogni. I sogni durano poco, e poi c'è la vita vera.

Si incamminò con passo deciso verso casa. Il dolore al costato era quasi scomparso.

Quasi.

16

Furto in tribunale

sabato 21 settembre 1963, ore 13
Roma, Tribunale

Carlo controllava attentamente la porta del bar. Avevano appositamente scelto un tavolo dal quale tenere d'occhio entrate e uscite. Era un postaccio buio e tristo dalle parti di Trastevere, arredato con scompagnati tavolini di legno dalla superficie unta. Il proprietario aveva servito i caffè grugnendo e poi si era ritirato a dormicchiare su un alto sgabello dietro al bancone, con le mani posate su un enorme pancione protetto da un grembiule bianco, più da macellaio che da oste.

Enrica, seduta di fianco a Carlo, sembrava perfettamente a suo agio. Aveva bevuto l'orribile caffè senza fare una piega e ora sfogliava il giornale comprato poco prima all'edicola. Nessuna notizia sulla morte di Santucci. Per quella avrebbero dovuto aspettare l'edizione del pomeriggio.

«Sei sicura che troverà questo posto?» le chiese Carlo, guardando l'orologio.

«Tranquillo, lo conosce. Mi ha detto lui di venire qui»

rispose Enrica, girando la pagina del giornale senza nemmeno alzare gli occhi.

«Era uno dei posti che frequentavate insieme? Complimenti per la scelta di classe» disse Carlo in tono acido.

Enrica per risposta gli accarezzò il dorso della mano.

Lui si rigirò nervoso. Aspettavano Everardo che aveva detto: «Arrivo. Il tempo di salire in macchina. Tra quattro ore sarò lì».

«*Quattro ore?!* E che? Prende un razzo da Milano?» Carlo era allibito!

«Chi ti ha detto che parte da Milano?» era stata la risposta di Enrica.

Già. Che ne sapeva lui dei movimenti di Everardo? Anzi, che ne sapeva in generale di Everardo? Magistrato, carriera veloce dopo la guerra. Qual era stato il suo ruolo nei fatti di maggio? L'avevano rapito, ma era riuscito a scappare quasi immediatamente. E c'era la sua impronta nelle rivelazioni successive. Carlo non aveva mai capito quali fossero i suoi agganci e i suoi poteri. A quanto pareva Enrica li conosceva meglio.

Si guardò ancora attorno. I romani erano molto attenti alle apparenze e al potere, nelle relazioni. Anche il caffè che l'oste gli aveva servito era stato accompagnato da un'occhiata che voleva significare: *Ahò? Embè? T'ho capito a te! Solo perché c'hai er cravattino te credi de venì qui a pijatte er caffè come se fossi er servo tuo?*

Lo sguardo di Carlo passò su Enrica, che continuava a leggere il suo giornale. Aveva le gambe accavallate e l'espressione tipica di chi non vuole essere disturbata. Carlo le guardò il polpaccio scoperto, trovandolo come sempre molto sensuale.

«E tu che ne sai allora?» sbottò. «Che ne sai di Everardo?»

Enrica alzò il viso dal giornale. Sorrideva, la stronza, ma non per deriderlo.

«Non viene da Milano. Ha una casa ad Arezzo» gli disse, «l'unica città di destra della Toscana. Fascista tanto, il tuo amico!»

«Veramente sembra molto più amico tuo» commentò Carlo stizzito.

Pensò che Enrica non mollava mai. Era lei che guidava... anche se la sera prima sembrava un'altra. A letto si è in due, ma nella vita comandava lei.

Aveva fatto una cagata. Una bella scopata, niente da dire, ma la vita vera era un'altra. La vita era Sara.

«Che pensi?» le parole di Enrica lo scossero.

«Nulla.»

«E allora cosa ti fa incazzare?»

«Mi fa incazzare che tu sia andata a letto con lui.» Gli uscì così. Perché poi? Era vero? No... sì.

Enrica non rispose, ma tolse la mano dalla sua e i suoi occhi si velarono di sospetto.

La voce dell'oste li scosse entrambi. Salutava un uomo appena entrato, avvolto in un impermeabile, con un Borsalino calcato sulla testa: Everardo. Carlo lo aveva riconosciuto subito per il modo in cui diceva al mondo, anche solo entrando in una stanza: *Io so' io e voi nun siete 'n cazzo*.

Non appena li vide li raggiunse con il passo calmo di chi sa che il mondo è lì per aspettarlo.

«Ciao Carlo, ciao Enrica» disse, sedendosi davanti a loro.

I suoi magnetici occhi azzurri li fissavano fermi e scrutatori. Era in forma, il volto magro, ma non scavato, che una leggera abbronzatura scuriva appena appena.

Carlo provò un misto di rancore e sollievo. Del rancore sapeva il perché, ma il sollievo?

«Ciao, Everardo» disse Enrica. Fece per sporgere la mano

e toccarlo, poi sembrò ripensarci e la riportò indietro, ad arrotolarsi i capelli. Carlo grugnì un saluto.

«E allora? Cosa è successo?» domandò subito Everardo.

«Un cazzo di guaio. Santucci è morto!» rispose Enrica.

«Sì, ho sentito. Incidente stradale» disse Everardo.

«E tu ci credi?» chiese la ragazza.

«Perché non dovrei?»

Enrica sospirò, passandosi una mano sulla fronte prima di continuare.

«Ieri lo abbiamo incontrato in piazza Navona. Lui ci aveva dato appuntamento, cioè a Carlo... e ha parlato anche di te. Poi gli abbiamo chiesto dello scandalo delle banane. Lui ci ha fatto capire che quello che è emerso è solo una parte infinitesimale. Sembra che lo scandalo maggiore sia nel monopolio stesso e nelle terre in Africa dalle quali provengono le banane. Pare ci siano interessi molto, molto forti di personaggi potenti, vero Carlo?»

Carlo non aveva ancora detto una parola e questo era un comportamento infantile. Fece un sospiro e continuò lui il racconto.

«Mentre parlavamo, al bar, il cameriere ci teneva d'occhio e provava ad avvicinarsi per ascoltare. Poi sono comparsi due personaggi che si sono seduti di fianco a noi, apparentemente per caso, ma non ne sono convinto. La sera siamo stati in diversi locali fino a quando ne abbiamo trovato uno nel quale stavano mangiando due uomini coinvolti nello scandalo delle banane. Non visto, sono riuscito a sentire i loro discorsi e hanno detto esplicitamente che Santucci stava dando fastidio e *lui* non era contento.»

«Lui?» chiese Everardo.

«Lui. Così hanno detto. Poi stamane la notizia. La coincidenza appare troppo strana.»

«Già.» Everardo si massaggiò il mento, pensieroso.

«Prima di andarsene, Santucci ci aveva promesso... qualcosa. Documenti, crediamo. Ha detto che era sua intenzione far trapelare le notizie, ma ora è morto e non sappiamo quali documenti volesse darci. Inoltre ci hanno visto insieme al bar e forse hanno sentito questa storia dei documenti e quindi...»

«Hai paura?» gli chiese improvvisamente Everardo, guardandolo dritto negli occhi.

«No, pezzo di merda, non ho paura. Ti sto solo raccontando quello che è successo...»

Si pentì subito dell'epiteto. Perché reagire così?

«Carletto, non arrabbiarti.» Everardo gli sorrise e poi si guardò intorno. Non c'era nessuno nel locale, a parte l'oste che dormicchiava sulla sedia. Non si era nemmeno avvicinato per servire il nuovo arrivato.

Everardo si tolse il cappello e l'appoggiò sulla sedia vicino a sé, scoprendo i capelli completamente bianchi e naturalmente mossi.

Si palpò le tasche dell'impermeabile fino a trovare un pacchetto di Pall Mall oro. Lo tese verso di loro. Enrica ne prese una. Carlo fece segno di no. Anche Everardo prese una sigaretta e poi fece scattare un accendino d'oro dall'aria costosa e accese prima quella della ragazza e poi la sua, aspirando subito un'avida boccata.

Quanta familiarità aveva visto Carlo in quei gesti! Si girò verso l'oste. «Un altro caffè, meno lungo, grazie.»

«E noi?» disse Everardo.

«E voi fumate. Godetevi la sigaretta, no?» La sua voce era stata finalmente meno squillante e stridula. Gli era piaciuta.

«Così, dopo la sigaretta, magari ci dici che combinavi con il povero Santucci» aggiunse Carlo.

«Va bene. Vi porto nello studio di Santucci.»

Carlo si domandò cosa stesse architettando. Everardo non faceva niente in prima persona.

«Davvero puoi?» Enrica lo guardò con gli occhi spalancati.

«Dobbiamo studiare un piano. Sicuramente possiamo entrare al tribunale. Poi... lo studio sarà controllato dalla polizia, credo, e dovremo inventarci qualcosa...» disse con aria pensosa.

«Che cerchiamo lì?» chiese Carlo sospettoso.

«Non so. Santucci mi aveva chiamato, voleva dirmi qualcosa, ma non si fidava del telefono. Avrei dovuto venire subito a Roma per ascoltarlo, ma non ci sono riuscito. Potete solo sperare che avesse già preparato i documenti che voleva portarvi. Vi farò entrare nella stanza, ma avrete poco tempo. Dobbiamo concordare un segnale e appena lo avvertite dovete uscire.»

Carlo sentì un campanello d'allarme. In che balordo nuovo guaio si stavano cacciando? Fino a quel momento erano solo supposizioni, presentimenti. Forse Santucci era morto davvero per una tragica fatalità. Ma una volta messo in atto il progetto di Everardo si sarebbero irrimediabilmente compromessi.

Aveva davvero paura? Alzò le spalle. E allora? La paura è un sentimento sano, si disse, predispone alla difesa, aiuta a non fare cazzate. O almeno, non troppe.

Mai e poi mai, però, avrebbe confessato a quel bel tenebroso di Everardo e alla eroina dei due mondi Enrica di avere paura. Piuttosto si sarebbe tagliato un braccio.

«Andiamo, su» disse Everardo alzandosi e nascondendo i ricci bianchi e lo sguardo azzurro sotto il cappello, «ci muoveremo separati. Appuntamento in piazza Cavour tra mezz'ora. Aspettatemi davanti all'ingresso laterale nella via a fianco. Non fatevi notare troppo. Tu, Carlo, sei perfetto come impiegato. Ma tu, Enrica, legati quei capelli e mettici sopra un foulard: non ti devono riconoscere» disse acido.

Enrica accennò col capo, remissiva come Carlo non l'aveva mai vista. Carlo si curò di non muovere un muscolo. Non avrebbe dato la soddisfazione di assentire a quel comandino.

Il magistrato non si turbò e infilò la porta, dileguandosi con velocità sorprendente.

Carlo ed Enrica lasciarono uno dopo l'altra il locale vuoto.

Non appena furono usciti, l'oste aprì gli occhi e si guardò intorno. Si alzò con agilità sorprendente, raggiunse il telefono e vi infilò una decina di gettoni. Compose con rapidità un numero lungo dal prefisso estero. Dopo una breve attesa, scandì con voce ferma e priva di inflessioni dialettali: «Sono usciti in questo momento. In buona compagnia».

Davanti all'imponente edificio del tribunale in piazza Cavour impazzava il solito viavai di persone affaccendate, preoccupate, vocianti che entravano e uscivano, si affollavano e si disperdevano, si rammaricavano ed esultavano, si salutavano e si ignoravano.

Da lontano Carlo scorse Everardo già in attesa davanti all'ingresso laterale. Senza più né cappello né impermeabile, in impeccabile doppiopetto grigio, le mani dietro la schiena, con il fare di un uomo che deve solo schioccare le dita per avere il mondo ai suoi piedi.

«Ma tu guardalo là, il principe in incognito» sbottò Carlo affannato, rivolgendosi a Enrica, più affannata ancora. «Non poteva portarci in macchina con sé? Cioè, adesso ci faremo pur vedere insieme, era controindicato solo per fare il tragitto comodo?»

Il percorso da Trastevere era stato quanto mai frustrante e faticoso. Niente taxi, un prezioso autobus perso e un'attesa interminabile per il secondo. Stanchi di aspettare si erano avviati a piedi, per poi correre alla fermata successiva, scorgendo l'autobus in arrivo.

«In questa merda di città non funziona mai niente!» sibilò Enrica. Carlo visualizzò centurioni sbuffanti, fermi da tempo infinito ad aspettare la biga delle 19. Gli sfuggì un risolino nervoso.

«Ti diverti?» chiese Enrica guardandolo torva.

«Alla buon'ora! Pensavo aveste rinunciato» disse Everardo quando li ebbe accanto.

Carlo sentì la mano di Enrica sulla spalla. Respirò con lentezza. Così si fa per calmarsi. Respiri lenti.

«Non perdiamo altro tempo. Seguitemi» li spronò il magistrato.

Il carabiniere all'ingresso li guardò appena. Fece un cenno di saluto a Everardo che ricambiò serio e poi si diresse verso il grande scalone, seguito a ruota dai due. Nel mezzanino tra il primo e secondo piano venne fermato da un uomo in toga nera che gli disse: «Everardo Piccioni! Quanto tempo è passato?». Il collega porse la destra a Everardo.

«Oh, Domenico, che piacere vederti!» disse, ricambiando la stretta.

«Che fai da queste parti? E i signori...?» L'uomo guardò Carlo ed Enrica in modo interrogativo.

«Non li conosci? L'avvocato... Passiforti e la sua assistente» rispose Everardo.

«Non ho il piacere, ma la dottoressa non mi sembra un viso nuovo...» disse il togato, scrutando Enrica con sguardo non proprio professionale.

Enrica stava per rispondergli a modo suo e Carlo pensò fosse il suo turno di metterle la mano sulla spalla. Calma. Respiro lento, no?

Lasciarono l'uomo a contemplare le forme di Enrica e continuarono a salire.

«Tranquilli e non lasciatevi provocare. Pensate alla missione» sibilò Everardo a mezza bocca.

Missione?! Questa poi...

Finalmente giunsero al terzo piano, dove si trovava l'ufficio di Santucci. Una grande anticamera formava il punto di incontro di quattro corridoi. Everardo si fermò, imitato da Carlo ed Enrica. L'obiettivo era il corridoio a sinistra, in cui a metà circa si trovava una stanza piantonata da un carabiniere in divisa dallo sguardo truce.

«Bene» disse Everardo, sottovoce.

«Bene? E perché? Cosa c'è di buono?» Carlo si accorse di aver usato un tono petulante, ma non riuscì a modificarlo.

«C'è un solo piantone, tanto per iniziare, e non ci sono giornalisti. Evidentemente sono riusciti a tenerli lontani per il momento» rispose Everardo, «questo gioca a nostro favore. Adesso io ed Enrica cercheremo di distrarre la guardia. Tu, Carlo, entra nella stanza e cerca in fretta i documenti. Non riusciremo a distrarlo a lungo. Quando la situazione si farà critica io griderò qualcosa che contenga la parola "aria" e vorrà dire che devi sbrigarti a uscire. Se invece dovessi sentire la parola "disastro", be', corri a più non posso, perché la situazione è sfuggita al controllo. È chiaro?»

Carlo lo fissò sbalordito

«Scusa, Everardo, ho capito bene? Io dovrò entrare a perlustrare clandestinamente la stanza di un magistrato assassinato, sottraendo prove ed eludendo il controllo delle forze dell'ordine?»

«Esattamente» rispose Everardo, scoprendo i denti in un lupesco sorriso. «Sei la persona adatta, Carlo: veloce, silenzioso, senza scrupoli.»

«Mi prendi per il culo?» sussurrò Carlo.

«Un po'» rispose serafico Everardo.

Carlo si girò verso Enrica, ma la ragazza allargò le braccia. E che c'era da dire? Erano in ballo, no?

«Ssst, la guardia si sta girando. Carlo, il corridoio si può raggiungere anche da dietro. Facciamo così: tu adesso fai il giro del quadrilatero e ti posizioni dall'altra parte rispetto a noi. Quando sei lì, stai in attesa. Cercheremo di attirare l'attenzione del carabiniere, che si sposterà. Tu allora entrerai nella stanza.»

«Ma... e se è chiusa a chiave?» chiese Carlo.

«Naaa... c'è una disposizione di servizio. Qui le stanze devono restare aperte, per consentire il recupero degli incartamenti anche in assenza dei titolari. E in ogni caso... non c'è una serratura che funzioni. È aperta, lo so.»

«Entro. E cosa cerco?»

Everardo allargò le braccia. «Se non lo sai tu... Santucci ha parlato con voi. È un incartamento che voleva darvi lui stesso oggi, pertanto sarà predisposto, ma non credo sarà in evidenza, visto che era segreto. Usa il tuo noto acume e la tua fervida fantasia e troverai quello che stiamo cercando.»

Carlo lo guardò storto. «Ribadisco. Mi prendi per il culo?»

«No, Carlo, questa volta no. Ho davvero fiducia in te» disse Everardo. «Dai, adesso dobbiamo agire. Vai e rimani in attesa. Capirai quando sarà il momento.»

Carlo s'incamminò a passo veloce lungo il corridoio. Percorse i tre lati del rettangolo ideale e sbucò all'inizio del corridoio dalla parte opposta. Vedeva il piantone davanti alla stanza, ma di Everardo ed Enrica non c'era più traccia.

Rimase fermo in attesa, nascosto dietro l'angolo. Non passava nessuno, fortunatamente.

A un certo punto un acuto cicalino si mise a suonare, mentre un denso fumo grigio cominciò a invadere il corridoio. Il carabiniere davanti alla porta si guardò intorno, allarmato, portando la mano alla pistola.

Il cicalino divenne più acuto e si cominciarono a sentire voci concitate e rumori di passi.

«Un incendio! Aiuto!» Il fumo aumentò di consistenza e di volume, facendo tossire il carabiniere e altri che si affacciavano alle altre porte.

«Presto, presto, evacuare: c'è un incendio, presto!» La voce concitata e grave era pressante.

Carlo pensò che avrebbero dovuto rimandare, questa dell'incendio non ci voleva... ma poi vide il carabiniere slanciarsi verso la fonte del fumo lasciando incustodita la porta e capì. Come diavolo aveva fatto Everardo?

Cazzo, era questo il piano di alta strategia?

Attraverso il fumo intravide Everardo che guardava verso di lui e a un suo cenno incoraggiante Carlo si slanciò nel corridoio. Se la guardia fosse tornata indietro lo avrebbe visto correre verso la porta. Al momento, però, il corridoio era invaso dal fumo greve e denso, il cicalino continuava a suonare e del carabiniere non c'era traccia.

Carlo spinse la porta, che si aprì subito, scivolò all'interno e la richiuse alle sue spalle. Doveva fare presto, prima del rientro del piantone. Il locale aveva quell'unica via di uscita. Andò subito alla finestra per sondare un'eventuale possibilità di fuga, ma era troppo alta e il cornicione strettissimo.

La stanza era quasi interamente occupata da una scrivania e poco altro: un armadio in radica di noce con due ante chiuse e al centro due ante a vetri, una pianta di ficus spelacchiata in un angolo e un appendiabiti a piantana completavano l'arredamento.

Le carte sulla scrivania erano disposte in modo caotico. Carlo diede una rapida occhiata: quasi tutti i documenti sembravano datati e le cartelline riportavano numeri di protocollo di anni passati. Gli sembrò strano, come se quel caos fosse voluto. Non si tengono sulla scrivania pratiche così vecchie… Rinunciò subito a esaminarle.

L'unica speranza era che, come aveva suggerito Everardo, Santucci avesse preparato i documenti che voleva consegnare e li avesse disposti in un modo poco evidente. Poteva averli portati con sé? In tal caso stavano facendo un lavoro inutile.

Aprì velocemente i cassetti della scrivania. Erano quasi vuoti, con poca cancelleria accuratamente disposta. Il contrasto tra l'ordine dei cassetti e il disordine del piano della scrivania era molto sospetto.

Andò verso l'armadio e aprì le due ante a vetri, all'interno delle quali erano collocati alcuni libri. Li sfogliò velocemente, cercando tra le pagine, ma non trovò nulla.

Il tempo passava e lui sentiva il sudore imperlargli la fronte. E se fosse entrata la guardia? Tese l'orecchio per carpire il segnale. Niente.

Aprì l'antina a sinistra: due ganci reggevano un cappello e un ombrello. Null'altro. L'antina a destra invece rivelò due soprascarpe di gomma e una cartella di cuoio consunta che Carlo aprì freneticamente trovandola vuota.

Provò a guardare sotto la scrivania e vicino alla pianta. Nulla.

Un rumore all'esterno lo fece sobbalzare. Sentì la voce

di Everardo che diceva: «Apriamo le finestre, facciamo entrare dell'aria, qui è pieno di fumo. La ragazza sta male». Carlo ci impiegò un secondo a ricordarsi che era il primo segnale di allerta convenuto. Doveva sbrigarsi. Doveva esserci qualcosa!

Riaprì l'armadio, anta di sinistra. Cappello e ombrello. Cappello polveroso, chissà da quanto tempo era lì. Polvere anche sullo scaffale. Però l'antina, all'interno, era foderata di una tappezzeria di carta di Firenze decorata con gigli stilizzati linda e brillante. Molto nuova.

Troppo nuova.

Con il battito accelerato toccò la carta. C'era un rigonfiamento!

Bingo!

Presto! si disse. Provò a lacerare la carta con le dita, ma era resistente e ben tesa. Rifletté qualche secondo, poi prese dalla tasca le chiavi di casa. Appoggiò la punta aguzza alla carta e premette forte. Il rumore della carta strappata lo confortò. Trascinò la chiave per un lungo tratto e poi perpendicolarmente. La carta si piegò lungo il sette del taglio, rivelando una voluminosa busta gialla.

Con mani un po' tremanti Carlo la prese, la mise al sicuro dentro alla giacca e poi chiuse l'antina.

Fuori risentì Everardo che diceva con tono ancora più concitato: «Aria! Ancora aria serve alla ragazza adesso che è rinvenuta!».

Oh cazzo. La situazione era sempre più critica. Corse alla porta e la socchiuse, guardando fuori.

Proprio in quel momento Everardo urlò: «Accidenti, grazie agente, poteva essere un disastro... Il fuoco solo per poco non si è propagato. Chissà chi ha buttato il mozzicone di sigaretta nel cestino!».

Disastro! Il segnale di situazione in caduta libera!

Dalla porta socchiusa vide che nel corridoio il fumo iniziava a diradarsi. La guardia scuoteva la testa mentre ritornava verso la postazione. Enrica seduta per terra faceva i gesti di chi si è appena ripresa da un malore. Evidentemente era stato impossibile proseguire la finzione.

Sì, ma questo voleva dire che lui era fregato. Oddio, che fare?

In quel momento Enrica si alzò e chiamò con voce strozzata: «Agente!».

Il giovane carabiniere si girò ed Enrica percorse correndo i pochi metri che li separavano. Gli appoggiò le mani sulle spalle, costringendolo a girarsi verso di lei, aggiungendo: «Volevo ringraziarla a modo mio» disse, e posò poi le labbra su quelle del militare, attirandolo e facendo aderire i loro corpi.

Carlo vide le spalle dell'uomo prima irrigidirsi e poi abbandonarsi all'abbraccio di lei, che da sopra la spalla gli strizzò l'occhio.

Manco fosse sempre stata nei servizi segreti, quella lì!

Carlo scivolò fuori dalla porta che richiuse dietro di sé e poi si mise a correre lungo il corridoio. Sentiva le spalle esposte e indifese. Gli sembrò mille volte di percepire una pallottola conficcarsi in quel largo bersaglio.

Solo giunto alla svolta del corridoio, fuori dalla vista, si fermò, ansimante. Aveva il fiato corto e il sudore gli colava sulla fronte. Si sporse solo un poco dallo spigolo per dare una veloce occhiata. La guardia stava ritornando alla postazione: aveva i capelli spettinati, le guance leggermente arrossate e un sorriso ebete sul volto. Giunto davanti alla porta di Santucci la aprì ed entrò nella stanza per controllare. Evidentemente non rilevò nulla di strano poiché uscì quasi subito, chiuse la porta e si piazzò di nuovo al suo posto.

Dov'erano finiti Everardo ed Enrica?, si domandò, ma pochi minuti dopo li vide arrivare dal fondo del corridoio.

«Allora?» chiese Everardo in tono concitato. «Hai trovato qualcosa?»

Carlo si pose un dito davanti alla bocca, a intimare silenzio.

«La guardia può sentirci, e c'è troppa gente. Usciamo di qui, col casino che avete fatto ci sarà tutto il tribunale in subbuglio. Everardo, tu che conosci il palazzo portaci in un posto tranquillo dove possiamo parlare.»

Everardo annuì e si avviò verso una scalinata laterale, facendo loro cenno di seguirlo lungo le scale.

Scesero due piani più in basso. La pianta del corridoio era identica a quella dei piani superiori. Entrarono da una porta anonima in un minuscolo locale, dove c'erano solo un tavolino, un portaombrelli di metallo e un brutto attaccapanni di foggia antiquata.

«La stanza dell'usciere. Non viene usata da quando Carmelo è morto, anni fa» disse Everardo.

«Carmelo?» chiese Carlo.

«L'usciere, no?»

«Ah, è la stanza di *quell'usciere* specifico...» commentò Carlo come se l'argomento lo appassionasse.

«Stai divagando?» chiese Everardo spazientito. «Hai trovato qualcosa sì o no?»

Carlo esitò un attimo, poi tolse dalla giacca la cartellina gialla.

«Questa, ho trovato. Era nascosta in un armadio. Spero sia quella buona... non ho avuto molto tempo per...»

Everardo già non lo ascoltava più; tese la mano e quasi strappò il plico di mano a Carlo. «Bravo ragazzo!» esclamò e fece per aprire la cartellina.

«Aspettate. Non sentite niente?» disse Carlo, alzando un braccio. Tutti e tre si misero in ascolto.

«Mah, forse dei passi in lontananza» disse Enrica.

«È troppo pericoloso restare qui. Andiamocene. Ci troviamo fuori» disse Everardo, chiudendo la cartellina e mettendosela nella tasca della giacca.

«Perché prendi tu i documenti?» gli chiese Carlo guardandolo minaccioso.

«Sono più al sicuro con me. Poi li visioneremo insieme» rispose Everardo, quasi stesse spiegando qualcosa di ovvio a un bambino.

«I passi si avvicinano!» disse Enrica in tono concitato.

«Usciamo dal palazzo, presto! Appuntamento tra due ore al Bar Tazza d'oro, quello di fronte a Castel Sant'Angelo» disse Everardo, sporgendosi dalla porta.

«Via libera. A più tardi.» Senza attendere risposta si mosse velocemente lungo il corridoio verso l'uscita.

Carlo seguì con lo sguardo la schiena di Everardo fino a che scomparve alla loro vista, poi prese la mano di Enrica e disse: «Presto, corriamo».

«Che fretta c'è? L'unico impegno che abbiamo è fare giri lunghi e insospettabili per arrivare al luogo dell'appuntamento, tra ben due ore!»

«Tra due ore voglio essere almeno da un'ora su un treno diretto a Milano» disse Carlo, muovendosi velocemente verso le scale e trascinando Enrica.

«Eh? Ma che dici?» disse la ragazza con voce un po' stridula, ma senza rallentare il passo.

«Non voglio essere raggiungibile quando Everardo si accorgerà che nella cartellina ci sono i prospetti delle missioni di Santucci, dal 1959 in poi.»

«Cosa?»

«E quando capirà che i documenti veramente interessanti sono qui, in mano nostra», e senza smettere di camminare aprì un poco la giacca e mostrò a Enrica la busta gialla nascosta nella tasca.

«Perché hai fatto questo?» Enrica si bloccò di colpo e anche Carlo si fermò. Prese le mani di Enrica e le strinse.

«Ti ricordi nel bar di Trastevere? Sono stato l'ultimo a uscire. Fatti pochi passi, mi sono ricordato che Everardo aveva lasciato il pacchetto di Pall Mall sul tavolo. Non so perché mi è venuto lo sfizio di tornare indietro a prenderlo. Ho aperto la porta del locale e quel gatto di marmo dell'oste era vigile e attivo e attaccato al telefono. Ho preso il pacchetto che era sul tavolo senza farmi vedere e ho ascoltato. Raccontava a qualcuno che eravamo appena usciti da lì. Ma, Enrica... chi sapeva che saremmo andati in quel bar? Io, te ed Everardo. E io di me mi fido, di te anche... di Everardo no. Così, nella stanza di Santucci, dopo aver trovato la busta dietro la fodera dell'armadio...»

«La fodera dell'armadio?»

«Ti racconterò... comunque, dopo aver trovato la busta ho preso una delle cartelline depositate in ordine sparso sulla scrivania e ho fatto... quello che ho fatto.»

Enrica lo guardò con sguardo indecifrabile. Difficile capire se fosse inquieta per il rischio, o se lo ritenesse un pirla, o peggio un incosciente.

Improvvisamente la bocca della ragazza si aprì in un largo sorriso. Gli buttò le braccia al collo e lo baciò. Carlo sentì il calore della lingua che si introduceva tra le sue labbra e si sentì... perso.

«Carlo, sei incredibile!» gli disse lei. «Non so se hai fatto la cosa giusta, ma sei stato davvero coraggioso.» La testa gli girava leggermente mentre stringeva a sé la ragazza, inebriato dal profumo dei suoi capelli.

Non avevano tempo, purtroppo, erano in un mare di guai.

«Qual è il tuo piano?» chiese Enrica.

«Piano? Ma quale piano, spero solo di non aver fatto una stupidaggine. Pensavo di tornare di corsa a Milano, guardare i documenti e poi mettermi in contatto con il commissario Pennisi.»

«Buona idea, ma non possiamo andare a casa. Everardo sa dove abitiamo e ci raggiungerebbe subito.»

Carlo pensò a Sara. Un'altra bella pirlata. Non solo le corna, la stava anche mettendo in pericolo. Un capolavoro aveva architettato.

«Dai, ci penseremo» lo tranquillizzò Enrica, vedendolo confuso, «andiamo in stazione e cerchiamo di prendere un treno per Milano. Poi vedremo» aggiunse secca, dandogli uno scossone al braccio.

«Ok» disse con un filo di voce Carlo.

Ripresero a correre lungo i corridoi del palazzo di giustizia, tenendosi per mano.

Carlo, con struggimento, sentiva la mano forte e nervosa di lei nella sua, fiduciosa e complice. La verità era che, per quanto si sentisse in colpa, per quanto pensasse a Sara, per quanto tutto... stava bene insieme a Enrica. Bene e male... Fanculo ai suoi riccioli rossi e a tutto il resto.

17

Cattivi incontri

sabato 21 settembre 1963, ore 11
Milano, verso Cascina Barona

La valigia aperta sul letto era troppo grande e troppo piccola allo stesso tempo.

Era lì solo da pochi mesi, ma quella era casa *sua*. Più *sua* della casa in via Maggi, dove aveva abitato con Gianni Cerri. La coperta all'uncinetto stesa sul letto era opera di sua nonna, come le tende alla finestra. E la grande lampada nell'angolo l'aveva comprata lei al mercato dell'antiquariato sui Navigli. Si ricordò di quando era tornata a casa con il lungo stelo in mano che si impigliava dappertutto, con Carlo che la guardava ridendo.

Sospirò. Cosa metti in una valigia quando te ne vai dalla tua casa? Mutande? Magliette? Quadri? Speranze?

Piegò due maglioncini e li posò al centro, poi una gonna di lanetta grigia. Un libro. Che cazzo di modo di fare la valigia! Sul comò in camera era appoggiata una foto di lei e Carlo abbracciati, con le bocche atteggiate a muso di coniglio in un'espressione buffa davanti alla gabbia delle scimmie nel loro amato zoo. Avevano chiesto a un passante di scattarla. La guardò. Poi la rimise a posto e chiuse d'impeto la valigia.

Piuttosto: non doveva dimenticare la pistola che le aveva dato Leandro. La prese dal cassettone dove l'aveva nascosta sotto le coperte e l'appoggiò sul letto. Poi prese la borsa di cuoio chiaro che avrebbe portato con sé.

Si fermò un attimo a riflettere: dove nascondere l'arma?

Svuotò sul letto il contenuto della borsa, poi prese dal comò la scatola da cucito che conteneva un piccolo set da viaggio. Lo prese e con le forbicine tagliò la fodera, nascondendovi all'interno la pistola. Poi con una gugliata di filo diede qualche piccolo punto per richiudere il taglio. Sì, poteva andare, constatò. Distrattamente si mise nella tasca dei pantaloni il set da cucito. Poi rimise nella borsa il borsellino, lo specchietto, il pettine, il fazzoletto, il bastoncino del rossetto e la boccetta di profumo.

Le venne in mente un'altra cosa: nel cassetto del mobile della cucina trovò una piccola pila che mise in borsa. I nonni avevano ancora il bagno in cortile e... di notte le sarebbe stata utile.

Indossò un paio di pantaloni stretti e la giacchetta bianca e nera svasata. Annodò il foulard azzurro intorno al collo. Era pronta, doveva andare.

Ma prima...

Prese dal cassetto un foglio e una matita e sedette pensierosa al tavolo della cucina. Cosa voleva dire a Carlo? *Perché mi hai mentito? Mi ami ancora? Dai, dimentichiamo tutto, passiamo una notte a raccontarci tutti i segreti e poi... abbracciami stretta come fai sempre, appoggia il mento sulla mia testa e dimmi che sono la tua lady inglese.*

Un'onda di dolore la avvolse. Sentì il collo bloccarsi per la tensione. Doveva evitare di irrigidirsi. L'avevano addestrata a restare mobile, flessibile. Tornò a respirare calma come le avevano insegnato. Naso inspira e bocca espira. Piano. Più piano che puoi.

Scrisse velocemente poche righe fredde e si alzò, lasciando il biglietto sul tavolo.

Uscì senza guardarsi indietro.

Erano le undici e la giornata settembrina era luminosa e ancora calda. Cercò il Luigino con lo sguardo e lo raggiunse in fondo alla corte. Era appoggiato alla vasca di pietra che qualche donna ancora usava per il bucato.

L'uomo fissò stupito la valigia che Sara reggeva in mano.

«Buongiorno, Luigino. Volevo avvisarla che parto.»

«*Sciura Sara, la va a Roma adrè al Carlet*?»

«No, Luigino. Vado in campagna dai miei nonni. Il Carlet... *l'è mei lasall un poo de per lù*» disse, virando al milanese.

Il Luigino stirò la bocca in un sorriso triste. «*Me spiass.*»

Sara abbassò gli occhi. Non sempre le cose vanno per il verso giusto.

Stava per muoversi quando le venne in mente una cosa.

«Scusi, Luigino, posso chiederle un parere?»

«Ma certo!»

Sara frugò nella borsa e ne tolse la foto che le aveva dato Leandro.

«Guardi un po'. Vecchie conoscenze» disse, mostrandola a Luigino.

«*Ma l'è la tusa che seguiva il Carlet quand l'è success il rebelot!*»

«Sembra che non si riesca a liberarsi di certa gente.»

«*Ma l'omm... me par una ghigna che gù giammò vedù.*»

«Ah. E dove?»

«Mmm. Storie di donne... Sentiamo la Magda, lei sa tutto. La lasci pure qui, la valigia, *nissun tuca nagott.*»

La Magda abitava in un locale al piano terra dall'altra parte della corte, dietro al grande tiglio. Sara seguì Luigino a passo svelto.

Davanti all'uscio di legno di Magda l'uomo, secco come un'acciuga, bussò con forza.

Ci vollero però parecchi minuti e parecchie bussate prima che una voce assonnata e in falsetto urlasse dall'interno.

«Vengo, vengo ma *chi l'è* a quest'ora?»

La porta si aprì e Magda comparve avvolta in un accappatoio rosa. La capigliatura era un po' storta... evidentemente la parrucca era stata indossata in fretta. Uno spesso strato di cipria copriva il volto e un lungo tratto di matita nera sottolineava gli occhi assonnati.

«Se l'è insci de bonora? L'è vegnuda la madama?»

Il *Luiss* sospirò. «A parte che *l'è quasi l'ura del desinà*. Ma non è questo. Guarda questa foto: *t'el cugnusset?*»

«Aspetta un momento» disse Magda scrutando l'immagine, poi tornò in casa a cercare qualcosa e uscì di nuovo sfoggiando sul naso grandi occhiali dalla forma a farfalla.

«Lo conosco, sì. *L'era* un cliente della povera Marisa» disse Magda.

«Marisa?» chiese Sara. Le sembrava che Luigino le avesse detto qualcosa a proposito di questa Marisa.

«La Marisa è stata uccisa due giorni fa...» disse Magda tristemente. «Una bella *tusa*, alta, *con dò tett da fa invidia a una balia*. Lavorava nella casa della Ortensia. Un giro di ragazze di livello. Ma da qualche tempo si era arricchita... con un giro di clienti di alto bordo. Riceveva in casa, ma più spesso andava in trasferta. Mi ha fatto vedere i gioielli che le avevano regalato. Era felice. Diceva che avrebbe potuto far studiare il suo Giulietto, *el sò bagaitt*. Povera *tusa*.»

«Quando hai visto l'uomo della fotografia?» incalzò Sara.

«La sua casa *l'è visina,* qui dietro, *nella Curt del Latt.* E io andavo lì di frequente perché *g'avevi* un affare...» disse Magda, abbassando pudicamente gli occhi. «Vedevo spesso quest'uomo andare e venire e una volta l'ha portata con lui.»

«Come è stata uccisa?»

Sia Magda sia Luigino allargarono le braccia.

«La mattina nessuno l'ha vista. Allora la sua vicina che aveva le chiavi ha aperto la porta e l'ha trovata lì, morta, con un buco in testa. La casa era tutta sottosopra. La madama ha pensato ai ladri. Ma c'era una cosa strana...»

«Cioè?»

«I gioielli non sono stati rubati. Li hanno dati a sua sorella che era venuta da Vizzolo Predabissi, povera *dona.* Lo so perché ha parlato con me, dopo. Strano che i ladri non li abbiano trovati e poi...» Magda fece una pausa e si chinò verso di loro abbassando la voce. «La Marisa stava frequentando gente *cunt i danè.* Contava di fare la vita per pochi anni e poi avrebbe preso un *quartierin* fuori Milano, e sarebbe andata via col figlio. C'era in particolare un *omm* che la foraggiava, lei lo chiamava il suo Angelo, di nome e di fatto.»

Angelo! Poteva essere Angelo Raminghi? pensò Sara. Questo avrebbe spiegato il legame con Germana e l'uomo biondo della foto.

«Sai il cognome?» domandò a Magda.

«No. E non l'ho mai visto. Ma il biondo l'ho visto, eccome.»

«Grazie Magda» disse Sara tendendo la mano per riprendere la foto.

«Come mai hai quella foto?» chiese Magda.

«Oh, è una storia lunga. La donna aveva a che fare con il mio povero Gianni.»

«Povero Cerri, buonanima» disse Magda, mentre Luigino rimase impassibile.

Tutti nella corte sapevano del suo primo marito, Gianni Cerri, ma pochi erano al corrente della sua fuga in America. Luigino era uno di questi.

«Devo andare ora» gli disse.

Salutarono Magda, che rientrò per proseguire il sonno interrotto. Avrebbe «lavorato» quella sera, ci tenne a precisare.

Sara e Luigino attraversarono il cortile dai sassi tondi verso la portineria dove avevano lasciato la valigia. Sara la riafferrò e poi si rivolse ancora a Luigino.

«Ben, allora io vado.»

«Mi dica dove» disse il *Luiss*.

«In campagna, alla Barona, nella cascina dei miei nonni. Cascina Merlona» rispose Sara.

«*Me racumandi*. Occhi aperti! E se ha bisogno... faccia una telefonata!»

«Ha il telefono, Luigino?»

«*Mi no, ma le la po ciamà al bar del Matavell*, il Mario è un amico.»

E chi non era un amico del Luigino in zona?

«Aspetti, le scrivo il numero.» Cavò dai frusti pantaloni un ciancicato pezzo di carta e un mozzicone di matita. Si appoggiò alla vasca di pietra e vergò, non senza una certa fatica, i cinque numeri. Poi piegò accuratamente il biglietto e lo porse a Sara che lo mise nella tasca della giacca.

«Grazie Luigino, ma non si preoccupi. E... mi tenga d'occhio il Carlo, invece, che quello sì che ne ha bisogno.»

Luigino assentì senza dire altro.

Sara si soffermò a guardare l'ampia corte, con il tiglio al

centro e con il canalino a lato della vasca dove i bambini facevano navigare le barchette di carta, le facciate percorse dai lunghi ballatoi colorati dai panni stesi sulle corde tirate... Sotto il tiglio c'era il tavolino dove gli uomini, le sere d'estate o la domenica, scendevano a *giucà i cart* e le sedie dove le comari si sedevano sferruzzando e spettegolando. Accanto, quattro bocce di terracotta pronte per la partita.

Si era trovata bene in quel luogo. Non sapeva se e quando sarebbe tornata.

Non sapeva nulla del suo futuro, a dirla tutta.

Ma poi pensò che nessuno conosce il proprio futuro.

Girò le spalle e uscì dal portone, con un'ultima occhiata alle cassette di metallo per la posta.

Non c'era nulla per lei.

All'esterno della corte c'era un viavai di donne che tornavano dal mercato con le sporte di rete piene. Si avvicinava l'ora del pranzo e si affrettavano a casa a preparare per gli uomini che alla mezza sarebbero tornati dal lavoro e per i bambini di ritorno da scuola.

Qualcuna usciva dal negozio del *salumè* riponendo con cura il libretto, nel quale il negoziante aveva annotato la spesa del giorno. Si sarebbe saldato alla fine del mese, con l'arrivo della busta paga con le fruscianti e volatili banconote.

Sara affrettò il passo verso la fermata del tram in via Bramante. Passò davanti alla latteria che metteva in mostra anche i fagioloni bianchi e la trippa rimasta dal giovedì.

Alla fermata del tram, che portava in centro, non c'era molta gente. E gli impiegati di Lega Lombarda, che si sentivano già *sciuri,* erano già in ufficio da un bel pezzo.

Il 12 l'avrebbe portata fino al capolinea, poi al bar del

Peppin, avrebbe potuto chiedere a qualcuno di accompagnarla alla cascina, che da lì distava ancora tre chilometri buoni, altrimenti l'avrebbe fatta a piedi.

Non aveva avvisato i nonni. Non avevano il telefono e per farlo avrebbe dovuto chiedere al garzone della posteria vicina alla cascina di correre da loro, ma in ogni caso non c'era bisogno: l'avrebbero accolta senza stupore, come accoglievano ogni evento naturale o innaturale che la vita inviava loro.

L'avrebbero abbracciata, con circospezione e per breve tempo, perché *ghè minga de fa troppe smancerie*, e poi il nonno sarebbe corso nella stalla per prendere il latte fresco e la nonna avrebbe attaccato il paiolo per la polenta. La loro vita era rimasta al secolo scorso.

Pensare a quella scena semplice e consueta la rasserenò. Fino a quando, però, i nonni avrebbero resistito? A poche centinaia di metri i palazzoni salivano uno dietro l'altro. E le risaie arretravano. La terra non era loro. Gli eredi dei proprietari nobilastri l'avrebbero rivendicata per costruire un altro palazzo e comprarsi con gli introiti la casa a Cortina. E chissà che fine avrebbero fatto i nonni...

Con Sara alla fermata c'era solo un uomo di corporatura massiccia. Il tram stava comparendo all'orizzonte quando una donna raggiunse di corsa la fermata. Le sembrò la stessa che aveva visto davanti al salumaio. La borsa che le pendeva al braccio, però, era vuota. Non sembrava una massaia, era una bruna procace, stretta in una giacchettina di qualche misura più piccola. Il tram si fermò davanti a loro. Prima salì l'uomo corpulento che comprò il suo biglietto. Il bigliettaio inumidì le dita sull'apposita spugnetta, staccò il biglietto rosa e glielo porse.

«Per piazza Miani basta l'ordinario?» chiese Sara, con le monete pronte in mano.

«Sì, signorina. Fanno cinquanta centesimi» rispose il bigliettaio.

Mentre andava a sedersi, Sara sentì la ragazza bruna che diceva: «Oh che stupida, *gù minga i danè*. Ho dimenticato a casa il *borsin*».

«Eh, mi sa che deve andare a casa a prenderli, allora» disse pacato il bigliettaio. La donna scese senza protestare. Il tram chiuse le porte e riprese la corsa.

Sara pensò che quella donna non era decisamente una massaia ed era strano che fosse salita sul tram senza portafoglio. Intanto il tram continuava la sua corsa verso il Duomo e poi alla stazione di Porta Genova, dove scese l'uomo corpulento salito con lei. Quasi inconsciamente Sara si rilassò un poco. Sceso lui, era certa di non essere seguita. Si concentrò sui suoi pensieri senza più curarsi di controllare gli altri passeggeri.

Ci volle quasi un'ora prima che il tram giungesse finalmente in piazzale Miani. Sara scese in mezzo alla piazza, che con i suoi palazzoni era l'ultimo baluardo cittadino prima della nuda campagna. Si fermò un momento guardandosi intorno, poi si avviò verso la strada che l'avrebbe portata alla Cascina Merlona. Era ormai mezzogiorno e sentiva i primi morsi della fame. La valigia, sebbene mezza vuota, pesava. Ma chissà, forse stava confondendo il vuoto dello stomaco e la pesantezza della valigia con il vuoto del suo animo e la pesantezza del suo cuore.

La sorpassò una 1100 blu, al cui volante c'era un uomo che portava un cappello stile Borsalino. *Occhio all'uomo che guida col cappello*, avrebbe detto Carlo. E basta pensare a Carlo, dai! si disse, incamminandosi.

Non voleva, però, fermarsi al bar del Peppin, non ci teneva a essere riconosciuta e a dare spiegazioni.

Lo stomaco che brontolava le suggerì di fermarsi a mangiare un panino con la mortadella nell'anonimo bar all'angolo della piazza. I nonni mangiavano presto e per arrivare ci voleva un'altra ora.

Il baretto non era certo il Savini, ma un panino imbottito, anzi un *sanguis*, l'avrebbe trovato. E acqua, certo, perché una donzella solitaria non poteva chiedere birra, si sarebbe notato. Sara spinse la porta coperta di adesivi, che consigliavano di aprire l'occhio e di bere Giommi, di leccare Mottarelli o Fortunelli e di bere aranciata Fanta. Il campanellino della porta suonò, annunciando il suo ingresso.

L'interno del locale era scuro e spoglio, con il bancone e i pochi tavolini di formica e acciaio. Solo un tavolo era occupato da un anziano che centellinava un bicchiere di vino.

Al suono della porta il barista si era alzato dallo sgabello dietro al banco e si era sporto per ricevere l'ordine.

«Buongiorno, signorina, desidera?»

«Panini, li fate?»

«Certo signorina, con il prosciutto cotto o il salame?»

«Mortadella no?»

Il barista la guardò come se la mortadella fosse roba da poveri.

«Anche col salame va bene e un bicchiere d'acqua, per piacere. Mi siedo, me lo porta lei?»

«Faccio in un attimo» disse il barista, pulendosi le mani sul grembiule non proprio di primo bucato e afferrando poi una rotonda michetta da un sacco di carta dietro al bancone.

Sara ebbe un attimo di esitazione, poi pensò che gli anticorpi dovevano pur guadagnarsi lo stipendio e quindi senza più remore raggiunse il tavolino e si sedette. Spinse la valigia sotto al tavolo.

Era incazzata. Molto incazzata. E non doveva mostrarlo. Forse più delusa che incazzata. Carlo... Carlo era debole e senza carattere. Ci aveva creduto, ma quando lo immaginava a Roma da solo con la sua bellissima ex... be', non riusciva a pensare che stessero solo lavorando. Probabile non gliene aveva parlato per non farla soffrire, sapeva di non poterle promettere un assoluto distacco da Enrica.

Avrebbe voluto sentirlo... no, non avrebbe voluto.

La verità è che Carlo era senza rete, ma non così la Sala. La rossa doveva avere i riccioli anche sullo stomaco, se riusciva a resistere da comunista (si fa per dire... ce la voleva vedere alla Breda, la rossa), in ogni caso se riusciva a stare in piedi con Bernabei in RAI! Rompere le palle a qualche potente non doveva essere così facile. Ma lui, quel ragazzone grande e grosso che emanava bontà... altro che *cazzimma* come avrebbe detto il compagno Fofò.

Era preoccupata per Carlo. Finalmente lo ammise con sé stessa. Era stato il primo ad accarezzarla e al tempo stesso ad abbandonarsi a lei. Senza violenza. Senza stridore. La faceva sorridere, le permetteva di lasciarsi andare. Le aveva fatto comprendere di essere padrona del suo destino.

E ora... quei due erano in pericolo! Accidenti, persino lei li pensava come coppia! Realizzò, con razionalità, che Enrica era una presenza rassicurante. Per quanto stronza e sciupamaschi, era tosta e forse l'avrebbe tenuto fuori dai guai, guai che sembravano formare il terreno di coltura naturale per Carlo.

Aveva bisogno di notizie. Sul tavolino c'era un giornale, ma non riportava nulla dell'incidente occorso a Santucci e non c'erano televisori in vista. La radio dietro al banco era spenta. Poteva forse chiedere al barista di accenderla? No, non voleva farsi notare. Doveva aspettare, dai nonni la radio c'era, l'avrebbe accesa lì.

Sentì che i troppi pensieri le toglievano lucidità e le venne il desiderio di bagnarsi la fronte con acqua fresca, per respingere quei punteruoli che non riusciva a fermare.

«Scusi, dove sono i servizi?» chiese al barista.

«Fuori, signorina, la porta blu a sinistra nel cortile» disse l'uomo che stava affrontando il taglio di un grosso salame con piglio guerriero.

Sara si alzò, prese la borsa e uscì nel cortile. Spinse la porta blu con circospezione, ma ebbe la gradita sorpresa di trovare un bagno decoroso, un lavabo persino fornito di sapone e uno specchio nemmeno troppo scheggiato. Fece scorrere l'acqua e si bagnò i polsi e la fronte. Si chinò e bevve anche un lungo sorso. Poi si scrutò nello specchio. Nulla del recente turbamento traspariva nel suo volto. Neppure una ruga.

Era brava lei a dissimulare.

Mentre riattraversava il cortile sentì suonare il campanellino della porta del bar. Qualcuno era entrato. Istintivamente guardò dal vetro prima di spingere la porta per rientrare.

Davanti al banco un uomo con un cappello in testa: un Borsalino. Sembrava l'uomo che l'aveva superata con la 1100 blu. Il tizio si stava guardando intorno. A un tratto tolse il cappello e l'appoggiò sul bancone. Sara sussultò. Era l'uomo biondo della foto!

Si ritrasse di scatto. Non poteva essere una coincidenza. La stavano seguendo, cazzo! Come avevano fatto? Era salita sul tram e nessuno era stato con lei durante il percorso. Ripercorse mentalmente i pochissimi passeggeri.

La donna che non sembrava una massaia! L'aveva vista vicino alla corte e poi alla fermata del tram. Si era dileguata solo dopo aver sentito la sua destinazione, quando l'aveva comunicata al bigliettaio.

E adesso?

Doveva rientrare nel bar come se niente fosse, mangiare il suo panino, poi chiedere qualche gettone al barista e telefonare a Leandro. Con i soliti codici comunicare «Contatto persona attenzionata» e indirizzo. Poi andarsene senza mutare i programmi. Ci avrebbero pensato loro.

Questo era quello che avrebbe dovuto fare.

Ma non era quello che avrebbe fatto.

Una sorta di rabbia, anzi di furore la invase.

Basta fare la brava bambina che porta i messaggi all'eroe, che poi fugge e la lascia da sola. La brava figlia intristita ma ubbidiente, silenziosa, non-crea-mai-problemi. La brava mogliettina del questurino che è pure spia. Spia come lei che riporta le informazioni e dice tante bugie. Solo con Carlo si era lasciata andare, lui era il suo amore maldestro e avvolgente, che la lasciava libera di non essere perfetta.

E lui le aveva mentito.

Come lei, in fondo, che però lo faceva per quel fratello partigiano che le stava nel sangue, non per un altro amore.

Non avrebbe aspettato nessuno. Avrebbe agito da sola.

Tornò indietro nel bagno e si chiuse all'interno. Aprì la borsa e scucì la tasca nella fodera. Mai avrebbe pensato di disfare in così breve tempo il lavoro fatto. Prese la piccola pistola e se la mise in vita, dentro i pantaloni.

Tolse dalla borsa lo scarso contenuto che distribuì nelle tasche e buttò la borsa troppo ingombrante nella spazzatura. Poi uscì dal bagno, ma non tornò verso il bar, andò invece verso l'uscita secondaria del cortile, adocchiata prima.

Sulla strada vide subito la 1100 blu parcheggiata poco lontano. Ipotizzò che l'uomo l'avesse superata in macchina per non insospettirla, convinto che lei avrebbe proseguito lungo la strada senza deviazioni. La decisione di Sara di fermarsi al bar doveva averlo spiazzato. Sicuramente non l'aveva vista entrare, in quanto la macchina era troppo lontana quando lei era entrata nel locale, ma era tornato per verificarlo.

E ora? Avrebbe atteso un po' e poi sarebbe uscito, cercando di capire dove potesse essere finita. Oppure avrebbe chiesto al barista? Forse no, anche il biondo non voleva farsi notare, forse per qualche ragione in più di lei... E se l'oste avesse fatto qualche commento sulla signorina chiusa in bagno avrebbero scoperto la sua fuga. C'era anche la sua valigia, lasciata sotto al tavolino. Non cambiava poi molto per quello che aveva intenzione di fare.

Intanto aveva raggiunto l'auto. Provò ad aprire il portellone del bagagliaio. Chiuso. Ovvio. Doveva provare ad aprirlo, ma con cosa? Si mise la mano in tasca della giacca tastando gli oggetti che aveva recuperato dalla borsa. Che mucchio di inutili cianfrusaglie. Per fortuna non passava nessuno in quella strada di periferia.

Cercò nella tasca dei pantaloni e il contatto con il set da cucito la riempì di adrenalina. Prese le forbicine e introdusse la punta nel blocchetto di apertura del cofano. Pochi giri e il cofano si aprì. Senza esitare Sara si chiuse nel bagagliaio e attese. Il cuore aveva dato qualche colpo, ma ora batteva regolarmente. Si sentiva in gioco.

18

Ritorno a Milano

sabato 21 settembre 1963, ore 17
treno da Roma a Milano

Nemmeno lo straccio di uno strapuntino in prima. Enrica e Carlo erano riusciti a strappare, tra gomitate e colpi di anca, due posti di fronte in un freddo scompartimento di seconda puzzolente di ammoniaca. I sedili in similpelle marrone avevano di certo avuto una vita precedente, e di quella si erano tenuti scivolosità e molle a malapena contenute dal tessuto. Lo spazio era quello che era e le lunghe gambe di Carlo sfioravano quelle di Enrica a ogni sobbalzo.

Forse lei lo faceva apposta, ma a Carlo non spiaceva affatto. Anzi, avrebbe voluto averla al fianco per sentire sulla sua coscia il tocco di quella di Enrica. A ogni contatto sentiva stilettate salirgli nella spina dorsale. Chiuse gli occhi per non vederla. Peggio. Aveva ancora in mente il respiro caldo di Enrica sul suo collo e il profumo di limone a occhi chiusi sembrava ancora più penetrante.

Meglio restare lucido e concentrarsi sulle prossime mosse, che non erano per nulla semplici.

I deboli accorgimenti che avevano preso non avrebbero retto a lungo. Everardo si era di certo già accorto dell'inganno. Non ci voleva molto per immaginare che l'unica loro mossa possibile era quella di tornare a Milano. Avevano al massimo un paio d'ore di vantaggio e, come già deciso, era meglio non tornare nelle rispettive case. Enrica era riuscita dalla stazione a chiamare la sua vecchia amica Adele e avrebbe passato la notte da lei, ma Carlo non sapeva dove andare. Aveva provato a chiamare a casa, ma Sara non aveva risposto. E la cosa non gli piaceva per niente.

Doveva riuscire ad avvertirla.

L'unica era avvisare Luigino. Provare a scendere a Firenze e tentare di chiamarlo nel cambio della locomotiva? Rischiava però di rimanere a terra, e non voleva lasciare Enrica da sola.

Avrebbero potuto scendere entrambi a Firenze e fermarsi un po'. Come in un viaggio di nozze... si sorprese a sorridere.

«Che c'è da ridere?» La voce di Enrica aveva una insolita, dolce, sfumatura.

«Niente, niente» rispose. «Mi era venuta in mente la faccia del nostro amico nel vedere il contenuto della cartel lina.»

Si passò una mano sulla giacca, palpando lo spessore della busta che bruciava sul petto. Non avevano voluto aprirla in mezzo ad altri. Cosa conteneva?

Enrica, la testa contro la paretina di vetro dello scompartimento, pareva assopita. Il foulard a fiori le copriva i capelli e parte del volto. Un ricciolo ribelle le usciva sulla fronte e si muoveva al ritmo del treno. Carlo lo guardava come ipnotizzato.

Uno scossone più forte del vagone la svegliò. A un cenno di Carlo si alzarono e uscirono nel corridoio pieno di persone; nella confusione si poteva parlare senza il rischio che orecchie indiscrete li ascoltassero.

«Dobbiamo avvertire Pennisi e anche Luigino. Di questi tempi meglio che *mala* e *pula* ci diano una mano» le disse piano.

Lui ed Enrica erano quasi abbracciati. Per sostenersi e non finire addosso agli altri passeggeri e anche per parlarsi, dovevano per forza stare vicini. Sembravano una normale coppia di fidanzati, se non marito e moglie, in viaggio.

«E come pensi di fare? Dobbiamo aspettare di arrivare a Milano!» rispose Enrica.

Carlo si chinò verso di lei, scansò con il naso il foulard e le sussurrò: «Ho pensato che, nell'eventualità che Everardo abbia mandato qualcuno a controllare gli arrivi dei treni da Roma, è meglio che dopo Bologna ci dividiamo. Io mi sposterò nelle carrozze di coda e uscirò da lì».

«Hai ragione. Io attaccherò bottone con qualche altro passeggero, così percorrerò la banchina con loro e darò meno nell'occhio. Tu fai altrettanto.»

«Va bene» disse Carlo. «Ti chiamerò appena possibile al numero della tua amica. Ho pensato una cosa: vado da mia madre in via Dezza e faccio sapere a Sara di raggiungermi, così eviterò il Borg de Scigulatt dove è facile ritrovarmi.»

«Quindi guarderai da solo il contenuto della busta?» Enrica lo fissò con un'ombra dell'antica diffidenza.

Carlo sospirò. «Non mi sembra ci siano alternative, per ora.»

Enrica afferrò con impeto i risvolti dell'impermeabile di Carlo. «Stai attento agli strani figuri che ci inseguono, ma soprattutto stai attento a questo: se pubblichi qualche notizia con il contenuto di quella busta senza prima dirmelo... ti ammazzo!» Il viso era feroce e Carlo la prese sul serio.

«Tranquilla, uno scoop in questo momento è l'ultimo dei miei pensieri» le sorrise e le sfiorò la guancia con un dito. Poi riprese: «Forse è meglio dividersi subito. Vado». Le strinse il polso, e si girò per allontanarsi.

«Carlo!» si sentì chiamare mentre già arretrava verso il fondo del treno.

Enrica si mosse nel corridoio affollato e gli si avvicinò, gettandogli le braccia al collo. Gli disse perché sentissero le persone vicine a loro: «Non lavorare troppo» e poi abbassando la voce e avvicinandosi all'orecchio come se fosse un bacio sussurrò: «Stai attento. Ti aspetto».

Carlo si sentì avvolgere da uno strano senso di calore. Scosse la testa e si rimise a camminare finché trovò uno scompartimento più lontano, con un posto vuoto.

«Permesso, è libero quel posto?» chiese.

Cinque paia di occhi lo guardarono un po' stupiti. In effetti era strano che qualcuno si dovesse ancora accomodare a quel punto del viaggio.

«Sono fuggito dal mio posto, il mio vicino ha deciso di fare un sonnellino, ma era decisamente troppo rumoroso per i miei gusti» disse Carlo con un sorriso.

Vide i volti distendersi in espressioni di divertimento e comprensione.

Carlo, intanto, tra il chiacchiericcio degli altri viaggiatori, si era seduto nel posto in mezzo e si rilassò, finalmente, provando a dormire.

Si svegliò quando il treno stava già entrando sotto i grandi archi della Stazione Centrale. E si preoccupò: avevano passato Firenze e Bologna senza che nemmeno se ne fosse accorto. Chissà Enrica.

«Eccoci arrivati» disse una compagna di scompartimento, un'anziana magra con una stola di visone appariscente.

«Posso darle una mano con i bagagli, signora?» le propose Carlo.

«Che gentile, ma non si disturbi...» disse la donna.

«No, no, signora: è un dovere.» Senza attendere risposta, Carlo prese dalla reticella una valigia voluminosa.

Carlo si calcò bene sulla testa il cappello e poi sempre tenendo anche la valigia della signora scese dal treno. Ottimo. Se qualcuno lo stava aspettando, avrebbe cercato un uomo alto con una bella donna dai capelli rossi, senza bagagli. E invece lui si accompagnava a un'anziana magrissima e trasportava una voluminosa valigia.

Percorse la banchina continuando a chiacchierare con la compagna di viaggio. Si guardava intorno, ma non vide nulla di strano. In testa al treno parecchie persone scrutavano la folla dei viaggiatori, ma questa era una consuetudine.

Carlo accompagnò la signora, che non smetteva di parlargli, fino al parcheggio dei taxi. Faticò a liberarsi dei suoi ringraziamenti. Un biglietto da visita gli fu infilato a forza tra le mani.

«La prego, venga a trovarmi» squittì ancora la signora nel salutarlo, agitando le zampine della sua stola di visone. Inutile: lui era l'idolo delle ultracinquantenni.

«Certo, certo» disse Carlo. Con un sorriso accompagnò la donna che saliva sulla 600 Multipla nera e verde, ma i suoi occhi scrutavano in giro come aveva visto fare ai poliziotti furbi di *Mani sulle città* di Rosi. Che film!

Carlo si scosse. Non riusciva a fermare i pensieri che divagavano. Allungò il passo tra la moltitudine di viaggiatori e accompagnatori, che staccava in altezza col suo metro e novanta.

Si alzò il bavero dell'impermeabile e si calcò meglio in testa il cappello. Brrr... Milano si preparava all'autunno.

Già una leggera nebbiolina appannava la vista. Carlo guardò l'orologio: le undici. L'ora poteva essere quella giusta. Gli era venuta un'idea.

Si incamminò veloce verso i portici della stazione sul lato della via Ferrante Aporti e vide da lontano i fuochereli accesi. Vicino a questi una donna traballava sui tacchi altissimi, camminando in su e in giù sul marciapiede. Erano già al lavoro le professioniste della notte! pensò, avvicinandosi.

«Ehi, mi scusi...»

La donna si girò. La forte mascella squadrata e il pomo d'Adamo ne rivelarono senza alcun dubbio il genere.

«Ehi, che gigante! Vuoi farmi provare il brivido dell'altezza? Io sono la Carolina» disse prendendogli il polso. Carlo si svincolò con dolcezza.

«No grazie, magari un'altra volta. Cercavo la Magda. Sai se è qui?» chiese con un pizzico d'ansia. Il volto di Carolina si oscurò, ma subito la mascella squadrata si sciolse in un sorriso.

«Oh, quella Magda. Sempre a lei i più belli! Ma cosa ci fa?» domandò, storcendo la bocca in un broncio vezzoso. «È là, comunque» disse, indicando un angolo un poco più lontano dove si vedeva un'altra sagoma vicino al fuocherello.

«E grazie, Carolina» disse Carlo. Si frugò nelle tasche. Doveva esserci il *millino*, il resto del taxi di Roma. Il tempo di tirarlo fuori e Carolina gli aveva già stretto la mano facendo sparire la banconota con la rapidità dell'abitudine.

Magda indossava un corto abito di lamé. Stava ferma davanti al fuoco con la mano posata sulla guancia per mascherare il volto dai tratti duri. Gli occhi, però, erano grandi e sensuali e scrutavano le persone come un radar.

Riconobbe Carlo quasi subito. «*Oh signur, vardè chi l'è*

chi. Ciao, belé. Ma non c'era bisogno di venire a trovarmi *a bottega*, per te era aperta anche la porta di casa» disse, portandosi una mano al fianco e sbattendo le ciglia.

«Ciao, Magda. Devo chiederti un piacere. Dovresti andare a casa mia e portare un messaggio a Sara. E riusciresti a chiamarmi il *Luisin*? Devo parlargli senza che lo sappia nessuno. Magari riesce a venire qui con la mia Vespa.»

«Cioè, dovrei lasciare il lavoro, andare a *cà tua, dalla tua dona*, portarle un messaggio e poi chiamare il *Luisin* che ti porti qui la tua motoretta?» chiese con aria incredula.

«Ti pago, mica devi farlo gratis. Dai, Magda...» la supplicò Carlo, tentando di sfoderare il suo sorriso migliore. Sapeva che valeva per le signore sopra i cinquanta, ma che anche Magda avrebbe apprezzato.

«Va bene, vado. Tra l'altro l'ho vista stamattina, la tua Sara. *L'era insema al Luisin* e sono venuti a chiedermi della Marisa. Non so cosa sta succedendo, basta che non mi metti nei guai *el Luis*, che è l'unico tra questi pappa che non ci sfrutta. Caro è caro, ma almeno non pretende.»

Carlo non fece troppo caso a quello che stava dicendo Magda. Non era tempo di inchieste sullo sfruttamento della prostituzione. E il fatto che Sara avesse parlato con Luigino lo tranquillizzò. Il nome di Marisa non gli diceva nulla. Roba di donne, meglio non saperne. Ora gli bastava che Magda andasse in fretta alla corte dal *Luisin*.

«Allora andrai?» chiese ansiosamente.

«Vado, vado. Aspettami da queste parti. Là però, un po' più lontano. Questo è il mio posto e non vorrei che i miei clienti facessero confusione» disse con espressione maliziosa.

Carlo sorrise debolmente. E si sorprese vedendo che Magda aveva tirato fuori, da chissà dove, uno *scussarin* che la trasformava in una domestica che serviva in qualche appartamento degli *sciuri* di via Fabio Filzi.

Magda si allontanò a passi veloci e Carlo rimase ad aspettare. Calcolò che tra andare e tornare dalla stazione al Borg de Scigulatt ci sarebbero voluti circa quaranta minuti. Nel biglietto per Sara aveva scritto di prendere un taxi e raggiungerlo da sua madre. Lui avrebbe raccontato al Luigino del nuovo pericolo e di stare in campana e poi avrebbe raggiunto anche lui la casa di via Dezza. Everardo sapeva dove abitava sua madre, ma forse per quella notte non sarebbe riuscito a raggiungerli. Domani avrebbero pensato a una soluzione alternativa. Si strinse nell'impermeabile, sentendo il freschetto della notte insinuarsi sotto i vestiti.

Dopo trenta minuti, un ronzio conosciuto lo fece sobbalzare. La sua Vespa! Grande Luigino!

La figura sulla Vespa, però, non aveva la giacchetta striminzita del *Luisin* ma il vestito di lamé e i tacchi alti. Carlo guardò a bocca aperta Magda che con perizia consumata si fermava sgommando davanti a lui.

«Eccoti qui la tua motoretta» disse con voce squillante mentre smontava di sella.

«Ma... il Luigino?»

Magda fece un gesto di taglio con la mano. «Sparito. *Puf. Ghé minga.* Non so dove *l'è.*»

Strano. Era difficile che il Luigino lasciasse a lungo la corte. E di solito quando qualcuno lo cercava compariva miracolosamente da anfratti noti solo a lui.

«E Sara? Le hai dato il biglietto? Che ha detto?»

«Anche lei... *Puf!* Sparita!»

«Come? Non c'era?» Carlo sentì un sudore freddo invadergli il corpo.

«Ho bussato alla tua porta. Poi visto che nessuno rispondeva ho aperto io...»

«C'era la porta aperta?!»

«Be', no ma *l'è minga* difficile con la forcina dei capelli... insomma, l'hai finita di interrompermi sempre? A farla breve, sono entrata e non c'era nessuno, ma sul tavolo della cucina ho trovato questo.»

Magda si tolse dalla tasca un biglietto piegato in quattro e glielo porse.

Carlo aprì il biglietto e riconobbe subito la calligrafia regolare di Sara. Lesse le poche righe.

Carlo, sono le dieci e poco fa ho saputo che sei a Roma con la tua cara Enrica. Non sono arrabbiata, sono delusa. Pensavo che tra noi ci fosse soprattutto sincerità. Devo riflettere un po'. Da sola. Vado a casa dei nonni per qualche tempo. Non cercarmi. Mi farò viva io. Sara.

Carlo alzò gli occhi al cielo. Se ne era andata dopo aver scoperto la sua menzogna. La pancia gli si era stretta. I denti digrignavano. Sentiva la mascella contrarsi. Merda. E ancora merda. Altro che riflettere! Sara aveva una testa dura. In molti la sottovalutavano, sembrava una signorina senza un briciolo di cervello. Sembrava.

Contemporaneamente realizzò che Sara, però, era al sicuro. Almeno non l'aveva messa in pericolo. Se ne era andata in mattinata, mentre loro stavano ancora aspettando Everardo al bar di Trastevere. Nessuno avrebbe ora potuto farle del male.

E se l'avessero usata per arrivare a lui? Se l'avessero usata come ostaggio per farsi ridare i documenti? Era gente senza scrupoli che non aveva esitato a uccidere un magistrato.

«*E adess?*» La voce di Magda lo scosse.

«Ah, Magda, che casino. Sara se n'è andata...» disse, passandosi una mano sulla fronte.

«Quello l'ho letto... E *adess?*»

«Come l'hai letto?»

«Oh, Carlo, che palle che sei...»

«Forse è meglio così. Un balordo come me... meglio starne alla larga.»

«Eh dai! Mica ti metterai a fare come i miei clienti che piangono sulle mie spalle invece di godersela?»

«Magda, Magda...» sorrise Carlo e infilò la mano di nuovo in tasca.

«Non mi devi niente: offre la ditta. Ti ha appena mollato la *tusa*. Sparateli in vino, che ti conviene... Magari quando sei più tranquillo vieni a trovarmi e beviamo quel vermut che ti ho promesso e mi racconti *tuscoss*» disse, facendogli gli occhi dolci.

«Ehi, a proposito... non sapevo sapessi guidare la moto così bene» disse mentre metteva in moto la Vespa.

Magda scoppiò a ridere.

«*Te set*, prima *de fa* la vita *fasevi il meccanic*! *Ma adess guadagni pussè. Cià che torni al me uffisi*» gli lanciò un bacio e poi si incamminò ancheggiando.

Carlo la guardò allontanarsi e prima di partire sbirciò l'orologio: mezzanotte.

19

Sara e Germana

sabato 21 settembre 1963, da tardo pomeriggio a sera
Milano, covo dei malviventi

La Fiat 1100 si fermò senza scatti.

Da trentacinque minuti era raggomitolata in quello spazio puzzolente, tra la ruota di scorta e il cric. Così dicevano le lancette fosforescenti dell'orologio.

Chi l'aveva seguita doveva essere un professionista, pensò Sara. Forse avrebbe dovuto aspettare Leandro... Non è che aveva fatto una cazzata?

Le facevano male tutte le ossa e si sentiva soffocare, anche se il bagagliaio non era a tenuta stagna e un po' d'aria circolava. Era pure riuscita ad alzare impercettibilmente il cofano e, sbirciando fuori, aveva tentato di capire dove fossero. All'inizio le era parso che la macchina girasse su sé stessa senza allontanarsi molto, come se l'inseguitore la stesse cercando. Una persona non può volatilizzarsi, no?

Un sorriso compiaciuto le era spuntato sulle labbra. La frustrazione di quell'uomo duro e pericoloso che si era visto sfuggire la preda sotto al naso era una gran soddisfazione! La cercava senza sapere di averla così vicina. Ma il sorriso le si era spento di colpo: cosa sarebbe accaduto quando lui l'avrebbe trovata lì dentro?

Sara strinse forte la pistola che teneva in pugno. Nell'altra mano, la piccola torcia elettrica che aveva portato con sé. Era pronta a puntare sia la torcia sia la pistola negli occhi di chiunque avrebbe aperto il bagagliaio.

Avevano girato ancora attorno a piazza Miani, che lei conosceva bene. Ci andava con i nonni a fare lo spesone nel nuovo supermercato. Per loro era meglio del cinema! Quegli scaffali pieni di Tide, di Pasta del Capitano... Le dicevano: entriamo qui dentro e ci sentiamo subito più puliti.

Di colpo la 1100 aveva accelerato. Forse il biondo aveva rinunciato alla ricerca e si dirigeva verso una meta precisa.

Un'altra mezz'ora con le ginocchia in bocca, la pistola in una mano e la torcia nell'altra. Poi svolte continue e velocità ridotta prima di imboccare una discesa. Un garage? Il motore si era fermato e la portiera era stata sbattuta in malo modo. L'uomo doveva sentirsi al sicuro.

Sara trattenne il fiato, con l'impressione che i battiti del suo cuore si sentissero anche all'esterno. L'inseguitore si era invece allontanato velocemente, senza aprire il bagagliaio. Sara aveva sentito il clangore della porta di metallo del garage che veniva richiusa.

Rimase ferma per un tempo lunghissimo, poi lentamente sollevò il cofano. L'ambiente era buio e spoglio. Uscì cauta dal bagagliaio. Era in un box, constatò con gli occhi ormai abituati al buio. Si piegò un paio di volte sulle ginocchia anchilosate. Poteva andare peggio. Con la piccola torcia illuminò il locale. Il garage era ampio e conteneva solo la 1100. Qualche scaffale vuoto appoggiato alle pareti. La saracinesca era abbassata. Sara si avvicinò e provò a tirare la maniglia verso l'alto: era chiusa a chiave.

Sulla parete opposta c'era una porta e le sue dita si strinsero con cautela sulla maniglia. Non era serrata, la spinse lentamente. Un corridoio poco illuminato portava in un altro locale. Sulla destra un bancone tipo bar, di fronte un brutto caminetto attorniato da sedie in finto stile rustico. Una tavernetta. Caspita! Aveva pretese di lusso, la casa. La stanza, posta in un seminterrato, era illuminata da un paio di bocche di lupo.

In fondo alla saletta scorse una scala a chiocciola rivestita di pannelli di legno che saliva verso il soffitto. Evidentemente da lì si accedeva all'appartamento.

Sara iniziò a salire la scala, benedicendo di indossare le ballerine.

Verso metà della salita sentì la voce di un uomo. Accidenti, pensò, la situazione si complica: non è solo. Continuò comunque a salire, con la pistola in pugno.

Si trovò in un corridoio. A destra si apriva una piccola camera da letto, più avanti, sulla sinistra, attraverso un arco si accedeva al salone principale.

Da lì proveniva la voce. Uno specchio di fronte al varco rifletteva l'interno della stanza. Sara con sollievo vide l'immagine di un uomo che parlava al telefono, fermo in piedi vicino a un tavolino. Era lui, quello che guidava la 1100, il professionista.

Sgusciò nella cameretta e accostò la porta, lasciando aperto uno spiraglio per ascoltare.

«Sì, lo so, Germana, ma la troveremo» diceva l'uomo, «non può essersi volatilizzata. Deve essere meno scema di quanto sembrasse. Di sicuro è allertata. Se è fuggita così è perché mi ha visto e mi ha riconosciuto. Tu che ne sai di questa sciacquetta? Sei sicura che il Cerri non ci abbia presi per il culo?»

Seguì qualche minuto di silenzio, poi l'uomo riprese:

«Cazzo, Germana, lo so anch'io che se cominciano ad associarci è un casino. Anche perché prima o poi troveranno il corpo di Raminghi e cominciano anche ad avere sospetti sulla puttana, quella Marisa. Guarda che sono sul pezzo, io! Intanto Bastiano mi ha dato il cambio e pattuglia la zona».

Sara ascoltava con il cuore che batteva a mille. Raminghi! L'avevano fatto fuori. E anche la prostituta Marisa... l'aveva ammazzata lui!

«Come dici? No, non sapevo che avesse dei parenti in zona. A te risulta così? Una cascina vicina, dici? Perlustreremo le cascine. Va bene, ti aspetto qui stasera, poi decideremo. Stai tranquilla, sai che non siamo dei pivelli.»

Ci fu ancora un momento di silenzio, poi l'uomo sbatté con forza il telefono sulla forcella. «Ma vaffanculo, brutta stronza!» lo sentì imprecare. Evidentemente Germana si era espressa sulla professionalità dei suoi compari.

Sara tremò per i suoi nonni. Sapevano di loro! Doveva fermare quegli assassini e in fretta, prima che andassero a spaventare i suoi poveri vecchi.

Coraggio, si disse. L'hai voluto tu e adesso ti tocca. Non era più una comparsa, ma la protagonista... e non di una commedia. Era arrivato il momento di mettere in pratica l'addestramento ricevuto.

Sara strinse le labbra e respirò forte poi impugnò saldamente la pistola a due mani, tenendola tesa davanti a sé, come le avevano insegnato. Si piegò leggermente sulle ginocchia e cominciò ad avanzare cautamente. Spinse la porta accostata della cameretta con la spalla e sgusciò nuovamente sul corridoio.

Lo specchio non le restituì più l'immagine dell'uomo. Dove cazzo era andato? Si accostò alla parete e si mosse al rallentatore, senza staccare la spalla dal muro.

In prossimità dell'arco si fermò e rimase in ascolto. Nessun rumore. Si sporse leggermente e vide che il biondo era sprofondato in una poltrona situata di fronte a lei. Aveva gli occhi chiusi e la testa reclinata verso il poggiatesta, mentre le braccia erano appoggiate lungo i braccioli.

Sara ebbe un minuto di esitazione. C'erano circa dieci metri tra lei e l'uomo. Poteva percorrerli di corsa e portarsi abbastanza vicino da tenerlo sotto mira, ma nel tragitto, pur avendo la pistola puntata, essendo in movimento sarebbe stata vulnerabile. Oppure poteva attendere nascosta e sperare che lui si muovesse e le desse le spalle.

Esitò solo un minuto. Poi uscì allo scoperto.

«Alza le mani, pezzo di merda. Se fai un solo gesto sparo» disse con voce ferma mentre si avvicinava velocemente.

L'uomo con un guizzo si rizzò in piedi e la sua mano corse sotto la giacca.

«Fermati immediatamente o sei un uomo morto. Metti le mani sopra la testa. Ti consiglio di non darmi un pretesto per sforacchiare quella testa di cazzo che hai. E ho un'ottima mira» urlò Sara.

L'uomo tolse la mano dalla giacca e la portò sul capo, insieme all'altra.

«Come cazzo fai a essere qui? Ma chi sei...?»

«Il tuo peggiore incubo, quello che ti farà andare dritto dritto al due, a San Vittore.»

«Ah sì? E con quale accusa? Sei tu che sei entrata a casa mia e mi stai minacciando con una pistola.»

In effetti.

«Ma quando racconterò che avete ucciso Raminghi e la povera Marisa la situazione sarà ben diversa» disse Sara.

«Hai origliato eh? Che brava spiona! Ma hai sentito male, eri troppo lontana. Ho detto che sono preoccupato per il povero Raminghi, che se prosegue con la frequentazione di certe signorine può finire male. Di Marisa non ho parlato. Mi spiace che tu abbia frainteso.»

Sara rimase in silenzio. Lo stronzo non aveva tutti i torti. Al momento non c'erano prove. E anche se avessero trovato il corpo di Raminghi... poteva risultare un regolamento di conti, magari da parte di un protettore troppo avido.

Il biondo percepì la sua esitazione.

«Sei una dilettante che gioca a un gioco più grande di lei. Ma il gioco può esploderti in mano. Stai attenta, se non vuoi raggiungere tuo marito, Gianni Cerri.»

Il professionista non sapeva tutto, però, rise Sara tra sé riacquistando fiducia.

«Parli troppo, grand'uomo. Per il momento sei tu che potresti farti molto male, mi sembra. Vi conosco: siete un gruppo di sgangherati complottisti che già hanno fallito a maggio e falliranno nuovamente adesso. Il fallimento sembra essere la vostra strada naturale» gli disse con voce sprezzante.

Questa volta l'uomo accusò il colpo. Sara vide le sue narici dilatarsi e la mascella stringersi. Evidentemente aveva colto nel segno.

Si buttò verso di lei cercando di toglierle la pistola, ma Sara se l'aspettava. Non poté far altro che premere il grilletto. Il colpo risuonò fortissimo. Un grosso fiore rosso si aprì sul petto dell'uomo, che rimase a guardarla stupito. Poi cadde in avanti, pesantemente, mentre il sangue usciva a fiotti dal foro del proiettile. Il corpo magro dell'uomo sussultò un paio di volte e poi rimase definitivamente immobile.

Sara si spostò, cercando di evitare che il sangue le raggiungesse le scarpe. Poi rimase ferma con il braccio lungo il fianco, ancora con la pistola in mano. Sentiva il battito del suo cuore in gola, accelerato. Respirò a fondo.

Era la prima volta che uccideva un uomo.

Non aveva mai ucciso nemmeno una lucertola, in realtà. Da bambina quando desiderava tanto far parte del gruppo degli scatenati ragazzetti della cascina li seguiva, nelle lotte, nelle prove di resistenza, sputava come loro, diceva parolacce, non si tirava mai indietro. Quando però catturavano le lucertole e le appendevano ai rami per la coda e davano loro fuoco lei scappava, e si tappava le orecchie per non sentire gli sfottò. *Fifona, fifona.*

Ma quello non era coraggio.

Guardò ancora l'uomo morto, poi alzò le spalle. Le era spiaciuto molto di più per le lucertole.

E ora… avrebbe aspettato la bella tenebrosa, anche se farlo era un'imprudenza.

Il telefono era lì, pronto. Avrebbe potuto chiamare Leandro, o la polizia, ma in questo modo rischiava di mettere Germana in allarme. Non sapeva dove fosse, come sarebbe arrivata e come si sarebbe cautelata. Vedendo movimento attorno alla casa c'era il rischio che se ne sarebbe andata. Era forte e capace, e aveva protezioni in alto. Quel generale, ad esempio, e intere strutture militari. In quel momento, invece, Germana era ignara di chi avrebbe trovato nella casa: l'occasione era troppo bella.

E poi, un po' oscuramente, Sara sentiva di doverla affrontare da sola.

La resa dei conti doveva svolgersi tra loro due. Non solo perché quella merda era un'assassina, ma anche perché sapeva che Gianni le aveva amate entrambe.

In realtà, poi, lei e Germana rappresentavano due idee di mondo che si fronteggiavano. E lei non era sicura che la sua avesse la strada spianata.

I ragazzi morti in montagna. I milioni di voti di aprile. Fausto. E Carlo, con la sua verità scomoda, le mani in tasca e il volto ingrugnito a vegliare quel padre che aveva creduto in ideali sbagliati ed era morto così, con un *bip bip* da telefilm come colonna sonora.

Non ci si riusciva a riconciliare. Dalle macerie della storia riemergevano spezzoni dolorosi che ferivano le coscienze. Era un lavoro costante e continuo di smussamento del quale lei non avrebbe visto la fine, ma che doveva affrontare.

Si infilò la pistola nella cintura dei pantaloni, dopo aver verificato che avesse ancora proiettili e fosse pronta a sparare di nuovo. Poi si guardò intorno. Il salone era arredato in stile moderno, con la tappezzeria a disegni geometrici e mobili dalle linee curve e dai colori brillanti. Tutto molto asettico.

Nessun oggetto personale in giro, né un libro, un giornale, un indumento. Probabilmente la casa veniva usata solo come rifugio provvisorio. Con cautela fece il giro di tutto l'appartamento. Oltre al salone e alla cameretta dove si era rifugiata prima c'erano una camera da letto e una cucina. La cucina, a differenza del resto, era arredata in uno stile finto campagnolo con i pensili di legno chiaro e tendine a quadretti alla finestra. Al centro della tavola una bottiglia di vodka piena a metà. Sara nemmeno la toccò. Sentiva piuttosto un buco nello stomaco e si ricordò che non mangiava da tempo infinito... rimpianse il famoso panino col salame lasciato al barista di piazza Miani, assieme alla sua valigia anonima e con cose di poco valore. Aprì il frigo, ma lo trovò quasi vuoto a parte un pacchetto di sottilette Kraft. Storse il naso, però lo prese e mangiò avidamente qualche fettina di formaggio.

Bevve poi un bicchiere d'acqua calda e dal sapore di ruggine presa dal lavello e poi si dedicò a esplorare l'esterno, per capire da dove aspettarsi l'arrivo di Germana. Le tapparelle alle finestre erano abbassate ma rade, in modo che la luce potesse filtrare ma da fuori non si potesse vedere all'interno. Nel salone, oltre all'arco sul corridoio, c'era una porta chiusa che dava verso l'ingresso della villetta. Di fianco, una finestra si affacciava su un giardinetto delimitato da una ringhiera. Il cancello in fondo aveva anche un passo carraio. La strada carrabile portava sul retro, all'ingresso del garage, presumibilmente. Sara uscì a controllare e vide che attorno al box c'era un ampio cortile.

Pensò che Germana sarebbe arrivata in macchina. Avrebbe potuto lasciarla in garage e salire dalla scala a chiocciola come aveva fatto lei. Oppure poteva uscire sul retro, chiudere il garage e fare il giro della casa per entrare dall'ingresso principale, come aveva fatto Oscar.

Sara doveva controllare entrambi gli ingressi.

Erano le due. Doveva aspettare parecchie ore. Alzò le spalle. Non aveva altri impegni nell'immediato, pensò con cupa ironia... Quindi si sistemò su una sedia in salone, in una zona dalla quale poteva tenere d'occhio i due possibili accessi. Impugnò la pistola e appoggiò la mano armata in grembo, a riposo ma pronta.

E si immerse nei pensieri, concentrata e in attesa. Come sapeva fare.

Il rumore di una macchina in avvicinamento la fece sobbalzare. Guardò l'orologio: le undici. Era passato il pomeriggio e anche la sera, ma lei era rimasta ad aspettare, paziente. Si era alzata un paio di volte per mangiare qualche altra fetta di formaggio e bere acqua tiepida dal rubinetto e per andare nel bagno modernissimo piastrellato di viola. Un incubo! Chi poteva rilassarsi in un bagno così? Architetti!

Adesso era pronta e vigile. Si alzò, avvicinandosi alla finestra della sala, giusto in tempo per vedere una macchina abbastanza grande entrare nel vialetto. Nel buio non riuscì a distinguerne modello e colore. Germana aveva le chiavi del cancello, evidentemente.

Si mise in attesa. La pistola pronta e il braccio alzato. A breve sentì un rumore di chiavi nella serratura della porta principale, poi il battente si aprì e Germana entrò nella stanza, a testa bassa.

«Oscar. Eccomi. Ho sentito Bastiano. Non l'ha trovata e...» Era entrata e si era girata per chiudere la porta a chiave alle sue spalle.

«Perché sono qui» disse Sara con voce pacata.

La donna fece un balzo e si girò di scatto, abbassandosi. La mano corse alla vita a cercare qualcosa.

Sara fece un passo avanti, sempre puntando la pistola. Era a meno di due metri dalla sua nemica.

«Fermati, non fare gesti. Alza le mani. Come ho detto al tuo socio ho un'ottima mira anche se da questa distanza nemmeno mi serve. Lui non mi ha ascoltato. Tu cerca di essere più furba» fece un breve cenno col mento verso il corpo dell'uomo prono sul pavimento, in una pozza di sangue.

Germana portò lentamente le mani sopra la testa. «L'hai ammazzato» disse con tono neutro, una constatazione senza nessun coinvolgimento.

«Allora è vero» aggiunse poi, guardandola con curiosità. «Avevano ragione a sospettare di te, non sei quella che fai credere. Con chi lavori?»

Sara taceva, continuando a mantenere lo sguardo fisso nel suo. Non poté fare a meno di notare quanto fosse bella, Germana. Il volto dal taglio esotico con i grandissimi occhi neri e con la bocca carnosa avrebbe irretito qualsiasi uomo.

«L'hai preso per il culo, il Gianni. E anche il tuo compagno attuale, il giornalista. Ma questo mi stupisce meno, è talmente ciula!» continuò Germana.

Una stretta al cuore per Sara. Con intuito quasi animalesco Germana aveva affondato nel punto più doloroso, ma rimase impassibile.

«Intanto il ciula a maggio vi ha fregati alla grande. Rispettalo! E piuttosto: per chi lavori tu, invece?» domandò, calmissima.

«E pensare che Gianni aveva quasi pietà di te!» disse Germana, ignorando la sua domanda. «Lo annoiavi mortalmente. Me lo diceva sempre, sai? Gli serviva una copertura di assoluta normalità e tu eri proprio la mogliettina ideale, caruccia, scipita e noiosa.»

«Grazie della *caruccia*. So che fai parte del gruppo del generale Vescovo. Cosa state preparando?» domandò Sara, sapendo che la sua domanda non avrebbe ricevuto risposta.

«Non ci credi eh? Sei stupida, anche. Non ti accorgevi che aveva altro per la testa? Che pensava a me quando scopava con te?»

Sara si sentì invadere più dalla noia che dalla rabbia. Germana aveva solo Gianni in mente e lei non intendeva proseguire quel confronto. Inoltre, era troppo pericoloso lasciarla così. Doveva concludere l'operazione e immobilizzarla, poi avrebbe pensato al da farsi.

«Stai zitta che ci guadagni molto in charme. Adesso ti inginocchi e metti le mani dietro alla schiena. Sbrigati» disse Sara, agitando la pistola.

Germana la guardò torva e poi si curvò sulle ginocchia.

Il salto in avanti fu improvviso e anche repentina la mossa della gamba che sferrò un calcio ad altezza del braccio di Sara.

Anche stavolta Sara se l'aspettava, ma esitò. Se l'avesse uccisa tutte le preziose informazioni sull'organizzazione sarebbero state sepolte con lei. Provava anche un'insana ritrosia a rovinare quel volto così bello...

Il calciò la colpì con forza sull'avambraccio. La pistola le cadde di mano. Si tuffò per riprenderla, ma la stessa cosa fece Germana che la afferrò per i capelli e la tirò indietro, dandole nel contempo un calcio al volto. Sara cercò di fare altrettanto, ma Germana ormai era più avanti. Riuscì a prendere la pistola, si girò e la puntò verso di lei.

«Ferma. Come vedi le cose cambiano in fretta. E cambieranno ancora, tra breve. Poi, per te, non cambieranno mai più» rise, di un riso sguaiato che la imbruttì.

Sara non si mosse. Era sdraiata sul pavimento appoggiata ai gomiti con il busto alzato, a circa due metri da Germana che le puntava la pistola alla testa.

Sospirò lievemente. Be', aveva perso. Pochi secondi e il quadro era stato completamente rovesciato, l'esitazione le era stata fatale.

Socchiuse gli occhi. Dai, spara, pensò. Le spiaceva per Carlo, nonostante tutto.

«Sei finita. Non credere che ti imprigioni, tra un attimo ti uccido.»

«Procedi pure» disse Sara, la voce era calma. Era così che funzionava. Che a un certo punto finiva tutto. E se non fosse stato per Fausto, sarebbe continuata per quanto ancora? Si sentiva maledetta. Come quando Gianni la notte entrava in lei senza una parola, come per svuotarsi.

«Ti infilerò un proiettile in quella bella testolina. Sarà un divertimento vedere il sangue imbrattare quei capelli biondi. Sapevi che Gianni odiava le bionde? Me lo diceva sempre, gli piacevano neri i capelli e nero anche tutto il resto» di nuovo rise sguaiata come prima.

Germana aveva un'espressione strana, notò Sara. L'ossessione per Gianni Cerri la stava divorando. Sara ebbe l'impressione che esitasse a ucciderla perché era l'unico legame che le era rimasto con lui. Doveva sfruttare questa mancanza di lucidità della sua avversaria. Non aveva nulla da perdere...

«Sì, certo, stava tanto bene con te al punto che è fuggito e non ti ha più cercato» disse Sara, la bocca atteggiata a un mezzo sorriso.

Vide il volto di Germana deformarsi, quasi avesse ricevuto un pugno in faccia.

«Cazzo dici? È morto, come fanno i morti a cercare qualcuno? Tu sì che lo ritroverai tra poco e l'annoierai per l'eternità!»

«Non è morto, è fuggito in America. E a me ha scritto, a te... nemmeno un pensiero!»

Germana ansimava, sconvolta.

«Non ci credo, se Gianni fosse vivo si sarebbe messo in contatto con me. Stai bleffando.»

«Ho una sua lettera, qui, nella tasca. La porto sempre con me. Leggila, se non ci credi» disse Sara, avvicinando la mano verso il petto.

«Non muoverti!» Con la mano che impugnava la pistola Germana colpì con forza Sara sul volto. Poi la prese per i capelli con l'altra mano. «Stai mentendo, brutta stronza! Stai mentendo! Gianni... se fosse vivo... se fosse vivo... Dammi quella lettera!»

Sara sentì la pelle del volto lacerarsi e il sangue scorrere. Ma Germana ora era vicina e con la guardia abbassata. *Cercate di fare manovre imprevedibili*, le sembrò di sentire la voce di chi l'aveva addestrata quando era entrata nell'organizzazione.

Invece di protendersi verso l'altra si abbassò di colpo, sdraiandosi di fatto sul pavimento e togliendo i capelli dalla presa dell'avversaria. Intrecciò le sue gambe con quelle di Germana, poi rotolò di fianco. La donna perse l'equilibrio e cadde pesantemente a terra. Nel cadere sparò, ma il colpo di pistola esplose contro la parete.

Sara si alzò velocemente e si buttò verso Germana per bloccarla. Non ce n'era bisogno: nel cadere la sua avversaria aveva battuto la testa contro lo spigolo del tavolino da fumo di cristallo e acciaio e giaceva immobile per terra, prona, e sanguinava dalla testa. In mano aveva ancora la pistola.

Sara le mise due dita sul collo. Il battito c'era ancora, non era morta. La prese per i capelli e alzò leggermente la testa per vedere la ferita: non sembrava grave.

Non voleva che Germana morisse così. Quel preziosissimo bagaglio di informazioni doveva arrivare integro alla polizia e dare un altro colpo all'organizzazione nera che si stava ricompattando dopo i fatti di maggio.

Germana emise un gemito.

Sara non poteva permettere che si svegliasse, perciò pose le dita in un punto dietro all'orecchio, alla base del collo, come le avevano insegnato. Schiacciò con forza il nervo vago per una decina di secondi. Poi rilasciò. Lo svenimento sarebbe durato almeno un'ora.

Che casino aveva combinato, pensò, osservando la stanza. Il corpo di Oscar giaceva nel tratto di sala davanti alla porta e Germana quasi di fronte. Germana teneva ancora la pistola in mano. Sara pensò che ora sì, doveva chiamare al più presto rinforzi. Aveva bisogno di ordine e protezione.

Si avvicinò al telefono. Il numero l'aveva memorizzato, come memorizzava sempre tutto. Lo formò lentamente con il disco combinatore e poi restò ad attendere.

«Pronto?» la voce roca rispose dopo parecchi squilli.

«Bar Il Matavell? Signor Mario, mi può chiamare il Luigino per favore? Gli dica che *l'inglesa* ha bisogno di lui.»

20

Il boia di Amaro

sabato 21 settembre 1963, ore 23
Milano, via Dezza, casa di Giovanna

La via Dezza era fredda, umida. Il giardino asfittico che aveva sostituito e coperto le rotaie del trenino che dalla Riva Calzoni andava verso la Bullona era vuoto e persino gli alberi puzzavano. Nemmeno un cane che accompagnava il suo padrone a fare una passeggiata. Meglio così.

Carlo avrebbe voluto parcheggiare dentro al cortile la Vespa, ma capirai se quegli impiegatucci gliel'avrebbero permesso.

«Eh no, dottor Passi, non costa molto, appena diecimila lire il posto moto...» La voce stridula della Evelina Occhiuto di nome e di fatto, zitella per sempre, gli risuonava già nelle orecchie, pronta e in guardia nonostante l'ora.

Mise la moto sotto la finestra della portineria. Sua madre non si sarebbe lamentata.

Non filtrava nulla dalle persiane, quindi certamente dormiva. Carlo sospirò. Sperava di riuscire a svegliarla senza allertare i condomini dell'edificio o quelli dei palazzi vicini. Decise di non usare il citofono, faceva troppo casino.

Bussò invece lievemente sulla finestra, senza troppa convinzione.

Nel giro di qualche secondo sentì il rumore attutito dei suoi passi. I vetri evidentemente erano solo accostati. Il volto comparve tra le righe delle persiane.

«Carlo!» sussurrò l'anziana donna. «Che ci fai qui a quest'ora? È successo qualcosa?»

«Fammi entrare. Ti spiego tutto.»

Sentì il *clang* del portone che si apriva.

In cima ai tre scalini la porta della guardiola a fianco della vetrata oscurata era socchiusa. Tornare nella casa di suo padre, che era stata anche la sua, gli faceva sempre l'effetto triste di un'Italia che cercava faticosamente di farcela. L'effetto sfiga. Di minestrina perché non c'era altro. Di dado.

Carlo si chiuse frettolosamente la porta alle spalle e ricacciò i ricordi.

Sua madre stava controllando che la vetrata fosse ben oscurata. Si muoveva cauta e attenta. Doveva essere stata dura, su in montagna. Ai piedi portava delle pantofole che non facevano rumore. Manco fossero dei ladri in casa loro! Forse così Giovanna si sentiva più a suo agio.

Carlo fu colpito dalla prontezza di riflessi della madre, sembrava lo aspettasse.

«Non dormivi? Mi hai aperto subito.»

«Oh, ho il sonno leggero. Alla mia età non si dorme più tanto» rispose lei. Non era poi così vecchia, pensò Carlo.

Già, quanti anni aveva sua madre? Aveva tre anni meno di suo padre. Sessantacinque, quindi. La osservò alla luce della debole lampadina: era infagottata in uno scialle grigio che non riusciva a mascherare la corporatura snella e forte. Aveva i capelli sciolti, appena ingrigiti e ancora folti. Solo il viso era solcato da rughe marcate, che la invecchiavano un poco.

Che vita sarebbe stata la loro se lei non li avesse abbandonati? Avrebbero continuato a litigare, Giovanna e Toio, per colpa di quelle merde di fascisti che avevano convinto suo padre che agivano per il bene degli italiani e non per i loro porci comodi? Enrica doveva essergli proprio entrata altro che nel sangue, nella testa. Pensava come lei, come un comunista.

«Carlo, mi dici cosa è successo?» chiese ancora a bassa voce la madre. Decise di non allarmarla. Avrebbe voluto chiederle della sua vita di partigiana, di come era stato lassù in montagna. Se avesse ucciso qualcuno. Se fosse tornata per recuperare il tempo perduto con lui. O se fosse solo un'altra fuga da chissà cosa.

«Nulla, mamma. Ho litigato con Sara e ho bisogno di stare lontano qualche giorno.»

«Litigato? A quest'ora? E perché?» lei lo guardò diffidente. Non sarebbe stato facile recuperare la confidenza. Di lei ricordava a malapena le litigate con il padre. Non aveva nemmeno provato a rintracciarla. L'aveva cancellata dalla sua infanzia, dalla sua vita da adulto. E, quando se l'era trovata in ospedale, davanti al letto di morte di suo padre, non aveva provato né rancore né amore, niente, l'aveva sentita estranea. Un'estranea che adesso viveva a casa di suo padre. Un'estranea che chiamava mamma e alla quale stava chiedendo aiuto.

«Sono andato a Roma per lavoro con una collega. Solo che era la mia ex fidanzata e a Sara non l'ho detto. Le ho detto invece che ero con un uomo... Ma lei lo ha scoperto.»

«E con questa donna...»

«Mamma, è complicato. Vuoi ospitarmi o no?»

«Ma certo, Carlo, questa è casa tua» disse con un sospiro.

Non aveva una buona opinione degli uomini, le lesse

Carlo nel pensiero, poi si lasciò cadere sulla sedia più vicina e gli piombò addosso tutta la stanchezza della giornata.

«Hai fame?» gli domandò sua madre.

Carlo realizzò che non aveva mangiato nulla da... non ricordava da quanto tempo.

«Sì!» esclamò.

«Ho un po' di pasta al ragù avanzata. Se vuoi te la scaldo» propose Giovanna.

«Grazie.» Carlo sentì la bocca riempirsi di acquolina solo al pensiero.

«Va bene. Vado a preparare. Se vuoi toglierti la giacca e lavarti le mani, fai pure. Ti porto subito la pasta.»

Carlo andò nel piccolo disimpegno con il lavandino e si guardò allo specchio. Aveva l'aria tirata e disordinata, i capelli spettinati e la barba lunga. Si lavò la faccia con l'acqua fredda, si ravviò i capelli con il pettine bagnato. Si sentì un pochino meglio.

Tornando nel piccolo tinello /salotto/sala da pranzo/portineria vide che la madre aveva apparecchiato il posto a capotavola, e aveva già sistemato la fondina bianca, il bicchiere e mezza caraffa di vino rosso.

Nel portapane di plastica facevano bella mostra due michette gonfie che chissà da dove aveva tirato fuori. Carlo si sedette, quasi gemendo di sollievo. Si versò un dito di vino e addentò una michetta. Di là sentiva spadellare.

Prese dall'impermeabile la voluminosa busta gialla. Era ora di guardare cosa contenesse. La aprì e ne tolse numerosi fogli, atti e foto.

Non era un cronista di giudiziaria, ma ne sapeva abbastanza per capire che quella roba avrebbe fatto la gioia di Stazio, un collega che passava le giornate a palazzo sperando che qualcuno gli allungasse qualche dossier.

Appoggiò i fogli sul tavolo e prese il primo. Un atto di

concessione di una tenuta agricola in Somalia, nella zona del Giuba. Guardò la firma: Benito Mussolini. Cazzo, il Duce! In persona. Lui.

L'atto era intestato a tal Dumini. Quel nome non gli era nuovo del tutto.

Ma certo! Era quello squadrista che suo padre spesso nominava, un altro fascista *non* pentito. Furbo, furbissimo, nel giro di quelli che cadevano sempre in piedi, coinvolto nell'omicidio di Matteotti.

Era libero ora, dopo l'amnistia di Togliatti.

Analizzò altre concessioni, in varie parti della Somalia. I nomi degli altri concessionari non gli erano noti. C'era poi una ratifica del governo italiano che confermava la validità di una delle concessioni.

Altri fogli riportavano calcoli relativi ad acquisti di consistenti quantitativi di banane prodotte dalle tenute da parte di una certa società AMB.

Non era cambiato molto, pensò Carlo: dal tempo del Ventennio l'azienda che gestiva il monopolio delle banane aveva perso solo la erre. Non era più la Regia Azienda Monopolio delle Banane ma solo Azienda Monopolio Banane.

E continuava ad arricchire i soliti. Gli assassini ripuliti e graziati che, come acqua sporca, erano colati e rientrati nel fiume della nuova società.

Carlo, disgustato, continuò a esaminare le carte. C'erano delle foto. Una mostrava una costruzione tra la folta vegetazione. Probabilmente una tenuta in Somalia. Davanti alla tenuta un uomo con vestiti coloniali, pantaloni alla zuava bianchi e un largo cappello in mano. Era troppo lontano, però, per distinguerne i lineamenti. Rigirando la successiva carta si accorse che era un ingrandimento della foto precedente. Il volto dell'uomo era in primo piano, ben visibile anche se la foto era un po' sgranata.

Era un uomo di circa cinquant'anni. Un viso squadrato, dal naso importante un po' aquilino. Gli occhi piccoli e neri sotto folte sopracciglia. I capelli tagliati corti e intrisi di brillantina pettinati all'indietro. Un volto reso ancora più inquietante da una voglia scura sullo zigomo sinistro. Guardò la foto con attenzione, alzandola e tenendola dritta davanti a sé. Non gli diceva niente, a prima vista, ma sicuramente doveva avere una grande importanza...

Un fragoroso rumore di piatti infranti lo fece sobbalzare. Si voltò e vide sua madre alle sue spalle. Aveva lasciato cadere la zuppiera colma di pastasciutta. Gli spaghetti rossi si allargavano sul pavimento. Lei aveva portato le mani alla bocca e guardava la foto con occhi sbarrati.

«Mamma! Ma cosa...» Carlo si alzò di scattò, facendo un passo verso di lei.

La donna, con volto innaturalmente bianco, non riusciva a parlare.

Carlo capì che stava per svenire. Tese le mani giusto in tempo per afferrarla mentre si afflosciava, dicendo quasi in un soffio: «Il boia, il boia di Amaro».

La donna si riprese solo dopo lunghi minuti, durante i quali Carlo provò tutti gli accorgimenti per farle riprendere i sensi. Provò con delicati schiaffetti sul volto, per poi passare a un panno imbevuto di acqua fredda passato sulla fronte. Infine, avvicinò il naso della madre alla bottiglia dell'aceto. Giovanna finalmente storse il naso e aprì gli occhi dicendo: «Allontana quella schifezza, odio l'odore dell'aceto!».

«Mamma! Cosa ti è successo?»

La donna girò lo sguardo verso il tavolo, dove erano ancora appoggiate le carte, tra le quali la foto.

«Aiutami a rialzarmi.»

Non appena fu in piedi si avvicinò al tavolo e prese in

mano la foto. L'espressione del suo volto era truce ed enigmatica.

«Questa foto... dove l'hai presa?» gli domandò.

«È una storia lunga. Fa parte del motivo per cui ero a Roma. Ma perché? Sai chi sia quest'uomo?»

«Sì. Purtroppo, sì. Si chiama Amerigo Fiorenzi. Ma è meglio conosciuto come il boia di Amaro.»

«Il boia di Amaro?» ripeté Carlo.

Giovanna si passò una mano sulla fronte. Poi riappoggiò la foto sulla tavola. Si diresse verso l'angolo dove c'era la scopa di saggina e la prese, cominciando a pulire il pavimento dagli spaghetti e dai cocci.

Iniziò poi a parlare sottovoce, con la testa china, continuando a lavorare con ritmo regolare, quasi che il racconto non venisse da lei, quasi non riguardasse lei.

«Carlo, lo sai, vi lasciai nel '38, quando furono emanate le leggi razziali. Non potevo più vivere con tuo padre. Lui continuava a difendere i fascisti, non riusciva a vedere il marcio e la violenza che portava. Vi lasciai. Non mi dilungo sulla disperazione con la quale soprattutto lasciai te, ma non sapevo verso quale destino stessi andando e non avrei potuto portarti con me. Ero io, in quel momento, l'eversiva e la fuorilegge. Tornai quindi in Carnia, nella mia terra. Là avevo una casa, sebbene vuota. I tuoi nonni erano già morti allora. Fin da subito mi unii ai movimenti antifascisti che ancora, però, non operavano attivamente con azioni di guerriglia. Fu solo dopo l'8 settembre del '43 che si organizzarono in vere e proprie formazioni partigiane, alle quali mi unii. Partecipai alla costituzione della Repubblica Libera della Carnia. Oh, anche lì, lo sai o forse no, non tutto è gloria. Le nostre azioni erano poi seguite da rappresaglie durissime sulla popolazione civile. A volte mi sono domandata...» Scosse la testa, senza concludere la frase, poi riprese sempre con voce sommessa e quasi meccanica: «I miei compiti inizialmente erano i soliti affidati alle donne nelle squadre partigiane: comunicazioni, ricerca di cibo, accudimento dei feriti. Ma ben presto i capi si accorsero che io ero svelta e forte, capace di usare le armi e sapevo anche guidare. Ero più vecchia delle altre compagne, e l'esperienza mi rendeva più fredda e più audace. Così cominciai a partecipare ad azioni di combattimento vero e proprio: agguati, sabotaggi, distruzione di armi e magazzini. In genere operavo con due compagni, Berto e Marin. Io ero Vannina. Ad Amaro, uno dei paesi non compresi nella Repubblica della Carnia, perché troppo presidiato dai fascisti e dai tedeschi, c'era questo gerarca particolarmente violento, Amerigo Fiorenzi appunto. Le sue controffensive erano brutali e, più che adempiere a un dovere, quando uccideva e torturava sembrava che fosse un piacere per lui. E non sembrava, era. Giravano storie raccapriccianti sulle sue azioni, compiute sempre con grande dispiego di forze. Era crudele senza essere coraggioso. Si accaniva sui più deboli. Purtroppo, avrei provato di persona la verità di queste voci.

Un giorno eravamo partiti in missione io, Berto e Marin. L'obiettivo era un deposito di armi, individuato in una valle sopra Amaro. Eravamo arrivati tutti e tre fino alle pendici del monte Amariana e poi ci eravamo separati. Io e Berto avremmo proseguito fino allo stavolo Posselie per passare la notte in un casolare vicino all'obiettivo e Marin sarebbe stato a valle per controllare la strada per il rientro. Questa era la regola: sempre un compagno a coprire il rientro.

Io e Berto siamo saliti verso sera. Avevamo le mappe disegnate nei giorni precedenti dagli esploratori, persone inviate appositamente in avanscoperta. Dopo un paio d'ore trovammo il casolare abbandonato. Vicino c'era una vecchia stalla dove entrammo e ci preparammo. Avremmo atteso il buio per muoverci.

Ma qualcuno ci aveva tradito. Sapevano che avremmo fatto quell'azione. A un tratto è entrata una pattuglia di militi fascisti e ci hanno catturato.

Il capo era lui, il Fiorenzi. Non dimenticherò mai il ghigno su quel volto quando gli fummo condotti davanti.

Sapevamo che saremmo stati giustiziati. Era la guerra e avevamo accettato tutte le conseguenze, ma non sapevamo davvero quello che avrebbe fatto.

Si fece condurre Berto.

Mi sembra ancora di vederlo, un uomo forte, tarchiato e scuro, dalle mani grosse di muratore. Era un compagno prezioso dalla voce potente e dalla risata contagiosa. Andò dinanzi al boia a testa alta, affrontando la morte da vero uomo. Il Fiorenzi lo fece legare a una sedia e ordinò ai suoi uomini di torturarlo, ma prima si avvicinò a me che ero legata e inginocchiata nella paglia e costretta a guardare.

Ho ancora davanti agli occhi quel viso lascivo e crudele.

"Per te abbiamo in serbo altro. Dopo lo spettacolo" mi disse. E poi fece cenno ai suoi di iniziare.

Picchiarono Berto con un nerbo di bue, gli misero addosso una maschera a gas che lo asfissiava. Appena perdeva i sensi attendevano che si riprendesse e poi ricominciavano.

Il Fiorenzi continuava a urlare, ci diceva di svelare dov'erano gli altri e dove avevamo la base e quanti eravamo. Ma Berto serrava le labbra e non emetteva neppure un lamento. Grosse gocce di sudore colavano dalla sua fronte. Lo guardavo e in quell'orrore mi sentivo mancare. Sentii che mio malgrado ero io a urlare che la smettessero. E invece Berto, lui, rimaneva in silenzio. Gli uomini si accanivano e lui non fiatava.

Il suo coraggio alla fine esasperò il Fiorenzi, che improvvisamente decise di intervenire.

"Non vuoi parlare eh? E non vuoi urlare? E allora quella tua lingua a che ti serve?" gli chiese, avvicinandosi, urlando. "A nulla ti serve!"

Io ebbi un orribile presentimento e iniziai a tremare. *No no*, dicevo tra me, ma non potevo fare nulla, legata e imbavagliata, potevo solo guardare.

Quel mostro orribile fece cenno ai suoi uomini di tenere ferma la mascella di Berto e di aprirgli la bocca. Poi si avvicinò e con calma tolse un lungo coltello da un fodero che portava alla gamba. Lo impugnò e si chinò sul mio povero compagno, gli prese la lingua e la tagliò di netto.

Vidi il fiotto di sangue uscire dalla bocca di Berto, vidi i suoi occhi strabuzzati e increduli, sentii la risata sguaiata del mostro, seguita da quella dei suoi. Poi tutto si confuse e persi i sensi».

Giovanna si zittì. Continuava a tenere gli occhi bassi verso il pavimento e ad agitare la scopa, avanti e indietro.

Carlo era come paralizzato dall'orrore e dall'angoscia. Aveva quasi paura di sentirla continuare. Gli sembrava impossibile che fosse lì con lui, viva.

«E poi?» sussurrò.

«Poi...» Giovanna si tolse una ciocca di capelli dalla fronte, «poi mi svegliai. Ero ancora legata nello stesso posto, ma loro non c'erano. Invece c'era Berto riverso in una pozza di sangue. Sentivo le voci dei mostri poco più in là. Dicevano che sarebbero andati a mangiare e poi sarebbero tornati per "finire il lavoro". Con me, ovviamente. I loro passi si allontanavano e io rimasi al buio, terrorizzata. Cercai di slegarmi senza riuscirci. Non potevo nemmeno immaginare ciò che avrei dovuto subire, dopo quello che avevo visto. Mi guardavo intorno, scrutando il buio e cercando una via di uscita. A dire il vero non speravo di fuggire, ma solo un sistema per uccidermi, in modo da non subire quello che quei mostri sarebbero stati capaci di inventare. Non c'era niente nella stalla, solo paglia e una vecchia mangiatoia, e io ero comunque legata e impossibilitata a muovermi. Davanti alla porta, poi, si proiettava l'ombra di una sentinella. Avevano preso tutte le precauzioni.

Ero ormai certa che non avrei potuto fare nulla e che sarei stata alla mercé di quei macellai.

A un tratto, però, la sentinella si accasciò al suolo. Qualcuno entrò nella stalla, camminando mezzo piegato e con un coltello sguainato in mano. Lo riconobbi subito: era Marin. Si mise un dito dinanzi alle labbra intimando il silenzio e mi venne vicino. Mentre tagliava le corde che mi tenevano legata mi sussurrò: "Ho visto il movimento sulla strada e la camionetta con gli uomini del Fiorenzi che si dirigevano in su. Ho capito che era successo qualcosa. Sono qui da un po', ma non ho potuto agire prima, il numero di quei maiali era troppo alto, mi avrebbero sopraffatto".

"Hai sentito cosa hanno fatto a Berto?" chiesi disperata.

"No. Ho sentito le loro voci e poi li ho visti uscire. Cosa è successo?"

Non so come, ma glielo raccontai in poche parole.

"Credo sia morto. Non si può sopravvivere a quello che gli hanno fatto" indicai con la testa la sagoma del nostro compagno riversa nel sangue. Il Marin mutò il volto in un'espressione dura, strinse le labbra e si avvicinò a Berto. Gli mise una mano sulla fronte e lo vidi trasecolare. "È ancora vivo" disse, incredulo.

"Non possiamo lasciarlo qui!" esclamai.

"E allora muoviamoci, prima che quelli tornino." Con il mio aiuto Marin riuscì a caricarsi Berto sulle spalle e poi mi disse che dovevamo muoverci.

La sentinella era riversa a terra. Non chiesi nulla, ma il soldato era troppo immobile per essere solo stordito. Pensai che almeno lui era morto in un'azione di guerra, imbracciando un'arma e non sotto tortura e legato. Non provai pietà.

Non c'era in giro nessun altro. Il buio era fitto. Si sentivano rumori e voci provenire dal casolare. Evidentemente Fiorenzi e gli altri pensavano che una sola sentinella bastasse a tenere sotto controllo un moribondo e una donna legata. Non avevano pensato che qualcun altro potesse essere nei paraggi. Marin di mestiere faceva il boscaiolo e conosceva tutto di quei luoghi. Imboccò un sentiero, muovendosi rapido nonostante il peso del corpo sulle spalle. Io lo seguivo. Ci inoltrammo nel fitto del bosco e ben presto fummo lontani da quel posto orribile. Nonostante la fatica Marin non volle fermarsi se non dopo molto tempo, quando fu sicuro di aver messo abbastanza strada tra noi e la squadra fascista. Solo allora ci concedemmo il lusso di fermarci e controllare lo stato di Berto. Era ancora incosciente, scottava ed emetteva orribili suoni gorgoglianti dalla bocca mutilata. Fu in quel momento che mi passò per la mente che forse sarebbe stato pietoso lasciarlo morire.

Non voglio raccontarti minuziosamente ciò che successe dopo. Riuscimmo a tornare al nostro rifugio e a mettere Berto nelle mani di un dottore che lo tenne in vita ma... a che prezzo! Non solo muto, ovviamente, ma storpiato dentro. Non si riprese mai più. Una volta guarito dalle ferite esterne ricordo che restava lunghe ore seduto, guardando un orizzonte lontano e invisibile agli altri. Era solo al mondo e finita la guerra io lo presi con me a casa. Lo accudii, fino alla morte. Ecco perché non sono tornata. Non potevo lasciarlo.»

La donna si zittì nuovamente. Carlo sentiva un senso di

oppressione e di straniamento. Le andò vicino e la prese per le spalle, costringendola a guardarlo in faccia.

«Mamma. Guardami.»

Giovanna alzò lo sguardo con il volto rigato di lacrime.

«Mi spiace» disse piano.

«Non importa. Sei tornata, ora.»

«Troppo tardi. Tuo padre è morto e tu... tu sei cresciuto da solo.»

«Tutti crescono da soli. Le solitudini non si scacciano, si affiancano. E io avevo papà. E tu... hai fatto bene.» Carlo la strinse in un abbraccio delicato e cauto, come se fosse un oggetto fragile. «Hai fatto bene. Ma cosa è successo poi? Quell'uomo, il Fiorenzi, fu graziato dall'amnistia?»

«No. Si era macchiato di troppi delitti. Sparì. Riuscì a scappare dall'Italia, sottraendosi al carcere, ma soprattutto alla vendetta dei tanti che aveva straziato con le sue azioni. Io stessa ho sperato di averlo tra le mani. Per ucciderlo.»

Una dichiarazione così pacata e terribile, fatta a voce bassa da una donna anziana in un appartamento anonimo, in un tempo tanto lontano dai fatti raccontati, fece rabbrividire Carlo. Guardò sua madre e una volta di più pensò che fosse per lui un'estranea. Il nodo di ghiaccio, però, che malgrado tutto si sentiva ancora dentro da quando era tornata, sembrava scomparso. Provava per lei pietà e comprensione e ora, guardandola, vedeva solo lei, non sé stesso piccolo e solitario e suo padre incombente.

Vedeva solo lei, riconoscendole una sofferenza autonoma, separata e complessa.

La realtà è fatta di solida e comprovata sofferenza.

21

Dopo la rivelazione

sabato 21 settembre 1963, ore 3
Milano, via Dezza, casa di Giovanna

Nella piccola sala/cucina/salotto della portineria era alla fine sceso il silenzio. Giovanna si era seduta e aveva appoggiato i gomiti sul tavolo, prendendosi la testa tra le mani. I ricordi, quella foto... Era stato tutto vero. Ritrovarsi a Milano, in quella casa, non cancellava le urla, il sangue... lo sguardo di Berto. Berto senza lingua, senza più volontà. Reclinò il capo su quelle mani nodose che non erano riuscite a difendere nessuno.

Carlo si scosse per primo. Adesso voleva capire. Tornò alla busta e riprese le foto. Fiorenzi era ritratto più volte, ed era chiara la sua familiarità con la tenuta. Probabilmente era ancora ricercato come criminale di guerra e, se arrestato, avrebbe passato il resto della sua vita in prigione. Era molto probabile che qualcuno di potente, inserito nel governo, lo sapesse e lo tenesse nascosto. E forse non era il solo.

Ecco perché lo scandalo delle banane era qualcosa di più di un modo per far soldi alle spalle dello Stato...

Non si celava solo una truffa sui prezzi delle concessioni, bensì un sistema per assicurare a criminali di guerra un nascondiglio tranquillo e sicuro? Probabilmente dietro pagamento di molti soldi? E in quali tasche finivano?

Carlo faticava a far combaciare i pezzi, ma sapeva che bastava poco.

«Pennisi!» disse ad alta voce.

«Eh?» domandò Giovanna alzando il volto ancora pallido. Carlo non aveva mai pensato a quante cose terribili aveva visto, e fatto, sua madre, che ora stava lì come un'anziana signora, incupita dagli anni.

La voce di Carlo si addolcì: «Il commissario Pennisi. L'hai conosciuto in occasione dei funerali di papà. Dobbiamo sentirlo subito».

«Ma è notte fonda» sussurrò Giovanna.

«Non importa. Il pericolo è troppo. E non conosco il ruolo degli altri. Di Everardo, per esempio...»

«Everardo?» chiese sua madre, allarmata.

«Sa qualcosa. Non ha giocato pulito a Roma e io l'ho ingannato a mia volta. Questi documenti li ho presi io e a lui ho lasciato solo spazzatura. Non so da che parte stia, ma non è inconsapevole. E ho paura per Enrica. Potrebbe andare da lei...»

«E Sara?» chiese Giovanna.

«Sara è tranquilla e sicura a casa dei nonni alla Barona. È l'unica per la quale al momento non mi preoccupo» disse Carlo con convinzione.

Si alzò e si diresse verso l'apparecchio telefonico che, attaccato alla parete vicino alla porta, troneggiava grigio e imponente.

Il numero lo sapeva a memoria. Si faceva un vanto di sapere a memoria i numeri di telefono importanti per lui. Girò il dischetto bucherellato, accompagnandolo indietro e tentando di fare meno rumore possibile ma senza esitazioni.

Uno squillo. Due squilli. Tre squilli. Il *tuuuuu* sembrava risuonare non solo nel suo orecchio ma in tutto il palazzo tanto erano circondati dal silenzio.

«Pronto?» Al quinto squillo la voce di Pennisi che tentava di nascondere il sonno disturbato sembrò bucargli il timpano.

«Commissario? Sono Passi.»

«Passi? Che succede?» La voce era diventata attenta e pronta. Carlo lo adorò.

«Molte cose. Possiamo vederci?»

«Ora?» La voce segnalò una piccola titubanza.

«Sì, ora.»

«L'aspetto in commissariato tra un quarto d'ora e, Passi...?»

«Sì?»

«È meglio per lei che sia davvero importante!»

«Non la deluderò, commissario.»

Riattaccò il telefono e rivolgendosi alla madre, che lo guardava interrogativamente, disse: «Vado al commissariato. Parlerò con Pennisi. Vieni con me?».

La donna sembrava distante e poco interessata. Reclinò la testa e poi la scosse.

La voce era ancora più ferma ora. La voce di una persona che aveva vissuto da sola e che restava sola.

«No, Carlo, vai tu. Racconta chi era Fiorenzi. Per me sarebbe troppo doloroso ricordare ancora, raccontare ancora. Mi sento stanca come quando salivo su per le montagne. Andrò a letto. Cerco di dormire un po', se riesco.»

Carlo le si avvicinò e le strinse le spalle, accostandola a sé. «Perdonami» le disse.

«Io? Io devo perdonare te?»

«Sì. Perché io non c'ero e non posso capire» la strinse forte, poi si staccò quasi bruscamente.

«Vado. Chiuditi in casa e non aprire a nessuno, me lo prometti?»

«Sono una portinaia, Carlo. Devo aprire a tutti» rise Giovanna.

Anche Carlo sorrise, debolmente. «Già. Promettimi almeno che lo farai solo a giorno fatto.»

«Promesso» disse la donna, alzando la mano.

Carlo sorrise e uscì nella notte nera.

La Vespa era lì, con la brina sul sedile. Quella era Milano, umida e fredda. Asciugò le goccioline con il gomito, poi aprì il bauletto e tirò fuori una copia del «Giorno». Con calma se la mise dentro l'impermeabilino, stringendosi la cintura un po' più in alto. Un brivido lo scosse, ma Carlo lo ignorò. Fanculo Baldori.

Salì in sella, mise in moto e accese il faro tondo davanti a sé. Non è che facesse tutta questa luce...

Si girò per salutare la madre. Non vide l'ombra scura appoggiata al muro della casa di fianco.

22

Giovanna e Everardo

domenica 22 settembre 1963, tra l'1 e le 2
Milano, via Dezza, casa di Giovanna

Non appena Carlo fu uscito, Giovanna fece per accostare la porta. Un piede si intromise impedendo la chiusura. La donna sussultò.

«Giovanna, fammi entrare, sono io!»

Everardo?

Esitò, ma Everardo spinse deciso la porta sgusciando all'interno della cucina. Accostò dietro di sé e guardò Giovanna, che si ritrasse impaurita.

Un cappello calato fin sugli occhi e un impermeabile stazzonato davano a Everardo un aspetto alquanto arruffato. I suoi occhi erano aperti e spiritati, notò Giovanna, che lo conosceva da sempre. Era stato amico di Toio e veniva spesso a trovarli, quasi trent'anni fa. Non faceva parte, però, di quei coglioni che ci credevano. Anche allora aveva un lato sfuggente, come chi sa che comunque se la caverà. Da quando se ne era andata non ne aveva saputo più niente.

Giovanna ricordava solo di aver pensato amaramente

che il suo passato di fascista era costato a Toio: era rimasto solo un portinaio per sempre e doveva ringraziare che i suoi compagni non gli avessero fatto la festa.

A Everardo invece non era successo niente, anzi. Era un pubblico ministero, con il poliziotto che lo andava a prendere a casa e ce lo riportava per non fargli sporcare le scarpe di vitello, con scorta e tutto, incastonato perfettamente nell'apparato statale, ma sempre misterioso. E poi i fatti di maggio... Il suo coinvolgimento e la sua capacità di uscirne. Anche di questo lei sapeva poco, solo quello che le aveva raccontato Carlo. E ora Carlo le aveva detto di diffidare di lui.

«Everardo, esci subito da casa mia o chiamo la polizia. Perché entrare così, come un ladro, di notte? Mi hai spaventato.» Tentò di sembrare quello che era: un'anziana impaurita.

«Dov'è andato Carlo? L'ho visto prendere la Vespa.»

«E che ne so io dove è andato Carlo? È maggiorenne, figurati se lo dice a una povera vecchia. E poi, che ti importa?»

«Ti ha mostrato dei documenti?»

Everardo, sebbene non altissimo, la sovrastava e le si avvicinò. Giovanna indietreggiò, mettendosi alle spalle della madia con i quattro piatti belli in esposizione.

Dalla strada la luce dei lampioni illuminava fiocamente la stanza.

«Everardo, cos'è questa storia? Che documenti cerchi?» domandò la donna come se parlasse al figlio e non a un magistrato.

«Tu non capisci. Non c'è tempo! Devo fermare Carlo. Se quei documenti vengono diffusi siamo in pericolo...»

«Siamo chi?»

«Tutti noi. Anche Carlo. Soprattutto Carlo.»

Carlo in pericolo? Giovanna ripensò alla foto nella busta gialla e a quelle ore terribili del suo passato.

«Cosa ti lega a quell'assassino?» domandò, con la voce come un sibilo.

Nella penombra vide irrigidirsi il volto di Everardo, che divenne ancora più pallido.

«Chi... di chi stai parlando?»

Giovanna si tenne ancora più aderente con il corpo alla madia, sentì nel costato la maniglia del cassetto delle posate.

«L'ho vista, la foto di Fiorenzi» riprese, «il boia di Amaro. L'ho visto. È vivo e prospera là, in Africa. Che c'entri tu?»

Everardo guardò fuori dalla finestra per evitare lo sguardo della donna su di sé.

«Allora Santucci ci era arrivato veramente. Foto, hai detto? Addirittura, le foto! E cos'altro?»

«Everardo, cos'è questa storia?»

L'uomo si portò le mani sugli occhi e li stropicciò un poco.

«Santucci mi aveva chiamato tempo fa, per chiedermi aiuto. Aveva intuito che c'era qualcosa di più, nello scandalo delle banane. Non erano solo i soldi degli importatori a insospettirlo. Il mistero più inquietante riguardava la proprietà di questi terreni in Somalia, con annesse le piantagioni. E non si capiva perché rimanesse questo monopolio, come una sorta di riserva di Stato. E Santucci, che era un cagnaccio, aveva continuato a scavare a scavare. Fino a capire.»

«A capire cosa?» chiese Giovanna in un sussurro.

«Che i terreni erano ancora in mano a vecchi gerarchi fascisti e alcuni anche a personalità molto note nel Ventennio. Anche nazisti... E criminali di guerra, ricercati. Le piantagioni avevano offerto uno splendido rifugio a tutti costoro. Erano lontane e fruttavano. Nascondiglio e sussistenza. Con il maggior interesse commerciale, però, qualcosa stava emergendo, e questo aveva messo in allarme chi gestiva questa operazione diciamo di... occultamento. L'Africa diventava meno sicura e si stava organizzando il trasferimento in Argentina dei criminali nascosti. Lo scandalo delle banane doveva servire a gettare fumo negli occhi e a fermare le indagini sulle piantagioni, spostandole sui prezzi di vendita e sullo scandalo della gara truccata. Nel frattempo, si sarebbe potuto smantellare la rete di protezione per ricostruirla altrove. Peccato che Santucci abbia capito troppo. Di conseguenza è stato tolto di mezzo.»

Everardo si fermò e piantò gli occhi azzurri in quelli di Giovanna. Quegli occhi azzurri le ricordavano gli occhi dei tedeschi incontrati durante la guerra. Erano freddi, distanti, vuoti.

«E tu come fai a sapere tutto questo?» Sentì vibrare la sua voce. Non avrebbe voluto. Era paura, quella che sentiva.

«Mi spiace, Giovanna. Mi spiace. Non avrei voluto che finisse così» disse Everardo facendosi sotto.

«Cosa stai dicendo?» Giovanna si voltò, tentando di aprire il cassetto dei coltelli. Non era più capace. Si stava facendo fregare.

Everardo aveva tolto dalla tasca un paio di guanti di cuoio e, dopo averli indossati, spinse il corpo della donna contro il cassetto. Giovanna fece appena in tempo a togliere le mani e si sentì afferrare il collo con una mano, mentre con l'altra le veniva tappata la bocca.

«Mi spiace davvero, ma non posso lasciarti andare in giro. Hai visto le foto. Perché vedi, sono io il responsabile dell'organizzazione e io pagherei se Fiorenzi fosse catturato. È il personaggio più prezioso del gruppo, ma anche gli altri devono restare nascosti. Santucci ha capito tutto, meno questo. Ma la colpa è di Carlo. Io ho tentato di riprendere le carte. Se si fosse fidato non sarebbe successo niente. Come a maggio, quando gli ho salvato il culo. Adesso è tardi. Scusami, Giovanna, davvero mi eravate cari, tu e Toio. E Carlo.»

Giovanna cercava di svincolarsi, ma la presa dell'uomo sul suo collo era ferma, le mani sorprendentemente forti e sentiva l'aria venirle sempre meno. Un senso di irrealtà la pervase. Dopo averne passate tante moriva per mano di una persona che riteneva amica! Che aveva aiutato la sua famiglia. Il fiele dei fascisti le risalì ancora in bocca.

Almeno non aveva cercato di uccidere Carlo, pensò, ma Everardo, come se le avesse letto nella mente, disse: «Carlo ti raggiungerà presto e sarete ancora insieme nell'aldilà. Un mio uomo lo sta seguendo e tra poco, purtroppo, quella Vespa avrà un bruttissimo incidente. Si sa come è facile, di notte, con la nebbia a Milano... è come a Roma, per il povero Santucci. Io servivo qui. Tu non avresti fatto entrare nessun altro senza gridare e noi non vogliamo che tutto il condominio si svegli, vero?».

La mano stringeva, stringeva. Giovanna sentì cedere le forze. Provava a scalciare, ma era troppo debole. Lo sguardo si velò di nero. Si sentiva abbandonare...

Oddio, Carlo, Toio, il mio rimpianto è avervi lasciato... perdono... quanto tempo ci vuole a morire? La mano stringeva... Non era più nemmeno doloroso.

«Lasciala, stronzo, lasciala!» Una voce roca di donna aveva invaso la stanza e una furia scatenata aveva afferrato i capelli di Everardo.

Poteva essere Michele, l'arcangelo vendicatore? Giovanna sentì l'aria rientrare nei polmoni con tale forza da farle quasi male. Si afflosciò sul pavimento, guardando incredula la scena.

Una donna bellissima dai capelli rossi e ricci urlava come un'ossessa prendendo a calci Everardo. L'uomo, colto di sorpresa, si era raggomitolato cercando di proteggersi, ma la donna non smetteva di colpire. Ben presto dalla porta si affacciò qualcun altro, il ragioniere del primo piano in pigiama, puntando un antiquato ma temibile fucile da caccia e dietro a lui il signor Corradi del secondo con in mano un coltello da cucina.

«Ma... che succede? Signora Giovanna?»

«La stava ammazzando. Legatelo! Lui è l'assassino!» La donna rossa non smetteva di urlare. Everardo si era riscosso e stava ora accovacciato sulle ginocchia con i pugni alzati. Uno sguardo carico d'odio verso la furia rossa che continuava a inveire. Fece per mettere una mano in tasca.

«Attenti, è armato! Fermatelo!» urlò ancora la rossa.

Il Corradi era già addosso a Everardo e lo colpiva pesantemente sul volto.

«Ragioniere, ma cosa fate, ma non mi riconosce?» La voce di Everardo sorprese tutti.

Corradi teneva un ginocchio sulle spalle di Everardo, mentre Giovanna gli stava legando le mani dietro la schiena e urlava: «No, non ti riconosce, bastardo che non sei altro. E volevi uccidere anche mio figlio, dopo aver ucciso mio marito!».

Il ragioniere teneva puntato il fucile sul gruppetto non sapendo a chi mirare.

Ma la donna dai riccioli rossi si era già gettata sull'impermeabile del magistrato estraendone una piccola pistola. Puntandola su Everardo urlò: «Ragioniere o che cazzo è, chiami la polizia in fretta».

Il ragioniere pensò che fosse la cosa migliore da fare, perché appoggiò il fucile accanto all'apparecchio grigio.

La donna, agitando la pistola, continuava a urlare: «Everardo: se provi solo a fare un movimento ti secco e sai che sono capace di farlo. Non ho ben capito cosa stia succedendo, ma ho sempre diffidato di te. E a letto eri pure una pippa, se lo vuoi sapere».

Giovanna guardava trasecolata la rossa. Non le era nuova. Chi era e come conosceva Everardo e che c'entrava il sesso?

«Sta bene, signora? Sono Enrica Sala, un'amica di Carlo. Cos'è successo qui? E Carlo dov'è?»

Carlo! Giovanna concitata afferrò il bavero della giacca di Enrica.

«Oh, presto, bisogna avvertire Carlo! I compari di questo delinquente lo vogliono uccidere. Simuleranno un incidente. Forse è già successo!»

Enrica si girò verso Everardo. «Bastardo. Dove doveva succedere?»

Everardo scosse la testa, scoprendo i denti in un ghigno feroce.

«Carlo è già morto. Non so dove fosse diretto, ma chi è alle sue calcagna ha l'ordine di provocare un incidente appena possibile. Senza testimoni.»

«Sì, via Dezza 24, gliel'ho ripetuto, agente» urlava intanto anche il ragioniere, tentando di superare le voci nella stanza.

Enrica con un balzo strappò la cornetta al ragioniere. «C'è un uomo in pericolo! Muova il culo e avverta le volanti. Vogliono colpire un signore alto in sella a una Vespa e far sembrare un incidente. Quante cavolo di Vespa vuole che ci siano in giro a quest'ora? Avverta in fretta il commissario Pennisi o si ritroverà al Tarvisio» gridò ancora a raffica Enrica.

«Un incidente? Non so se ci sono stati incidenti, posso verificare...»

«Sto dicendo che succederà, pezzo di coglione. Dovete mandare fuori tutte le pattuglie e trovare un uomo alto e biondo su una vespa beige! Chiami il commissario Pennisi, non le dice niente questo nome?»

Il poliziotto che si stava già inalberando per il pezzo di coglione rimase interdetto a sentire nominare Pennisi... e decise che non gli costava nulla dar retta a quella pazza.

«Aspetti in linea.»

«A tutte le pattuglie» lo sentì dire Enrica.

«Come si chiama?» chiese il poliziotto.

«Carlo Passi, Carlo Passi e fa pure il giornalista.»

«Il sospettato si chiama Carlo Passi, ripeto: Carlo Passi.»

«Ma quale sospettato?» esclamò Enrica, ma poi decise che forse era meglio, così si sarebbero dati più da fare... e poi Carlo c'era abituato a passare la notte in gattabuia da innocente. E meglio in galera che morto.

«E qui in via Dezza dovete mandare un'altra pattuglia. C'è un criminale da arrestare.»

Al telefono si sentì il sospiro del poliziotto. «Altro no? Va bene, mando una pattuglia. attendete lì.»

La comunicazione venne interrotta.

Enrica prese le mani di Giovanna per consolarla.

«Se succede qualcosa a Carlo ti strappo le palle qui davanti a tutti, sappilo» sibilò poi rivolta verso Everardo, e non sembrava esagerasse.

Ora dovevano solo aspettare. E sperare.

23

Da Pennisi

domenica 22 settembre 1963, ore 2
Milano, via Fatebenefratelli, Questura

Le due macchine della polizia si fermarono con un'identica e rumorosa frenata davanti al numero 24 di via Dezza. Il frastuono non aggiunse nulla di più al caos del luogo, dove tutti i condomini sembravano essersi riversati in giardino. Gli inquilini, riuniti in piccoli gruppetti, sfoggiando improbabili abbinamenti pigiama-cappottone-ciabatte pelose, commentavano con concitati discorsi gli eventi della notte.

«Ma cosa è stato?»

«La signora Giovanna, aggredita, quasi morta!»

«Il ladro è scappato.»

«Ma no, è stato colpito!»

«Questa città non è più sicura, troppi terroni!»

«Troppa mala locale, impunita.»

«Ma che fanno le autorità? *Nagott, come semper.*»

I quattro poliziotti usciti dalle due volanti si incamminarono verso l'ingresso. A capofila il comandante che sfoggiava baffetti alla Clark Gable e, con i pollici infilati alla cintura, avanzava intimando: «Circolare, su, su, circolare».

«Ma scusi, che circoliamo? Noi abitiamo qui!» disse alla fine un po' stizzito il ragionier Corradi, che prudentemente aveva riportato il fucile in casa.

«E allora tornate a casa e non ingombrate il passaggio che può esserci una fuga o una sparatoria. Lasciateci lavorare!»

L'accenno alla probabile sparatoria invece di disperdere i convenuti sembrò compattarli. Tutti si spostarono impercettibilmente in avanti. Il poliziotto scosse la testa esasperato, ma non disse niente. Aprirono l'uscio della portineria dove sostava una folla inaspettata. Ben cinque uomini trattenevano Everardo: due gli tenevano ferme le braccia, un altro lo stringeva alle spalle, uno gli bloccava le gambe e infine un signore piccolino dall'aria severa e ispirata lo arpionava per i capelli. La partecipazione attiva dei condomini era aumentata. In realtà non serviva un tale dispiegamento di forze: il fermato stava immobile e torvo, senza tentare di divincolarsi.

Giovanna era seduta al tavolo, con la testa tra le mani. Enrica si spostava nervosa avanti e indietro, mangiucchiandosi le unghie.

Prese la pistola per la canna come aveva visto fare nei film e la porse al comandante Clark Gable. «Questo bel tomo se ne andava in giro armato ad aggredire le signore» disse.

«Natuzzi, Cacace: prendete in consegna il fermato e portatelo a San Vittore» ordinò Baffetto ai suoi che non senza fatica estrassero Everardo dalla presa dei suoi improvvisati carcerieri. Poi, strattonandolo, uscirono.

Stranamente il magistrato era silenzioso. Forse sperava di tirarsi fuori dall'impiccio quando fosse stato a tu per tu con i poliziotti.

Il comandante allora si rivolse alle donne. «Buonasera, signore. Chi di voi è la madre di Carlo Passi?» domandò.

Enrica alzò gli occhi al cielo. *Mah, chi sarà secondo voi?* Ma capì che era una domanda retorica, il poliziotto guardava Giovanna, che iniziò a tremare e si alzò portandosi le mani al petto. «Sono io. Perché?»

«Ho l'ordine di condurla con me dal commissario Pennisi.»

«È successo qualcosa a mio figlio?» chiese Giovanna, disperata.

«Non so niente, signora, ma le assicuro che il commissario le dirà tutto. Abbia pazienza solo pochi minuti. Se vuole seguirmi...» e fece cenno verso l'uscita.

Giovanna si girò con sguardo angosciato verso Enrica. La giovane le si accostò velocemente e le mise un braccio intorno alle spalle. Le due donne erano di uguale altezza, ma le spalle curve di una e i capelli esuberanti dell'altra facevano sembrare che ci fosse una grande differenza.

«Non... non mi lasci, signorina.»

«Sono qui. E sono Enrica.»

«Grazie, Enrica.»

«Il commissario mi ha detto di condurre anche la signorina che ha fatto il diavolo a quattro con il numero di emergenza» proseguì Baffetto, guardando Enrica.

«Sono io. Vengo con la signora.»

«Prego, seguitemi.»

Il comandante le guidò fuori e le fece salire sul sedile posteriore di una delle due auto. Lui sedette al posto del passeggero e un giovane poliziotto magro e silenzioso prese posto alla guida. La macchina ripartì sgommando e ben presto si addentrò nelle strade buie e silenziose, ignare dei fatti di via Dezza.

Nel sedile posteriore Giovanna sedeva ingobbita e silenziosa. Aveva la mano appoggiata al sedile di pelle rossa.

Un leggero tremore la agitava. Enrica gliela prese tra le sue, calde e grandi.

«Giovanna, su, vedrai che...» ma si interruppe.

«Pensavo... sai che Carlo è nato di notte?» disse Giovanna.

«Rompiscatole fin dall'esordio» commentò Enrica.

«Davvero. Mi si erano rotte le acque e Toio è corso fuori a chiamare la levatrice. Una nottata d'inferno, era quella della grande nevicata del '29.»

«Pure!»

«Già. Ma Toio è riuscito a tornare con la levatrice e tutto è andato bene. Carlo è nato e si è messo a strillare come un ossesso. Quando la levatrice mi ha detto che era un maschio ci sono rimasta. Pensavo una femmina. Sai, mi avevano detto che avevo la pancia tonda, quelle stupidate lì... Aveva un faccino tondo e imbronciato... l'ho amato subito... e poi l'ho abbandonato!» finì in un soffio.

«Su, Giovanna, non angosciarti. Il passato è passato. E Carlo sta bene, sono sicura! Avrete tempo di recuperare» la consolò Enrica anche se non si sentiva tranquilla. Erano riusciti a impedire che i complici di Everardo simulassero l'incidente? La polizia era stata allertata da tempo... Il pensiero che Carlo potesse essere morto la gettava in una disperazione profonda... e non c'era bisogno di chiedersi perché.

La macchina era entrata nel cortile della questura di via Fatebenefratelli. Si fermò senza sgommare, in silenzioso rispetto del luogo.

I poliziotti guidarono poi le due donne lungo i corridoi bui e deserti. Le porte degli uffici semiaperte mostravano scorci di anomala normalità, appendiabiti con sciarpe dimenticate, ombrelli prudenzialmente lasciati in caso di necessità.

Nell'ultimo corridoio in fondo c'era la porta a vetri dell'ufficio di Pennisi dalla quale filtrava un debole lucore.

Giovanna, nel vederla, iniziò a tremare. Enrica le strinse le spalle.

Il comandante della pattuglia bussò delicatamente.

«Avanti» rispose la voce di Pennisi.

Il poliziotto spinse la porta e si fece di lato per lasciare passare le due donne.

In piedi, dietro alla scrivania, Pennisi le salutò con un cenno del capo.

Seduto vicino alla finestra, con un'espressione perplessa, c'era...

«Carlo!» urlarono all'unisono le due donne, precipitandosi verso di lui.

Carlo si era alzato vedendole entrare, così che entrambe lo abbracciarono all'altezza del petto. Era un po' stazzonato, l'impermeabile era sporco di fango e sangue, ma stava bene. Il suo volto assunse una tale espressione di attonito stupore che Pennisi non poté fare a meno di stirare l'angolo della bocca in uno dei suoi più larghi sorrisi.

«Carlo!!! Stai bene? Sei ferito? Cos'è successo?»

«Solo un pochino ammaccato, ma voi come fate a...»

«Non hai avuto un incidente lungo il percorso?»

«Be', oddio un incidente adesso... diciamo un inconveniente.»

«Passi, perché non spiega con calma alle signore cos'è successo dopo che mi ha telefonato da casa di sua madre e prima di arrivare qui?»

«Mamma, se ti ricordi ti ho salutato e sono partito con la Vespa. Le strade erano buie, andavo veloce e faceva un bel freschino. Si era anche alzata un po' di nebbia. Avevo l'impressione che la Vespa ogni tanto *sbrisciasse* di lato, per forza, con quei copertoni lisi... E pensavo che fosse davvero presto per la galaverna sulle strade, un freddo cane per settembre... era tutto buio, ma non completamente deserto. Macchine poche, e ogni tanto qualche insegna luminosa. Non tutto era chiuso... Milano è una città che vive di notte, pensavo...»

«Oh, ragazzo mio! Non la smetti mai di pensare? Che è successo dunque?» chiese Giovanna.

«Hai ragione, i miei pensieri vagano! Non riesco a tenerli imbrigliati, ma è il mio bello, no?» Carlo guardò con aria quasi impertinente il suo piccolo pubblico. Enrica scosse la testa sorridendo.

«A un certo punto ho visto l'insegna della Pizzeria Sibilla ancora illuminata. Mi è sembrato che Vincenzo fosse sulla porta a fumare una sigaretta. Ho solo girato la testa per vedere e ho sentito le ruote della Vespa staccarsi da terra. Forse il contrasto tra il caldo uscito dal locale e il freddo esterno aveva creato più brina... o forse andavo troppo veloce e nel girarmi a guardare mi sono sbilanciato. So che la Vespa è partita di lato, si sono alzate le ruote e sono atterrato lungo come uno stoccafisso davanti alla porta della pizzeria.»

«E intanto io aspettavo» disse Pennisi.

«Vincenzo, era proprio lui, è corso ad aiutarmi. Ha alzato la Vespa e ha alzato anche me... malconci entrambi! Avevo battuto la spalla, la testa e il naso. Mi sentivo un po' stordito. Vincenzo si è spaventato e ha insistito perché entrassi a bere un cognacchino. Insomma, sono uscito da lì dopo un quarto d'ora, al massimo venti minuti. Ho ripreso la Vespa per venire in commissariato, ma, fatti pochi metri, ho sentito le sirene e una volante della polizia mi si è accostata e mi ha fatto cenno di fermarmi. L'agente mi ha fatto lasciare la mia povera Vespa tutta ammaccata da sola al buio e mi ha caricato in macchina per condurmi qui.»

Carlo tacque e ci fu un profondo silenzio per qualche secondo, rotto poi dalla risata squillante di Enrica.

«Carlo, solo tu puoi sfuggire a un agguato creandoti un incidente da solo! E come fanno i malandrini a farti più danni di quelli che puoi farti da te?»

«Che agguato?»

«Quando tu sei andato via, in casa è entrato Everardo» gli spiegò Giovanna.

«Everardo?»

Giovanna gli raccontò l'accaduto, concludendo: «E meno male che è arrivata Enrica che è riuscita a fermarlo!».

«L'ho colto di sorpresa, altrimenti non ci sarei riuscita...» si schermì Enrica, «ma l'ho preso alle spalle e l'ho tenuto per i capelli prendendolo a calci. E poi sono scesi alcuni condomini...»

«Per forza, strillavi come un'aquila!» sorrise Giovanna.

«Enrica, perché eri lì?» domandò Carlo.

«Be', sì, in effetti... ho pensato che potessi essere in pericolo...» Enrica si interruppe stringendo le labbra. «E va bene...» aggiunse, «la verità è che mi rodeva che tu guardassi quei documenti da solo! E poi non mi fidavo: temevo che li avresti usati per fare uno scoop prima di me. Così, dopo essermi girata nel letto per due ore, ho deciso di venire a parlarti. Ho preso un taxi e sono arrivata davanti alla casa di tua mamma. Ho bussato, ma nessuno ha risposto. Allora ho provato a spingere e... il resto lo sai.»

La risata di Pennisi sorprese tutti: «Giornalisti. Giornalisti sempre pronti a rubarvi gli scoop, ma che avete in testa?».

«Oh, così mi sembra credibile! Altro che pericolo...» La bocca di Carlo si distese in un sorriso. «È proprio da te fare una cosa simile. Comunque, qualsiasi sia stata l'intenzione il risultato è quello: hai salvato mia madre e anche me, perché se tu non avessi avvisato la polizia mi avrebbero ripreso all'uscita del bar. Grazie, mia bella focosa» disse, guardandola dritta negli occhi.

«Intanto mi volevi rubare lo scoop.»

«Ma quale rubare? Se siamo andati insieme a Roma? Ed ero io che conoscevo il povero Santucci.»

Enrica si sorprese, non riusciva a incazzarsi abbastanza. Se le avesse fatto questo scherzo qualche collega della RAI gli avrebbe cavato gli occhi e la pelle di dosso. Doveva stare attenta. Il *Carletto* era meno pirla del dovuto.

«Naturalmente è inutile che ricordi a entrambi che le informazioni fin qui conosciute sono segretissime e non possono essere divulgate a nessun organo di stampa, cartacea o via etere che sia» disse questa volta con voce ferma Pennisi.

«Già. Che cosa sappiamo, alla fine? E cosa state facendo?» chiese Carlo.

«Le carte che mi hai fatto vedere sono davvero roba che scotta. C'è un giro legato ai terreni in Somalia e i gestori delle piantagioni di banane sono tutti in qualche modo collegati agli alti vertici fascisti. Poi Carlo mi ha detto, signora, che lei ha riconosciuto un personaggio in particolare» disse Pennisi, rivolgendosi a Giovanna.

«Sì, come dicevo a mio figlio, la foto è quella di Amerigo Fiorenzi, detto il boia di Amaro, condannato per crimini di guerra e mai ritrovato. E comunque, Everardo prima di tentare di uccidermi mi ha rivelato che era proprio quello lo scopo delle piantagioni e del perdurare del monopolio delle banane: luoghi protetti in mano a ex fascisti e nazisti dove occasionalmente nascondere anche i criminali ricercati e ancora in libertà. Si stava preparando per Fiorenzi la fuga in Argentina. Spero che siamo giunti in tempo per impedirla.»

«Sì, credo di sì» rispose pacatamente Pennisi, «ho già avvisato i vertici e stanno partendo le comunicazioni internazionali e quelle per il tribunale dell'Aia. I confini anche costieri sono già allertati. Sembra strano, ma dopo diciott'anni dalla fine della guerra non è ancora finita. A breve credo che riusciremo a ottenere l'estradizione di Fiorenzi, che verrà giudicato qui. Fino a quel momento dobbiamo stare in silenzio per non pregiudicare le azioni, ma vi prometto che appena avremo il via libera sarete voi a dare la notizia sui media nazionali.»

«Va bene, vorrà dire che ne approfitteremo per prepararci. Io voglio uscire con una serie di interviste alla donna che ha scoperto tutto» disse Enrica.

«Vuoi intervistare te stessa? Megalomane!» disse Carlo, scuotendo la testa.

«No, voglio intervistare Giovanna. Già vedo il titolo della serie: *Memorie di una partigiana: il boia di Amaro e altri racconti.*»

«Ehi, non puoi! Io intervisterò mia madre, se permetti! Sei proprio una merda» sibilò Carlo.

«Devi sempre rubarmi le idee?» rispose Enrica con veemenza.

«Su, dai, non fate così» la voce sorridente di Giovanna li interruppe.

«Mettetevi d'accordo altrimenti la partigiana dà il benservito a entrambi. Vediamo prima di beccare quell'assassino di Fiorenzi.»

«Va bene. Per ora vi suggerirei di andare a riposare. La notte è stata intensa e domani...»

Il telefono sulla sua scrivania squillò, interrompendolo.

«Scusatemi» disse, sollevando la cornetta. «Sì? Sono Pennisi.» Rimase in silenzio ad ascoltare. L'espressione del viso mutò impercettibilmente verso un costernato stupore. Tutti lo fissavano.

«Cazzo» disse a un tratto.

Tutti si guardarono sbalorditi. *Cazzo*? Pennisi aveva detto «cazzo». Mai, mai nessuno aveva sentito Pennisi dire «cazzo».

Pennisi tolse la cornetta dall'orecchio e la riappoggiò con cura particolare sulla forcella, poi si passò due dita sulla fronte, premendo sopra le sopracciglia, infine, alzò lo sguardo e fissò Carlo.

«C'è qualcuno della vostra inquieta e allargata famiglia che la notte dorme tranquillo nel proprio letto?» disse con voce stanca.

24

I misteri di Sara

domenica 22 settembre 1963, ore 4
Milano, Ospedale Niguarda

Di nuovo sulla macchina della polizia, di nuovo per le vie buie della città in quella notte infinita. Carlo guardava fuori, mentre la macchina sfrecciava diretta al Niguarda, il grande ospedale milanese.

Sara era ricoverata lì. Pennisi gli aveva detto che stava bene, aveva qualche livido, poche escoriazioni, ma lui non era tranquillo. Era tutto troppo strano e incredibile. Si ricordava il confuso riassunto del commissario nel suo studio. Sara nelle mani di una banda di delinquenti, ritrovata legata e imbavagliata in una villetta alla periferia sud della città. Nel salone, invece, c'era il corpo di uno dei delinquenti e l'altro, una donna, era ferita. Un terzo forse in fuga. E chi era la donna ferita? Natalie Wood, come l'aveva soprannominata lui, alias Germana Castelli, tirapiedi di Raminghi. Come era potuto accadere? Sara era alla Barona, dai nonni. Come avevano fatto a rapirla? E chi aveva avvisato la polizia? Qui, se possibile, il racconto si era fatto ancora più nebuloso. Il commissario aveva detto che era arrivata una telefonata anonima. Rumori e spari erano stati sentiti in quella villetta e qualcuno ne era fuggito precipitosamente. La polizia era accorsa, ma del presunto fuggitivo nessuna traccia.

Pennisi aveva borbottato che forse i criminali dopo una lite si erano sparati a vicenda, mentre il terzo complice era riuscito a fuggire. La donna trasportata in ospedale si era risvegliata e aveva farfugliato qualcosa su Sara, asserendo che si era introdotta lei furtivamente nella casa. Era qualcosa di abbastanza incredibile. E infatti non le avevano creduto. La storia presentava lati oscuri.

Carlo guardò l'orologio. Non si arrivava mai. Se a Sara fosse successo qualcosa di grave non se lo sarebbe mai perdonato. L'aveva abbandonata, lasciata sola mentre lui era preso dalla voglia di scoop... Ma ancora di più dalla sua *ex, ex, ex ex*, continuava a ripetersi. Non voleva prendere di nuovo in giro Sara, non adesso. Si sentì un vigliacco.

«Siamo quasi arrivati, Passi.» La voce del commissario Pennisi scosse Carlo. La macchina si era fermata davanti al padiglione del pronto soccorso, all'interno del grande ospedale della città di Milano.

Percorsero i lunghi corridoi vuoti e scarsamente illuminati. Nonostante l'ora l'ospedale non era deserto e silenzioso. Una vita autonoma e che pochi sospettavano lo animava anche a quell'ora. Infermiere nelle divise bianche con i capelli nascosti nelle cuffie si dirigevano rapide verso le camere dei pazienti, un paio di suore vestite di nero dal bianco velo intorno al collo si muovevano con uguale circospezione.

Qui e là deboli lamenti fuoriuscivano dalle stanze. Il ronzio di macchinari faceva da sottofondo.

Carlo pensò che ultimamente era stato troppo spesso in ospedale. L'ultima al Fatebenefratelli, dove era stato ricoverato suo padre. Ricordò il dottor Covelli, il suo interloquire da filosofo saggio. Si era ripromesso di andarlo a trovare, ma poi... lo aveva sentito così vicino in quel momento di passaggi, poi se n'era dimenticato, o meglio aveva rimosso. Indimenticabile invece il *bip-bip* della macchina salvavita e il silenzio del *dopo*.

Guidati da un infermiere finalmente giunsero davanti alla camera dove era ricoverata Sara.

Un medico dal camice bianco un po' stropicciato e dall'aria ugualmente stropicciata li attendeva sulla soglia.

«Commissario» disse con un breve cenno a Pennisi.

«Dottor Salimbeni. Possiamo vedere la signorina?»

«Sì, ma non a lungo. È in osservazione e deve stare tranquilla» disse con voce bassa il dottor Salimbeni. «Vi lascio pochi minuti.»

Pennisi si girò verso Carlo. «Vada prima lei, Passi. Noi aspettiamo qui, ma tra cinque minuti comunque entriamo» gli concesse Pennisi, con la solita voce pacata.

Carlo annuì ed entrò nella camera. Le deboli luci notturne diffondevano un chiarore diffuso che si rifletteva sulla vernice azzurra della parte inferiore della parete e su quella bianca del soffitto. C'erano quattro letti, ma uno solo era occupato. In quello vicino alla finestra una figura esile seduta e appoggiata allo schienale, le mani ordinatamente posate sul lenzuolo, i lunghi capelli biondi sparpagliati sul cuscino dietro alla testa: Sara.

«Sara! Amore! Come stai?» gridò Carlo precipitandosi verso di lei.

Lei sorrise debolmente. Aveva un grosso livido sullo zigomo sinistro e un taglio le attraversava la fronte.

«Ciao, Carlo. Be', non posso lamentarmi, viste le circostanze. Poteva andare peggio» gli disse sottovoce e scostando il volto da quello di Carlo che avrebbe voluto baciarla.

«Cosa è successo?» domandò Carlo, senza insistere. Le

prese una mano e si ritrovò a confrontare il tepore delle dita di Sara e il calore di quelle più grassottelle di Enrica. Era proprio una merda, si disse da solo.

Come leggendogli nella mente, Sara dolcemente sfilò la mano, fingendo di togliersi i capelli dal viso. Carlo sentì una stretta tra cuore e stomaco.

«Mah, non è che ti sappia dire tanto. Stavo andando alla cascina dei nonni e mi hanno sorpreso. Mi hanno trascinato in macchina e portato in quella casa dove sono stata poi ritrovata. L'anima del gruppo è Natalie Wood, la tua bella brunetta, che in effetti si chiama Germana. Non ho ben capito cosa volesse da me... forse solo vendetta personale: sai che era l'amante del mio caro maritino. E non mi è sembrata molto equilibrata. Mi hanno tenuta legata e imbavagliata nella stanzetta. Ho sentito solo vagamente rumore di litigi e poi colpi di pistola. E poi è arrivata la polizia.» Detto questo, Sara tacque.

«Pennisi mi ha detto che Germana, in fase di risveglio, avrebbe detto che ti sei introdotta tu a casa loro» disse Carlo.

«E come potrebbe essere? Come sarei arrivata lì? E perché, soprattutto?» Sara lo guardò impenetrabile.

«Ma...» A Carlo girava nella testa un carosello di pensieri. Qualcosa che non quadrava.

«Sara» disse lentamente, «tu stai mentendo.»

Sara lo guardò e sorrise. «Carlo, anche tu lo hai fatto.»

Carlo arrossì e cercò di parlare ma fu interrotto dall'arrivo di Pennisi.

«Mi spiace, Passi, devo interrogare la signorina. Lei può aspettare fuori, se vuole. Poi la farò rientrare per salutarla, prima di andare via.»

«Ma io...» Carlo tentò una debole protesta.

«Passi, cerchi di capire! Con un fatto del genere dobbiamo procedere subito. Anzi, sono andato contro le regole quando le ho consentito di parlarle per primo.» La voce di Pennisi, pur sempre pacata, non ammetteva repliche.

«Torno presto, amore» disse Carlo con un sospiro. Gli parve di scorgere una sorta di smorfia sul viso di Sara, ma forse erano i colpi ricevuti che le facevano male.

Uscì, non sapendo bene dove andare. Fece qualche passo fino a raggiungere la sala dei visitatori. Era grande e resa squallida dalle panchine di metallo cromato poste lungo il perimetro delle pareti. Una sputacchiera per terra e un cestino nell'angolo completavano l'arredamento e lo squallore. Il tutto avvolto da un forte odore di disinfettante. Carlo sedette su una panca. Di fronte a lui era appesa un'immagine del Sacro Cuore di Gesù: un Cristo barbuto e dai capelli lunghi e fluenti teneva con la mano bianca e affusolata un cuore coronato di gemme e stillante gocce di sangue, ma anche irradiante luce. Era un'immagine che Carlo aveva visto altre volte, sempre considerandola trucida. Non era uomo di chiesa.

In quella sala, però, l'immagine poteva avere un senso.

Si prese la testa tra le mani e iniziò a riflettere. C'erano stati dei segnali. Si ricordò quando l'aveva conosciuta... la mogliettina del poliziotto Cerri. Il poliziotto infedele, affiliato all'associazione segreta. E lei, così stranamente unita a quell'uomo, così diverso da lei. E come era attenta! Aveva compreso subito l'importanza dei documenti ricevuti da Everardo e aveva riconosciuto immediatamente nelle foto sfocate i personaggi di rilievo.

Si ricordò dello stupore provato quando le cose tra loro erano cambiate, quando lei era passata dalla rabbia all'amore così repentinamente.

Perché non aveva mai fatto caso a tutti quei segnali? Chi era davvero Sara?

Sara... Così allegra e dolce, con quella quieta bellezza nascosta. Anche questo celarsi sempre: naturale o voluto? Non avrebbe saputo dirlo.

L'immagine sacra sulla parete riluceva come se si muovesse.

Carlo sentì un rumore e si girò. Sara gli veniva incontro sorridendo, con una mano dietro alla schiena. Perché si era alzata?

«Sara, amore, devi stare a letto...»

«Carlo, perché hai fatto questo?»

«Ma questo cosa?»

Sara stese la mano, porgendogli qualcosa. Carlo fece un sobbalzo: nella mano aveva un cuore sanguinante e pulsante.

«Guarda, Carlo, ti ho dato il mio cuore e tu lo hai spezzato!»

«Nooo» urlò Carlo, chiudendo gli occhi. «Non volevo... io...»

«Passi?»

Una mano lo scuoteva leggermente.

Aprì gli occhi. Davanti a lui Pennisi lo fissava con uno sguardo attento.

Carlo sobbalzò e portò le mani agli occhi, stropicciandoli.

«Oh, commissario. È lei. Mi ero assopito un attimo...» La sensazione di orrore del sogno non lo abbandonava.

«Io ho finito. La signorina... non la racconta giusta, ma alla fine poco importa. Il quadro dei delinquenti e delle vittime è chiaro. Avremo modo di approfondire il tutto. Intanto abbiamo messo in prigione una pericolosa criminale e, come lei sa, anche uno snodo importante dell'organizzazione nera. Poi vedremo.»

«Sara... sta bene?»

Pennisi lo guardò.

«Vada a vedere lei stesso. Però non posso aspettarla. Tra la vicenda delle banane e questa devo stendere milioni di rapporti ai superiori. Mi hanno già avvisato che hanno chiamato tutti, dal questore al ministro. Devo correre in commissariato.»

«Vada, commissario. Io tornerò in qualche modo. Voglio restare con Sara.»

«Si sbrighi. Il dottor Salimbeni non tarderà a tornare e vorrà che la signorina sia lasciata sola. Non l'ho avvisato che ho finito l'interrogatorio» sorrise, del suo mezzo sorriso.

«Grazie, commissario.»

«Non si crucci troppo, Passi. Non tutto si riesce a controllare.»

Pennisi si portò due dita alla fronte in un saluto militare e poi si avviò senza voltarsi indietro, le mani infilate nelle tasche della giacca nera. Il poliziotto di scorta lo seguì, dopo aver fatto un cenno di saluto a Carlo.

Nella sua stanza Sara stava quieta, appoggiata ai cuscini. Sembrava ancora più pallida.

«Ti ha torchiato il buon Pennisi, eh» disse Carlo raggiungendola.

«Già, proprio. Quell'uomo è troppo buono con me...»

«E io? Non sono buono con te?» chiese Carlo, prendendole la mano. Sara stavolta non la tolse.

«Certo che sei buono» gli disse, stringendola un pochino.

Carlo sentì un calore strano risalirgli la gola.

«Sara! Ricominciamo tutto per bene» disse, chinandosi verso di lei, «torniamo a casa nostra, nel Borg de Scigulatt, invitiamo la Marullo a vedere *Gran Premio*, facciamo usare la lavatrice alla Carmelina, facciamo una mezza dozzina di bambini...»

«Davvero è quello che vuoi?» gli domandò Sara sorridendo.

Un lampo rosso passò nella mente di Carlo.

«… sì» ma lo disse con una impercettibile esitazione.

«Vedi?» disse Sara. «È meglio che ci pensiamo un po', dammi retta. Come si dice? Una pausa di riflessione. Andrò per qualche tempo a casa dei nonni come avevo pensato di fare. Anch'io ho delle faccende da sistemare» disse rabbuiandosi un poco.

A Carlo vennero in mente i molti misteri irrisolti che la circondavano.

«Sara, ma chi sei tu davvero?»

Lei sorrise e gli posò una mano sulla guancia.

«Come ha detto quel vecchietto dalla Michela, ti ricordi? Un'*inglesa de la Buisa* sono. Solo questo.»

Carlo fu rapido a prendere la mano e a tenerla sulla guancia.

«Vai, Carlo, ora. Ho bisogno di dormire. L'ultima volta che ho dormito c'era la monarchia in Italia» disse Sara un po' troppo vivacemente.

Carlo si portò la mano di Sara alla bocca, la girò e le baciò il palmo.

«Va bene, Sara. Vado. Ma parleremo ancora…»

Carlo si avviò verso l'uscita. Quando fu alla porta si sentì chiamare. Si girò speranzoso.

«Fai usare lo stesso la lavatrice alla Carmelina» gli disse Sara.

Carlo annuì, leggermente deluso, leggermente rassegnato, leggermente confuso.

Anche lui si sentiva stordito di sonno e di fatti. Troppo poco uno, troppi gli altri. Si avviò lungo i corridoi, cercando l'uscita. Stava per sorgere il giorno e l'ospedale riprendeva l'attività; si sentiva il rumore dei carrelli con l'acciottolio delle stoviglie per la colazione. L'odore del caffellatte e del pane e del tè al limone diffondeva un ricordo di comunità, di colonia, di scuola, di caserma. Un senso di familiarità e straniamento lo pervase.

I pazienti attraversavano i corridoi ciabattando verso i bagni, tenendo sotto al braccio l'asciugamano e il rasoio. Si scambiavano saluti col sollievo di chi ha attraversato la notte rumorosa e livida degli ospedali.

Uscì infine sulla grande piazza che dava sul viale Ca' Granda. Guardò l'orologio. Le cinque e trenta. Una bruma leggera e bianca avvolgeva gli edifici smussando i contorni senza però nascondere nulla.

Non era il *nebiun* novembrino, ma una più lieve *scigherina*, una sciarpa di velo leggero appoggiata dolcemente sulla maestosa città.

Al di là della strada vide che stava arrivando il tram numero 1. Considerò l'idea di fare una corsetta, ma solo il pensiero lo sfiancò. Non avrebbe preso il tram. Si sarebbe incamminato a piedi verso piazzale Maciachini e poi a Porta Volta. In fondo, il Borg de Scigulatt non era tanto distante.

Si sarebbe goduto quell'ultima fatica, trascinando i passi lenti verso il meritato letto.

Poi avrebbe pensato a come...

... recuperare la Vespa, lasciata in un posto indefinito tra via Dezza e via Fatebenefratelli.

... informare sua madre della sorte di Sara, e poi doveva sentire Enrica e mettere insieme le informazioni in fila ordinata.

Che scoop, ragazzi!

Bisognava avvisare Baldori, in fondo era stato lui a capire che lo scandalo delle banane nascondeva qualcosa di non svelato. Chissà come avrebbe goduto, quel bastardo!

Ed Everardo? Decise che sarebbe andato in carcere a guardarlo negli occhi, a misurare tutto il disprezzo che provava per chi si era finto amico per così lungo tempo.

Germana marcisse pure in prigione. Forse aveva finito di trovarsela tra i piedi.

A Enrica e Sara ci avrebbe pensato dopo, con la testa più libera, le spalle rialzate, lo sguardo fermo, la voce squillante dell'uomo vigoroso e deciso che non era.

Sentì un brivido. Faceva freddino. Si calò il cappello sulla fronte e si strinse nelle spalle, infilando le mani nell'impermeabile. Le dita incontrarono qualcosa nella tasca, un pacchetto rettangolare. Lo tirò fuori: era il pacchetto di Pall Mall lasciato da Everardo nel bar di Trastevere. Infilato nel pacchetto c'era anche l'accendino d'oro. Carlo lo guardò, torvo. L'avrebbe tenuto. Un piccolo risarcimento danni, pensò.

Riguardò il pacchetto. Lui non fumava. Cercò di vedersi con gli occhi degli altri. Un uomo alto e stanco che cammina ai bordi della città al risveglio, che si camuffa nel bavero rialzato e nel cappello calato, circondato da una sottile nebbiolina che lo confonde... o lo svela?

L'immagine gli piacque.

Estrasse con calma una sigaretta dal pacchetto e la infilò tra le labbra, poi fece scattare l'accendino d'oro. Accostò la fiammella alla bocca proteggendola con la mano, come aveva visto fare nei film, bruciò l'estremità del cilindretto bianco e poi fece una lunga boccata.

Uno squasso di tosse lo piegò. Le lacrime gli uscirono dagli occhi e un sapore sconosciuto gli invase la bocca. Tolse la sigaretta e prese fiato, asciugandosi gli occhi.

Andò meglio alla seconda boccata e riprese a camminare con la sigaretta in bocca.

Tutto diventa normale, col tempo.

25

Fausto

domenica 22 settembre 1963, ore 5.30
Milano, Ospedale Niguarda

Sara si era appoggiata ai cuscini. Sentiva le ferite bruciare, ma a dolerle davvero era la malinconia, che la pervadeva tutta. Era stato doloroso mentire ancora a Carlo, dirgli che era stata rapita e non che era stata lei ad affrontare i delinquenti. Non dirgli che lei era in missione, e lo sarebbe sempre stata.

L'aveva tenuto a distanza per quello. Altrimenti avrebbe combattuto, non si sarebbe arresa così, di fronte a un'Enrica qualunque. Be', non era proprio una qualunque, Enrica. Ma anche lei era bella e grintosa e soprattutto Carlo, il suo Carlo giornalista imbranato, imbronciato, svagato che la abbracciava tanto forte da toglierle il fiato, era suo.

Si sarebbe battuta per lui, se fosse stata libera, ma non lo era. Si portò una mano alla guancia, sfregandosi via qualcosa che non era una lacrima.

«Non piangere, *Ratin.*» La voce sommessa la fece sussultare. Si girò di scatto. Un'ombra si stagliava nel riquadro della porta della camerata.

«Fausto!» sillabò sorpresa.

La figura si staccò dalla porta ed entrò a passi lievi nella camerata e le si accostò. Nel debole chiarore della luce notturna le apparve la sagoma inconfondibile di suo fratello. Era avvolto in un impermeabile beige dal bavero rialzato. I fini capelli biondi erano coperti da un basco che lasciava sfuggire solo un ciuffo. E la luce degli occhi azzurri, azzurri come i suoi, rischiarava il volto. L'uomo sedette sul bordo del letto e le prese la mano.

«Sara, *Ratin*, come stai?»

«Come... come fai a essere qui?» chiese Sara con apprensione.

«Potevo non esserci? Quando Leandro mi ha raccontato quello che hai fatto! Sei stata coraggiosa, ma anche imprudente. Avresti potuto morire.»

Sara alzò le spalle. «Tu hai rischiato tante volte la vita...»

«Perché non ci hai chiamato?»

«Sarebbe scappata, la serpe. Dovevo prenderla io. Avevamo un conto in sospeso, io e lei.»

«Ma dopo, quando l'avevi sopraffatta, perché per primo hai chiamato quel Luigino e non noi?»

Sara sospirò e si tolse una ciocca dalla fronte. «Bisognava trasportarla in ospedale e a quel punto ci sarebbero state domande e risposte da dare. Voi vi sareste esposti troppo. Luigino mi ha aiutato a fare la messinscena, mi ha lasciata legata e imbavagliata nella cameretta e ha fatto chiamare la polizia da qualcuno dei suoi. Si è anche procurato un testimone che ha raccontato del terzo complice fuggito. Così la storia del litigio finito male tra i criminali, in relazione al destino della rapita, è risultata più credibile.»

«Sei un po' pazza, *Ratin*.»

«Mi sa che è una caratteristica di famiglia, Lupo» disse Sara. «Anche la tua presenza qui è pericolosa.»

«Non preoccuparti. Mi hanno accompagnato alcuni amici che sono riusciti a farmi entrare di nascosto in ospedale. Tra poco torno via.»

«Mi lasci di nuovo» constatò Sara, il tono più amaro di quanto volesse.

«Sara, non ho mai potuto fare diversamente. Sai quanto avrei voluto stare con te, ma dopo l'uccisione di quel criminale non potevo restare. Mi avrebbero arrestato. E io che ho liberato la terra da un infame avrei pagato a vita. Cosa avrei dovuto fare?»

«Portarmi con te!» disse Sara con veemenza, sebbene a bassa voce. «Portarmi con te e non lasciarmi marcire in quella vita putrida e incancrenita, in quella casa imbevuta di paura e vergogna. Ad ascoltare i lamenti di mamma e i silenzi di papà, senza mai poter pronunciare il tuo nome, a vedere i loro occhi posarsi su di me speranzosi che li riscattassi, magari vendendomi al miglior offerente!»

«Eri una bambina quando sono andato via, come avrei potuto? Non sai come sono stati i primi anni. Se non avessi incontrato Leandro e gli altri compagni... Ero un criminale fuggitivo e distrutto. Solo l'impegno rivoluzionario mi ha riscattato. E poi vedi bene che quando ho potuto mi sono messo in contatto con te e ora anche tu sei dei nostri. E sei preziosa qui. Le informazioni che ci hai dato sono state essenziali per preparare le contromosse. E anche in futuro potrai...»

Sara si appoggiò ai cuscini, pallida e sofferente. Era preziosa, ecco. Preziosa. Il pregio era l'agire di nascosto, ingannare chi le stava vicino, non avere una vita propria, dover lasciar andare il suo amore tra le braccia di un'altra. Aprì la bocca per dirlo a Fausto, ma lui le mise una mano sulla guancia, una carezza ma anche un sottile segnale.

«Non parlare, *Ratin*, non parlare. Ti fa male. C'è un destino per tutti e ci sono degli obblighi ai quali non ci si può sottrarre, sorellina. Le nostre vite si sono incanalate così. Il nostro obiettivo è più grande di noi.»

Sara rimase in silenzio. Che dire ancora? Nulla.

«Che farai ora? Tornerai nella Corte con il tuo giornalista?»

«No, lui è... no, me ne andrò per un po'. Andrò a stare dai nonni. Poi vedrò.»

«I nonni! Come stanno?» chiese Fausto sorridendo.

«Bene, sempre uguali. Il tempo non passa per loro. Il nonno accudisce *i besti* e la nonna fa l'orto e il campo. Ti ricordi che non capivamo bene la differenza?»

«L'orto: verdure, il campo: legumi. Così, vero?»

«Già. E ti ricordi quando siamo andati a giocare a nascondino nel campo di frumento? Come si è arrabbiato il nonno? Gli avevamo piegato le spighe e lui continuava a dire che dopo non si sarebbe potuto falciare!»

«Già. E tu, che avevi forse cinque anni ed eri alta una spanna, ti sei messa di fronte con le mani sui fianchi e gli hai detto: "Embè, se l'abbiamo piegato lo raddrizzeremo!" e lui allora si è messo a ridere e da quel giorno ti ha chiamato *l'aggiustaspighe*!» Fausto la guardò affettuosamente.

Sara rise, ma sentiva un nodo alla gola. «Fausto, portami con te» disse, prendendogli una mano.

«Non si può adesso, *Ratin*, si preparano tempi bui e tu devi aiutarci da qui. Ci sono brutti segnali, la marea nera si sta rafforzando, l'avanzamento dei comunisti nelle ultime elezioni ha fatto paura a tutti. I colpi che stiamo dando sono deboli e fiacchi, bisogna concentrarsi e lavorare. Presto riceverai ordini. Devi essere un bravo soldatino, Sara. Lo sarai?»

Sara annuì. Come sempre.

«Ora vado, Sara. Ricordati che ci sono sempre per te.

Per qualsiasi cosa mettiti in contatto con Leandro con i soliti metodi. Fa la brava, *Ratin.*»

Fausto si chinò su di lei e le sfiorò la guancia con un bacio leggero. Poi si rialzò e con passi silenziosi e veloci uscì dalla porta senza più girarsi indietro.

Il camerone ripiombò nel silenzio e a Sara sembrò ci fosse anche più buio. Rimase a guardare la porta. Era stanca e si sentiva invadere da un senso di torpore. Per un attimo pensò di aver sognato tutto. Ma la voce di Fausto le risuonava ancora nella testa.

Un bravo soldatino, ecco cos'era. Sospirò. Con la mano si stropicciò la guancia, togliendosi qualcosa che non era una lacrima.

26

Il partito dei fessi

domenica 22 settembre 1963, mattina
Milano, dall'Ospedale Niguarda
alla redazione del «Giorno»

Andò meglio, ma nemmeno tanto. Iniziò a tossire e gli girava la testa. Ma che ciofeche fumava quella merda di Everardo? Con stizza gettò la sigaretta come aveva visto fare al cinema da Rod Steiger. Si rivide in quell'immagine: cappello flaccido alto e... Alto e ciula, come sempre!

Sara gli aveva dato un calcio nel culo e se lo meritava. E lui c'entrava con *una inglesa de la Buisa*? Con la biondina fredda che si scioglieva solo quando facevano l'amore. Iniziò a pensare che in fondo era un bravo stallone da letto, da mollare appena le cose si complicavano. In fondo era andata così con Enrica. E stava andando così con Sara.

Doveva forse accontentarsi del poco, o tanto, che c'era stato.

Il groppo alla gola però si faceva sentire. Sara. Chi cazzo era Sara?

Si sentiva preso per il culo, altro che abituarsi!

Sentì il tram arrivare da viale Zara. Le case popolari non erano poi così brutte. Giardinetti. Balconcini. Li riconoscevi subito quelli appena arrivati. Stendevano ancora fuori le loro tute blu, sui fili tirati nei balconi. Le biciclette che andavano verso viale Fulvio Testi direzione Breda e Pirelli facevano persino allegria, così presto al mattino che il primo turno inizia alle sei. Giocavano al giro d'Italia. I dialetti si intrecciavano. Muoversi come un pesce nell'acqua, gli diceva sempre il caporedattore Morazzone: o pesce nell'acqua o pirla giornalista in cerca di notizie che nessuno ti darà mai...

Alla fermata di viale Ca' Granda i pochi impiegati che andavano in centro a lavorare di domenica avevano la divisa: vestito scuro, camicia bianca e cravatta scura. Avevano il sorriso di chi si sente fortunato e non deve entrare in fonderia e tantomeno alla catena di montaggio. Avrebbero infilato le mezze maniche per non sporcare i gomiti della camicia. Avrebbero riempito moduli, timbrato autorizzazioni, e ancora firmato con scarabocchi incomprensibili richieste e domande. Mica come quei poveracci che abitavano nelle ringhiere. Loro, gli impiegati, un bagno ce l'avevano in casa e non dovevano dividerlo con nessuno. C'era anche la vasca nella casa popolare, ma un giorno se la sarebbero comprata, casa loro. E avrebbero lasciato le case popolari agli *uperari*...

Eccolo là ancora a perdersi nelle minchiate...

Salì sul tram. Altro che farsela a piedi fino al Borg de Scigulatt. In fondo anche lui assomigliava a quegli impiegatucci che andavano in centro. Il bigliettaio abbaiò in milanese: «*'ndu* è che *te vet?*».

«Piazza Cavour, grazie.» Tentò di essere più formale possibile, anche se il vestito stazzonato e l'impermeabilino non facevano certo dottore, come lo chiamavano quando entrava al giornale. Lui non era un impiegato. Era un giornalista. Che non capiva un cazzo, aggiunse tra sé e sé, e nemmeno voleva capire.

E brava l'Enrica, che tanto sapeva sempre come andava a finire: c'erano i cattivi e c'erano i buoni e lei stava dalla parte dei buoni. E chi stava dalla parte dei buoni? Forse chi andava raccontando che era tempo di fare la rivoluzione e diventare come la Russia? O quei malviventi dei gerarchi che non si erano redenti e che stavano ancora incistati nello Stato?

Chi erano i buoni? Lui, preferiva stare coi fessi. Coi fessi impiegati che si accontentavano di avere il bagno in casa. Con i fessi che entravano in catena di montaggio e facevano fare i milioni ai padroni.

Piazzale Lagosta, il mercato coperto. Ecco, lui stava coi fessi che al mattino andavano all'ortomercato e si spaccavano la schiena. Lui stava con i fessi alla Pennisi che si vedeva da lontano che non avrebbe mai fatto carriera. Come lui. Sedette sul sedile di legno lucido. Alla Centrale il tram si era svuotato, erano rimaste solo alcune cassiere dalla pettinatura a impalcatura che si avviavano per tempo ai bar in centro.

Il tram, intanto, era arrivato in piazza Cavour. Suonò il campanello giusto per rompere i coglioni al bigliettaio. Piccole soddisfazioni da fesso. E quanti erano i fessi? Se solo avessero fatto un partito. Dopo l'Uomo qualunque il Pdf, il partito dei fessi, altro che dei fasci. Il problema è che per farne parte dovevi ammettere di essere fesso, ma se lo avessi fatto… non lo eri più. E allora come potevi creare il partito dei fessi che nel momento di puntare al potere non erano più fessi?

Entrò nel bar della Nina, sicuro di non trovarla, non aveva voglia di fare il finto spasimante…

«Uè, ciao.» La voce della barista era meno allegra del solito.

«Ciao Nina, *se gh'è*? Quel faccino non te l'avevo mai visto. Va be' che sono le sette del mattino. A dire il vero non t'avevo mai visto nemmeno alle sette del mattino qui.»

«Nemmeno io t'avevo mai visto alle sette del mattino qui. Ti faccio un caffè e magari ce lo beviamo insieme, che ne ho bisogno.» La voce era triste, gli occhi bassi.

«Che t'è successo? Come faranno gli operai e il Negri senza di te stasera...»

«Lascialo perdere, *quel lì...*»

«Be', non è andata bene a Lignano? Dovevate andare a farvi un bel fine settimana da sciuri...»

«Sì, da sciuri... peccato che eravamo in tre, se non di più. *El* Negri *l'è spusà* da un bel pezzo, si voleva divertire con la vegliarda.» Le lacrime uscirono lente e la Nina si voltò verso la macchina del caffè.

E anche questa, pensò Carlo. *Meglio che finisca 'sta giornata di merda appena iniziata. Ci manca solo di incontrare Baldori e poi sono a posto.*

«Ma dagli un bel calcio nel culo, a quel Negri lì! Con la storia che è un comunista puro e duro gli è tutto permesso. Vedrai che lo trovi, un bel ragazzo.» Provò a essere convincente, ma sapeva che a cinquant'anni anni per una donna sola era difficile accasarsi. Anche se la Nina era più vivace di tante sciacquette che giravano per Milano. Ecco, gli stava prendendo la tristezza anche a lui... Ma sì, in fondo gli costava poco. «Nina, sai che ho una fidanzata, ma una sera ti porto a cena. Andiamo dalla Michela, dai, te ne ho parlato. Comunista, come il Negri, ma più onesta... Vedrai che almeno ce *la contiamo su*. E poi ti riaccompagno e passiamo davanti al Negri e lo facciamo morire, il pirla.»

«Sei bravo, ma per me è peggio. Se ci vedono insieme chi mai penserà che ci potrebbe essere qualcosa? *L'è rivà lù*... il dottore giornalista con la barista, mi vuoi proprio far piangere?»

Le sbagliava una dietro l'altra. Ciula sempre più ciula. Abbassò lo sguardo.

«Potrei essere tua zia, no? E no, le zie non vanno a cena con i nipoti? E che diamine! Ma niente Michela, una bella trattoria qui in centro. In fondo la zia se lo può permettere...» La risata cristallina della Nina risuonò tra i tavolini di alluminio del bar.

«Guarda che m'è già passata. Domenica al circolo troverò quell'idraulico che mi fa il filo da un anno, magari è la volta buona che ci divertiamo. Ma adesso non tirarti indietro. Hai promesso cena con la zia stasera, e non dico il Savini, ma almeno dalla Bice qui dietro sì!»

«Ma paga il nipote! Sia mai che il nipote dottore e giornalista faccia pagare alla zietta.»

Fece le scale più leggero. L'idea del partito dei fessi in fondo non era così male. Erano già in due, lui e la Nina.

La redazione era deserta, per fortuna. Accese le luci nello stanzone. Non erano nemmeno passati quelli delle pulizie. La sua scrivania era ingombra dei giornali che da giorni non sfogliava.

Con un gesto lento quanto meticoloso li spostò verso l'orlo, facendoli cadere a terra. Gli dispiaceva. Avrebbe voluto buttarli nei bidoni, ma erano stracolmi.

Si sedette alla macchina da scrivere. Aprì il cassetto. Estrasse fogli e carta carbone. Lentamente infilò i due fogli, in mezzo la carta carbone. Non sarebbero state le solite venti righette di cronaca. Avrebbe raccontato, ancora una volta. E non si sarebbe fatto domande sul perché. Solo cosa, dove, chi, quando. Il perché gli faceva schifo.

Il ticchettio riempì lo stanzone: «Giuseppe Santucci non sapeva di dover morire quella notte. Non sapeva di essere la pedina di un gioco più grande di lui. Eppure, da magistrato avrebbe dovuto prestare più attenzione. Sospettare che, se l'uomo spuntato dalle indagini era davvero il signore legato a doppio filo con quei gerarchi fuggiti in Somalia, avrebbe dovuto essere più cauto. E invece di andare a casa con la sua Giulia sarebbe stato meglio farsi accompagnare dal maresciallo. Ma si sentiva troppo potente. E non pensava di dover morire proprio quella sera...».

Epilogo

due settimane dopo, 4 ottobre 1963, mattina
Milano, carcere di San Vittore

«Ehi, vuoi mollare un po' quel giornale? Non sei sola qui, se non te ne sei accorta?»

Germana alzò la testa. La donna davanti a lei le tendeva la mano per ricevere il quotidiano. Era un donnone alto e grosso con i capelli ossigenati. La divisa blu del carcere sembrava dovesse scoppiare da un momento all'altro.

Germana la ignorò e riabbassò la testa, sul giornale che aveva trovato nella sala comune. Proseguì la lettura dell'articolo nelle pagine interne. La prima pagina era quasi tutta occupata dal titolo CATTURATO IL BOIA DI AMARO: IL FAMOSO CRIMINALE DI GUERRA NASCOSTO NELLE PIANTAGIONI DI BANANE.

«Straordinaria operazione internazionale: scoperto sistema per nascondere criminali di guerra ancora ricercati.»

Quello stronzo del giornalista, quel Passi che tanto l'aveva fatta rodere a maggio, era riuscito a fare nuovamente il botto. La vicenda era su tutti i giornali, ma nel pezzo di Carlo Passi la storia si arricchiva di interviste con la partigiana che aveva riconosciuto il criminale e che, guarda caso, era sua madre.

Non bastasse ciò, l'altra stronza, la giornalista sua amica, aveva fatto una puntata straordinaria su *Tv7* con la viva voce sempre della famosa partigiana. Germana aveva visto un pezzo di trasmissione alla tv nella sala comune. Ma poi le altre detenute avevano voluto cambiare canale.

Più avanti nel giornale un'altra notizia a caratteri cubitali: «IL NOTO PETROLIERE ANGELO RAMINGHI TROVATO MORTO NELLA SUA VILLA A MILANO. Angelo Raminghi è stato ritrovato cadavere nella sua casa di Milano, ucciso da ignoti. Le circostanze del ritrovamento fanno pensare a un delitto maturato negli ambienti della prostituzione, ma la polizia mantiene uno stretto riserbo sull'intera vicenda. Sembra che la famiglia, che vive da qualche mese stabilmente a Portofino, credesse l'uomo a Londra per lavoro e non si fosse pertanto allarmata dell'assenza».

E più avanti ancora, nella cronaca cittadina, un'altra notizia che la riguardava: «Misterioso rapimento di una nostra concittadina. La signorina Sara Ferrari è stata trovata legata e imbavagliata in una villetta nella periferia sud di Milano. Nella stessa villetta è stato ritrovato il corpo di un uomo ucciso da un colpo di arma da fuoco e, di fianco al cadavere, una donna in stato di incoscienza che stringeva ancora in pugno una pistola, presumibilmente l'arma del delitto. Gli inquirenti stanno indagando sulla dinamica dei fatti. L'ipotesi più probabile del tragico epilogo è quella di un possibile violento litigio tra i delinquenti che ha portato a un regolamento di conti interno. Si presuppone anche che ci fosse un terzo malvivente che è riuscito a fuggire. La polizia lo sta ricercando».

Gravido di notizie, quel giornale. Notizie apparentemente slegate, di cui lei conosceva le connessioni.

La invase una rabbia profonda. Quella gattamorta l'aveva battuta e umiliata. In un primo momento aveva provato a dire agli inquirenti che era stata Sara a introdursi di nascosto nella villetta, a uccidere Oscar e a sopraffare lei, ma l'incredulità dei poliziotti l'aveva zittita. La realtà non era credibile e inoltre sentiva una profonda umiliazione nel raccontare come quella ragazza esile, dall'aria apparentemente innocua, fosse riuscita a beffare entrambi. Aveva rinunciato e si era chiusa in un mutismo testardo. Che le appioppassero anche l'uccisione di Oscar. Non sarebbe cambiato molto, visto che le stavano imputando anche quella di Raminghi.

E comunque le conveniva tenere un profilo basso e tirare quanto più in lungo possibile la fase istruttoria. I suoi l'avrebbero fatta uscire di lì. Vescovo si sarebbe mosso con discrezione, verso gli alti vertici. In fondo aveva appoggi di altissimo livello e tutto l'interesse a toglierla quanto prima dalle mani degli investigatori. Non avrebbe voluto che trapelasse altro su progetti eversivi, vero?

Una volta uscita, si sarebbe vendicata. Avrebbe ritrovato Sara e l'avrebbe uccisa con lentezza, infliggendole quanto più dolore possibile. E poi avrebbe cercato Gianni. Se era davvero ancora vivo, allora lei...

Il giornale le fu strappato con violenza dalle mani.

«Ti ho detto che non puoi tenerlo solo per te! Qui le cose sono di tutti» le disse con grinta la cicciona dai capelli ossigenati.

Germana si alzò in piedi, lo sguardo furente e le narici dilatate. Si avvicinò alla donna che si era messa in guardia con aria di sufficienza. Era molto più alta e grossa di lei.

Ma Germana sapeva come muoversi. Le dita della mano destra si arpionarono sotto lo sterno e premettero con forza, mentre con due dita della sinistra fece pressione alla base della gola. Vide il volto della donna sbiancarsi e la bocca aprirsi per cercare il fiato scomparso repentinamente.

La cicciona crollò al suolo. Germana vide con la coda dell'occhio una secondina che osservava la scena e si apprestava a correre verso di loro, mettendo mano alla cintura.

Germana si chinò verso la donna, fingendo di soccorrerla e chiamandola ad alta voce: «Ehi, sorella, cosa succede? Su, apri la bocca, cerca di respirare».

«Cosa succede qui?» chiese la secondina a Germana.

«Non so, agente, stava bene, stavamo parlando e a un tratto l'ho vista impallidire. Ho provato a trattenerla, ma è svenuta. Forse un calo di pressione?» La voce di Germana era soave.

La secondina si chinò sulla donna sdraiata che stava riprendendo fiato.

«Cos'è successo?» chiese anche a lei.

«Sono... stata male» disse con un filo di voce.

«Ok. Stai lì che chiamo l'infermeria» La secondina si allontanò.

Il donnone guardò Germana. «Questa me la paghi» scandì, feroce.

«Se ci riesci» disse Germana pacatamente.

«Come cazzo hai fatto?»

«Segreto. Ma se vuoi te lo insegno.»

«Affare fatto. Come ti chiami?»

«Germana.»

«Io sono Raffaella, ma tutti mi chiamano Trudy.»

«Piacere, Trudy. Alzati ora, a meno che tu non voglia passare qualche ora in infermeria.»

«No di certo. Aiutami.» Il donnone le tese la mano e Germana la aiutò ad alzarsi.

«Non ti ho mai visto. Sei dentro da poco?» le chiese Trudy con interesse.

«Già.»
«Sei forte. Dove hai imparato quel trucco?»
Germana alzò le spalle.
«È importante?»
«Effettivamente no» disse Trudy.
«Sei anche molto bella. Non avrai pace con le uomine.»
«Le uomine?»
«Sì, quelle là» disse Trudy, accennando col mento a un gruppo di donne a un lato della stanza.
Germana le guardò. Avevano i capelli tagliati cortissimi e portavano il camice dentro rozzi pantaloni. In effetti sembravano uomini.
«Ti aiuterò io. Stai vicino a me per i primi tempi» disse Trudy.
Germana stava per dirle che sapeva cavarsela da sola, ma tacque. In fondo le piaceva che qualcuno si preoccupasse per lei.
«Grazie. Lo farò» disse.
La campana suonò la fine dell'ora di pausa. «Fine intervallo. Tutte le detenute rientrino nelle loro celle.»
Germana si avviò lentamente. Il flusso delle detenute era lento, nessuna aveva voglia di ritornare nelle stanze strette e maleodoranti. Il corridoio che portava dalla sala comune verso il braccio delle celle aveva un restringimento e un gomito più scuro.
Germana non si era accorta di essere rimasta per ultima. Camminava ed era ancora immersa nei suoi pensieri.
Cosa le aveva detto quella troia? Che Gianni era vivo e non l'aveva cercata perché non era interessato a lei.
Non era vero, lei se lo sentiva. Se Gianni fosse stato vivo l'avrebbe cercata. E con il suo aiuto lei sarebbe riuscita a uscire da quella prigione. E sarebbero stati insieme, invin-

cibili. E lei avrebbe strozzato quella donna con le sue mani. E anche il giornalista e la sua amica rossa...

Un braccio vigoroso la prese alle spalle. Una mano le passò veloce sul collo. Sentì una lama rudimentale penetrarle nella gola.

Un dolore indicibile l'avvolse. Germana sentì il caldo del sangue che usciva dalla gola. Aprì gli occhi in uno stupore angosciato. Cercò di girarsi, ma non riuscì, mentre le gambe si piegavano.

«L'obbedienza è una virtù che va perseguita. Ne hai combinate troppe. Con i saluti del generale Vescovo» sussurrò una voce alle sue spalle, e poi Germana sentì i passi che si allontanavano.

Germana cadde in ginocchio. Cercò di urlare, ma dalla gola non uscirono suoni. Il sangue, invece, sgorgava a fiotti. Cercò di fermarlo, portandosi le mani sulla ferita. Ma sentiva le forze mancare...

«Aiuto!!!» sentì una voce gridare. «Aiuto, donna ferita!»

Vide avvicinarsi una sagoma poderosa. Trudy! La donna la prese tra le braccia. «Resisti! Stanno arrivando.»

Troppo tardi. Le forze ormai mancavano. Aprì gli occhi con uno sforzo. Vide il volto della donna sopra di sé, che la guardava con espressione addolorata.

Sentì un senso di calore.

Moriva tra le braccia di qualcuno che teneva a lei.

Era più di quanto potesse aspettarsi.

Poi fu tutto nero.

Indice

GRAFICA VENETA
GV CARBON NEUTRAL

Questo libro è stampato fabbricato da Grafica Veneta S.p.A.
con un processo di stampa e rilegatura certificato 100% carbon neutral
in accordo con PAS 2060 BSI

Finito di stampare nel mese di settembre 2023
per conto di RCS MediaGroup S.p.A.
da Grafica Veneta S.p.A., Via Malcanton 2, Trebaseleghe (PD)
Printed in Italy